会众 The Union Automobile Books 汽车馆

U0955106

总主编　吴光强

汽车日常维护与保养

主　编　施海凤
厉　超

上海科学技术文献出版社
Shanghai Scientific and Technological Literature Press

图书在版编目（CIP）数据

汽车日常维护与保养 / 施海凤，厉超主编 .— 上海：上海科学技术文献出版社，2016.3
（合众汽车馆 / 吴光强总主编）
ISBN 978-7-5439-6962-9

Ⅰ.①汽… Ⅱ.①施… ②厉 Ⅲ.①汽车 — 车辆修理 ②汽车 — 车辆保养 Ⅳ.① U472

中国版本图书馆 CIP 数据核字（2016）第 035545 号

责任编辑：祝静怡　胡欣轩
封面设计：林　勤

书　名：汽车日常维护与保养

施海凤　厉　超　主编
出版发行：上海科学技术文献出版社
地　　址：上海市长乐路 746 号
邮政编码：200040
经　　销：全国新华书店
印 刷 厂：上海出版印刷有限公司
开　　本：710×1000　1/16
印　　张：16.25
字　　数：265 000
版　　次：2016 年 3 月第 1 版　2016 年 3 月第 1 次印刷
书　　号：ISBN 978-7-5439-6962-9
定　　价：49.80 元
http://www.sstlp.com

编委会

总主编 吴光强

主　编 施海凤　厉　超

副主编 刘兆义

编　者（排名不分先后）

施海凤　厉　超

刘兆义　刘大诚

刘琼琼　史品佳

温　杰　陈　浩

总序
Prologue

2015年中国汽车产销量分别为2450.33万辆和2459.8万辆，连续七年排名全球第一。随着汽车工业的快速发展，汽车界提出了产品全生命周期管理（Product Lifecycle Management, PLM）的开发理念，加强了对人才，特别是高端技能型专门人才质量与数量的需求。这无疑对汽车行业工作人员提出了更高的要求。

中国的汽车业始终是拉动国民经济的主要引擎，持续增长的消费需求掩盖了汽车行业面临的许多问题。汽车产业一直面临传统与创新的延续性问题。客户观念、社会观念、产业观念在不断演进；而汽车类图书的变革速度则相对迟缓得多。为此我们紧密结合汽车行业对汽车类从业人员的需求，以及汽车4S店工作人员、汽车维修工作人员、汽车营销等岗位的实际工作经验，并在此基础上进行了广泛的调研，对汽车类工作岗位进行分析和分类，按照相应岗位对汽车工作人员的职业素养和职业能力的要求，确定了本系列图书的指导思想和编写原则。

本系列图书采用最新的条例和法规，最前沿的汽车行业知识，并充分考虑汽车行业工作人员的需求，涵盖目前全国大部分汽车类行业的知识体系，体系完整，内容创新，实践性强，经过各分册编者和主审的辛勤劳动，本系列图书即将陆续面市。我们希望通过本系列图书的编写和推广，提高汽车行业工作人员的职业能力和职业素养。

本系列图书既可作为从事汽车保险、汽车维修、汽车营销、汽车评估等工作岗位人员的实际工作指导，最大限度地满足汽车行业一线工作人员的实际工作需要，又可满足广大爱车人士阅读、自修的需求。

在本套图书编写过程中，得到了行业专家、高等院校和企业家的支持与配合，在此表示诚挚的谢意！

同济大学汽车学院 吴光强教授、博士生导师

2016年2月于上海

前言
Foreword

我国汽车工业的高速发展和社会保有量的与日俱增，带动了汽车维修行业的技术革命，为了确保行车安全、降低能源消耗、减少环境污染、大幅度延长汽车大修间隔里程和车辆使用寿命，我国现行的“定期检测、强制维护、视情修理”的汽车维修原则，以及“七分养护，三分修理”的维修理念，越来越被广大车主和汽车维修企业接受。

为适应新形势下，汽车维修行业对相关人才的需要，本书紧密结合汽车维修行业的发展趋势，具体分析汽车维护和保养的实际工作任务既可以提高汽车维修工作人员的工作能力，还可以为广大车主养护私家车提供可靠的参考。

本书在编写中注重内容创新，突出前瞻性、趣味性，既有汽车维护与保养的知识与技能，又注重实物操作，突出适用性和实用性、针对性和一定的理论性。引入企业一线的行业技能。本书采用案例全部源自汽车维修保养的一线工作案例。在编写的过程中得到了淮安市、无锡市、武汉市相关4S店、综合修理厂、专项修理厂技术人员的特别帮助，在此向他们表示感谢。

此外，编者参考了大量的书籍、网络内容、汽车维修行业相关标准和论文等文献资料，在此向原作者表示感谢。

恳切希望使用本书的广大读者及车主提出宝贵意见和建议，以便更正。

编　者

2016年2月于上海

目录
Contents

第一章

汽车维护与保养绪论

第一节 车辆基本信息的认识

一、车辆铭牌的识别

车辆铭牌是标明车辆基本特征的标牌。其主要内容包括车辆型号、发动机型号、发动机排量、发动机额定功率、车辆识别代号、总质量、载重量或载客人数、出厂编号、制造年月、制造国及厂名等，如图1-1-1所示。车辆铭牌一般位于车辆前部易于观察到的地方，如B柱下方。

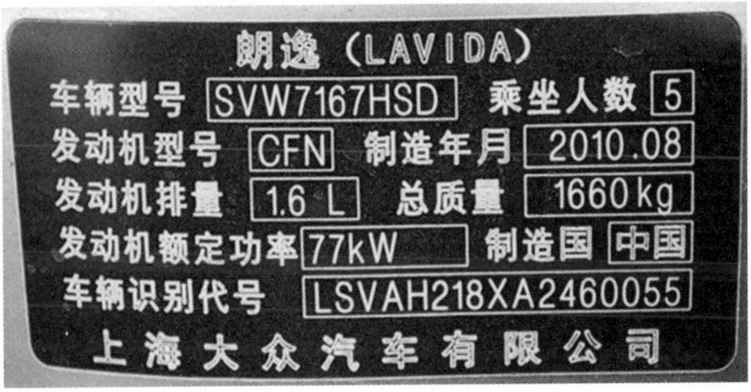

图 1-1-1 车辆铭牌

二、车辆识别码

车辆识别码(vehicle identification number，VIN)，也称为17位编码，是国际上通行的表示机动车辆的代码，是制造厂给每一辆车制定的一组字码，具有在世界范围内对一辆车的唯一识别性。当每一辆新出厂的车被刻上VIN代号后，此代号将伴随着车辆的注册、保险、年检、维修与保养，直至回收或报废而载入每辆汽车的服役档案。

车辆识别码，俗称车架号，位于易看到并能够防止磨损或替换的部位，一般在仪表与前风窗左下角的交界处、发动机前横梁上、左前门边或立柱上、驾驶员左腿前方或前排座椅下方等处。如东风本田思域的VIN码位于前挡风玻璃左下角仪表台上。

1. 车辆识别码的组成

车辆识别代号VIN码由3部分组成，如图1-1-2所示。

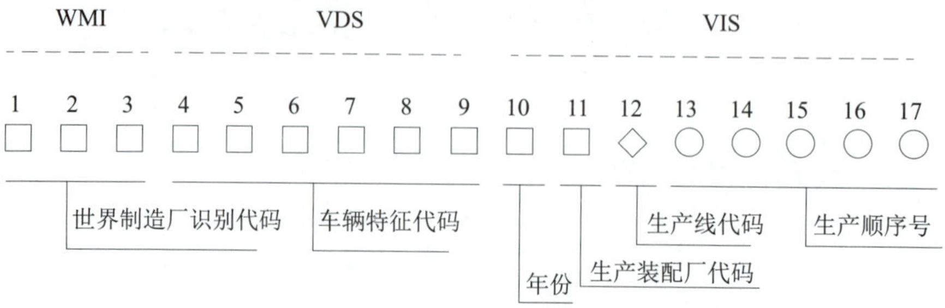

注：□——表示大写英文字母或数字（I、O、Q不能使用）；

◇——表示数字；

○——表示大写英文字母

图 1-1-2 车辆识别码组成

（1）第一部分（1—3位）：世界制造厂识别码WMI

世界制造厂识别码WMI码共有3位字码，是由制造厂以外的组织预先指定的。第1位码标明地理区域，如非洲、亚洲、欧洲、大洋洲、北美洲和南美洲。第2位码标明一个特定区域内的国家，由美国汽车工程师协会（SAE）负责分配国家代码。第1、2位字码的组合可以保证国家识别标志的唯一性。第3位码标明某个特定的制造厂，由各国授权负责分配。如果某制造厂的年产量少于500辆，其识别码的第3个字码就用阿拉伯数字9。第1、2、3位字码的组合可以保证汽车制造厂识别标志的唯一性。如LFV为中国一汽大众；LSV为中国上海大众；WDB为德国奔驰；WBA为德国宝马；KMH为韩国现代。

（2）第二部分（4—9位）：车辆特征代码VDS

车辆特征代码VDS由6位字码组成，代码顺序由制造厂决定。如果制造厂不用其中的一位或者几位，应在该位置填写制造厂选定的字母或数字。第4—8位表示车辆特征；第9位为校验位，通过一定的算法防止输入错误。校验位能提供校验VIN编码正确性的方式，在车辆的识别过程中起着极其重要的作用。通过校验位可以核定整个VIN码是否正确。

例如，一部本田思域1.8L自动档轿车的VIN码为LVHFB2642D5041161，如果其中的1位或者几位被涂改，那么通过“车辆识别系统”软件，经过针对校验位的一系列运算，就能判定该VIN码为非法代码，从而帮助识别车辆的合法性。

（3）第三部分（10—17位）：车辆指示部件VIS

车辆指示部件VIS由8位字码组成，是制造厂为区别不同车辆而指定的一组字码。

①第10位为车型年份代码，指示年份（30年循环一次）不一定是实际生产的年份，但一般与实际生产的年份之差不超过1年。标示生产年份的字码（第10位）具体规定如表1-1-1所示。

②第11位多用来表示装配厂，若无装配厂，制造厂可规定其他内容。

③第12—17位：生产序列号。如果车辆制造厂生产的完整车辆或非完整车辆年产量不少于500辆，则用来表示生产顺序号。如果车辆制造厂生产的完整车辆或非完整车辆年产量少于500辆，则第12—14位应与第一部分的3位字码一同表示一个车辆制造厂，第15—17位用来表示生产序号。

表1-1-1 标示生产年份的字码规定

年份	代码	年份	代码	年份	代码	年份	代码	年份	代码
2001	1	2009	9	2017	H	2025	S	2033	3
2002	2	2010	A	2018	J	2026	T	2034	4
2003	3	2011	B	2019	K	2027	V	2035	5
2004	4	2012	C	2020	L	2028	W	2036	6
2005	5	2013	D	2021	M	2029	X	2037	7
2006	6	2014	E	2022	N	2030	Y	2038	8
2007	7	2015	F	2023	P	2031	1	2039	9
2008	8	2016	G	2024	R	2032	2	2040	A

2. VIN码的应用

（1）车辆管理：登记注册、信息化管理。

（2）车辆检测：年检和排放检测。

（3）车辆防盗：识别车辆和零部件，盗抢数据库。

（4）车辆维修：诊断、计算机匹配、配件订购、客户关系管理。

（5）车辆保险：保险登记、理赔信息查询。

（6）二手车交易：查询车辆历史信息。

（7）汽车召回：年代、车型、批次及数量。

3. 上海大众VIN码LSVHJ133022221761含义实例

第1—3位是世界制造厂识别代码，LSV——上海大众汽车有限公司。

第4位是车身形式代码，H——四门加长型折背式车身。

第5位是发动机/变速器代码，对于车型系列为上海桑塔纳轿车、上海桑塔纳旅行轿车、上海桑塔纳2000轿车而言，J——AYJ（BC）/FNV(01N.A)。

第6位是乘员保护系统代码，1——安全气囊（驾驶员）。

第7—8位是车辆等级代码，33——上海桑塔纳轿车、上海桑塔纳旅行轿车、上海桑塔纳2000轿车。

第9位是校验位，0—9中任何一个数字或字母X。

第10位是年份代码，2——2002。

第11位是装配厂代码，2——上海大众汽车有限公司。

第12—17位是车辆制造顺序号。

该VIN码含义是：上海大众汽车有限公司生产的桑塔纳2000型轿车，该车配备AYJ发动机，FNV(01N.A)自动变速器，出厂编号221761。

随着车型年款的不同和汽车发往国家的不同（各国政府对VIN有不同规定），VIN有所不同。有的按公司各分部规定（如美国GN）；有的直接按系列车型或车名进行规定（如丰田雷克萨斯汽车）。

第二节 汽车维护与保养制度

一、现代汽车维护与保养的意义及目的

随着现代汽车制造业的不断进步，新技术、新工艺、新材料得到广泛应用，使得汽车的技术性能和使用寿命都有了很大的提升。但是作为机电产品，即使是性能极其卓越的汽车，随着行驶里程的增加，其零部件都会逐渐发生磨损，技术状况会不断变差，这是不可避免的。汽车零件磨损的三个阶段如图1-2-1所示，分别为OA——磨合期，AB——正常工作期，BC——极限磨损期。由此看出，其磨损的程度在不同的阶段有很大的差异。

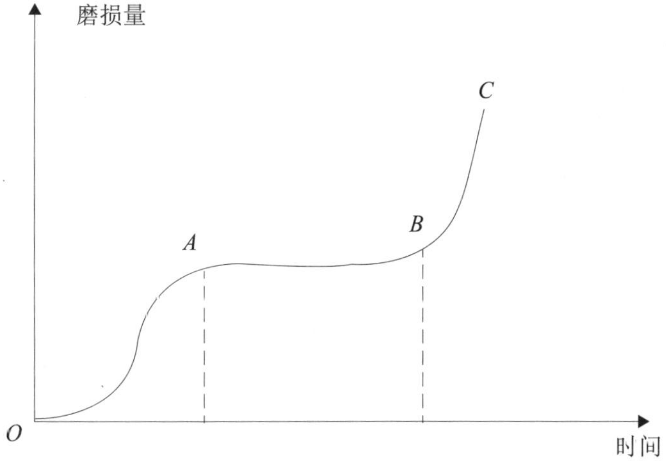

图 1-2-1 汽车磨损三阶段

汽车零件的磨损曲线如图1-2-2所示。由图可知，相同的里程数，情况1的磨损量就比情况2的小，其使用寿命就比情况2的长。由此可见，只有根据零部件的磨损规律制定切实可行的维护与保养措施，才能使其保持完好的技术状态。这便是汽车维护与保养的意义所在。

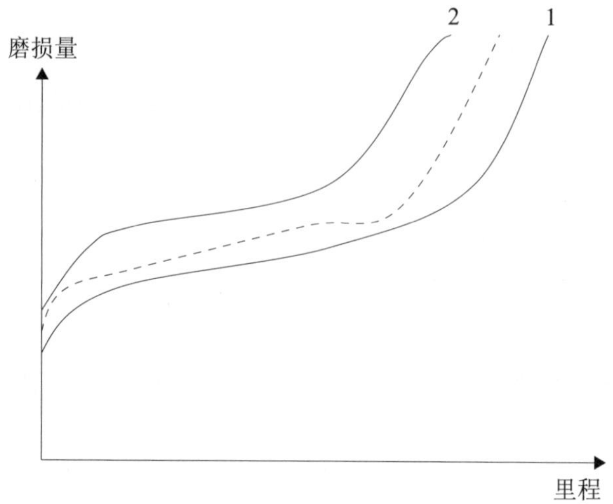

1：使用方法得当、保养适时的磨损曲线；2：使用方法不当、保养不及时的磨损曲线

图 1-2-2 汽车零部件的磨损曲线

汽车行驶一定的里程和时间后，根据汽车维护技术标准，按照规定的工艺流程、作业范围、作业项目和技术要求所进行的预防性作业即为汽车维护。其目的就是保持车辆技术状况良好，确保行车安全，充分发挥汽车的使用效能并降低运行消耗，以取得良好的经济效益、社会效益和环境效益。

二、汽车维护与保养的原则

根据交通运输部《汽车运输业车辆技术管理规定》，汽车维护应贯彻“预防为主、定期检测、强制维护”的原则，即汽车维护必须遵照交通运输管理部门规定的行驶里程或时间间隔，按期强制执行，不得拖延，并在维护作业中遵循汽车维护分级和作业范围的有关规定，以保证维护质量。

汽车维护是预防性的。保持车容整洁、车况良好，及时消除发现的故障和隐患，防止汽车早期损坏是汽车维护的基本要求。汽车维护的各项作业是有计划地定期执行的，其内容是依照汽车技术状况变化的规律来安排的，并且须在汽车技术状况变坏之前进行，以符合预防为主的原则。

定期检测是指汽车在二级维护前必须用检测仪器或设备对汽车的主要性能和技术状况进行检测诊断，以了解和掌握汽车的技术状况和磨损程度，并作出技术评定，根据检测结果确定该车的附加作业或小修项目，从而结合二级维护一并进行附加作业或小修。

强制维护是在计划预防维护的前提下所执行的维护制度，是指汽车维护工作必须遵照交通运输管理部门或汽车使用说明书规定的行驶里程或时间间隔，按期进行，不得任意拖延，以体现强制性的维护原则。

三、汽车维护与保养的分类及作业内容

在汽车的使用过程中，由于汽车的新旧程度及使用地区条件的不同，在各个时期对汽车维护保养的作业项目也不同。根据《汽车维护、检测、诊断技术规范》有关规定，汽车维护可分为定期维护和非定期维护两大类，并将定期维护分为日常维护、一级维护和二级维护三类，而非定期维护可分为季节性维护和走合维护两类。维护作业以清洁、检查、紧固、润滑、调整和补给等六大作业为主，维护范围随着行驶里程的增加逐步扩大，内容逐步加深。各项作业内容如下：

清洁作业是提高汽车维护质量，防止机件腐蚀，减轻零部件磨损和降低燃油消耗的基础，并为检查、补给、润滑、紧固和调整作业做好准备。其工作内容主要包括对燃油、机油和空气滤清器滤芯的清洁，汽车外表的养护以及对有关总成、零部件内外部的清洁作业。

检查作业是汽车维护的重要工作之一，通过对汽车各部位的检查以确定零部件的变异和损坏情况。其工作内容主要是检查汽车各总成和机件是否齐全，连接是否紧固；是否存在漏水、漏油、漏气和漏电等现象；利用汽车上的指示仪表、报警装置等随车诊断装置，检查各总成、机构和仪表的技术状况；对影响汽车安全行驶的转向、制动和灯光等工作情况应加强检查；汽车拆检或装配、调整时应检查各主要部件的配合间隙。

补给作业是指在汽车维护中，对汽车的燃润料及特殊工作液进行加注补充、对蓄电池进行补充充电、对轮胎进行补气等作业。注意，必须选用合适的运行材料，并及时正确地添加或更换燃润料和冷却液等。

润滑作业是为了减少各摩擦副的摩擦力，减轻机件的磨损所进行的作业。其工作内容包括按照汽车的润滑图表和规定的周期，用规定牌号的润滑油或润滑脂进行润滑；各油嘴、油杯和通气塞必须配齐，并保持畅通；发动机、变速器、转向器和驱动桥等应按规定补充、更换润滑油。

紧固作业是为了使各部分机件连接可靠，防止机件松动。汽车在运行中，由于振动、颠簸、热胀冷缩等原因，会改变零部件的紧固程度，以致零部件失去连接的可靠性。紧固工作的重点应放在负荷重且经常变化的各部分机件的连接部位上。应及时对各连接螺栓进行必要的紧固和配换。

调整作业是保证各总成和机件长期正常工作的重要环节。调整工作的好坏，对减少机件磨损、保持汽车使用的经济性和可靠性有直接的关系。其作

业内容主要是按技术要求，恢复总成、机件的正常配合间隙及工作性能等。

四、汽车维护与保养的作业规范及作业范围

1. 作业规范

维护作业包括上面所讲的清洁、检查、紧固、润滑、调整和补给等内容。一般除主要总成发生故障必须解体外，不得对车辆总成进行解体，这就明确了维护和修理的界限。与过去的维护制度相比，现行的维护制度进行了以下规范。

（1）取消了整车解体式的三级维护。生产实践证明，对主要总成大拆大卸的工艺方法是不科学的，也是不符合技术经济原则的。同时，“三级维护”作业内容既有维护作业又有修理作业，不便于维护和修理的区分。

（2）没有对各级维护周期作统一规定。由省市自治区按车型，结合本地区具体情况提出统一的维护周期，但制定了车辆维护技术规范以保证车辆的维护质量。

（3）对季节性维护作了规范。当车辆进入冬夏两季运行时，一般结合二级维护对车辆进行季节性维护。

2. 作业范围

现代汽车各类维护的作业范围，如表1-2-1所示。

表1–2–1 各类维护的作业范围

维护种类	作业范围
日常维护	日常维护作业以清洁、补给和安全检视为中心内容。其主要内容是： ①坚持“三检”，即在出车前、行车中、收车后检视车辆的安全机构及各部机件连接的紧固情况； ②保持“四清”，即保持润滑油、空气、燃油滤清器和蓄电池的清洁； ③防止“四漏”，即防止漏水、漏油、漏气和漏电
二级维护	二级维护作业的中心内容除一级维护作业外，以检查并调整转向节、转向节臂、制动蹄片和悬架等经过一定时间的使用后容易损坏或变形的安全部件为主，并拆检轮胎，进行轮胎换位，检查调整发动机工作状况和排气污染控制装置等
季节性维护	由于冬夏两季的温差大，为保证车辆在冬夏两季的合理使用，在换季之前应结合定期维护，并附加一些相应的项目，使汽车适应气候变化后的运行条件，此种附加性的维护称为季节性维护
走合维护	汽车运行初期进行走合维护，以改善零件摩擦表面几何形状和表面层的物理机械性能

五、汽车维护与保养的周期

汽车日常维护的周期通常分为每日出车前、行车中和收车后3个阶段。汽车一级和二级维护周期的确定，一般根据车辆使用说明书的有关规定，或依据汽车使用条件的不同，由省级交通行政主管部门规定汽车行驶里程。对不便于用行驶里程统计、考核的汽车，可用行驶时间间隔确定汽车一、二级维护周期。其间隔时间（天）应根据本地区汽车使用强度和条件的不同，参照汽车一、二级维护里程周期，由各地自行规定。

由于引进车型的维护规定与我国汽车强制维护规定的内容有所不同，为保证汽车的合理使用，在汽车实际维护工作中应以厂家规定内容为准。

汽车强制维护周期的长短虽然各车型产品要求不一，但从作业的深度来看，基本上都分为两级，相当于《汽车维护、检测、诊断技术规范》中提出的一级维护和二级维护。如表1-2-2所示为上海大众特约维修站所执行的上海帕萨特轿车维护作业单，可供相关车型维护时参考。

表1-2-2 上海大众帕萨特轿车2.0/1.8T/2.8V6车型保养表格

<table>
<tr><th colspan="3" rowspan="2">保养类型</th><th rowspan="2">保 养 内 容</th><th colspan="3">保养检查情况</th></tr>
<tr><th>正常</th><th>不正常</th><th>已调整</th></tr>
<tr><td rowspan="4">1.5万km之后每1万km 常规保养</td><td rowspan="4">1.5万km 常规保养</td><td rowspan="4">7500km 首次保养</td><td>1. 车身内外照明电器、用电设备功能检查：
（1）组合仪表指示灯，阅读灯，化妆镜灯，时钟，手套箱照明灯，点烟器，喇叭，电动摇窗机，电动外后视镜，暖风空调系统，收音机；
（2）近光灯，远光灯，前雾灯，转向灯，警示灯；
（3）驻车灯，后雾灯，制动灯，倒车灯，车牌灯，行李箱照明灯</td><td></td><td></td><td></td></tr>
<tr><td>2. 自诊断：用专用诊断设备VAS 505X 读取各控制器内的故障存储信息</td><td></td><td></td><td></td></tr>
<tr><td>3. 安全气囊和安全带：目测外表是否受损，并检查安全带功能</td><td></td><td></td><td></td></tr>
<tr><td>4. 多功能方向盘：检查各按键的功能</td><td></td><td></td><td></td></tr>
<tr><td rowspan="2"></td><td rowspan="2"></td><td rowspan="2"></td><td>5. 手制动器：检查，必要时调整</td><td></td><td></td><td></td></tr>
<tr><td>6. 前风窗玻璃落水槽排水孔：清洁</td><td></td><td></td><td></td></tr>
</table>

（续表）

保养类型			保养内容	保养检查情况		
				正常	不正常	已调整
			7. 雨刮器/清洗装置：检查雨刮片，必要时更换；检查清洁装置功能，必要时调整并加注清洗液			
			8. 发动机舱：检查燃油管路、真空管路、电气线路、制动管路、ATF油冷却器管路是否存在干涉或损坏，必要时调整			
			9. 发动机机油及机油滤清器：更换（行驶里程较少的车辆建议每6个月更换） （注：如果拆卸油底壳放油螺栓，必须更换）			
			10. 冷却系统：检查冷却液冰点数值，检查系统是否泄漏，必要时补充原装冷却液（G12++或G0） （标准值：-35℃，极寒地区低于-35℃。请使用折射计T10007检测冷却液冰点数值）			
			11. 空气滤清器：清洁罩壳和滤芯			
			12. 蓄电池：观察蓄电池上电眼，必要时使用MCR 341V检测蓄电池状况，检查正负极连接状态			
			13. 前大灯：检查灯光，必要时调整（若配备大灯清洗装置，请检查功能，必要时调整）			
			14. 助力转向系统：检查是否泄漏，检查转向液面，必要时加注			
			15. 转向横拉杆/稳定杆/连接杆：检查是否有间隙，连接是否牢靠			
			16. 车身底部：检查燃油管，制动液管是否干涉以及底部保护层是否损坏，排气管是否泄漏，固定是否牢靠			
			17. 底盘螺栓：检查并按规定扭矩紧固			
			18. 制动系统：检查制动液管路是否泄漏，检查制动液液面，必要时补充			
			19. 轮胎/轮毂（包括备胎）：检查轮胎磨损情况，必要时进行轮胎换位，同时校正轮胎气压			
			20. 车轮固定螺栓：检查并按规定扭矩紧固			
			21. 试车：性能检查			
			22. 保养周期显示器：复位			
			23. 空调系统冷凝排水：检查，必要时清洁			
			24. 灰尘及花粉过滤器：更换滤芯（行驶里程较少的车辆建议每12个月更换）			

（续表）

保养类型		保　养　内　容	保养检查情况		
			正常	不正常	已调整
		25. 空气滤清器：更换滤芯（行驶里程较少的车辆建议每12个月更换）			
		26. 活动天窗：检查功能，清洁导轨，涂敷专用油脂			
		27. 车门限位器，固定销，门锁，发动机盖/行李箱盖铰链和锁扣：检查功能并润滑			
		28. 散热电子风扇线束连接插座：检查			
		29. 手动变速箱/自动变速箱/传动轴护套：检查有无渗漏和损坏，连接是否牢固			
其他保养项目		30. 发动机燃烧室和进气道：用内窥镜检查积碳情况（首次2.5万km，之后每3万km），必要时请使用上海大众专用汽油清洁剂			
		31. 火花塞：更换（首次2.5万km，之后每3万km）			
		32. 锲形皮带：检查（首次2.5万km，之后每3万km），必要时更换； 更换（首次11.5万km，之后每12万km）			
		33. 齿形皮带张紧轮：检查（首次5.5万km，之后每3万km），必要时更换； 更换（首次11.5万km，之后每12万km）			
		34. 活动天窗排水功能：检查（首次2.5万km，之后每3万km），必要时清洁			
		35. 制动盘及制动摩擦片：检查厚度及磨损情况（首次2.5万km，之后每3万km），必要时更换			
		36. 手动变速箱：检查变速箱齿轮油液位（首次5.5万km，之后每6万km），必要时补充或更换			
		37. 自动变速箱：检查变速箱ATF油液位（首次5.5万km，之后每6万km），必要时补充或更换			
		38. 燃油滤清器：更换（首次5.5万km，之后每6万km）			
		39. 尾气排放：检测（首次2.5万km，之后每3万km）			
特殊项目		40. 制动液：更换（每24个月或每5万km，以先到者为准）			

（续表）

保养类型	保　养　内　容	保养检查情况		
		正常	不正常	已调整
说明： （1）本表的保养内容适用于上海大众生产的帕萨特2.0/1.8T/2.8V6车型。保养项目需根据车型的不同配置进行选择。 （2）本表的保养内容和周期是根据汽车在正常行驶情况下制定的。对于使用条件比较恶劣的车辆，特别是经常停车/启动以及常在低温情况下使用的车辆，应经常检查机油液面，并建议每5000km更换机油和机油滤清器。 （3）在灰尘较大环境里行驶的车辆，应缩短空气滤清器和空调系统花粉过滤器的保养间隔（如每5000km更换）。注：花粉过滤器滤芯脏污将影响空调制冷效果，空气滤清器滤芯脏污可能导致涡轮增压器损坏，请注意检查并及时更换。 （4）每次保养时请在表格上方的里程表相应的空格位置内打√。 （5）本表内容将根据车辆技术状态变化进行调整，请以最新版本为准。				

六、车辆维护业务接待

汽车维修业务，需要一套科学完整的业务流程，业务流程执行的优劣直接体现了维修企业的经营管理水平。狭义的维修服务流程从车辆进厂接待开始，经过开任务委托书、派工、维修作业、质量检验、试车、结算，直到车辆交付出厂，这是多数修理企业常见的传统流程。而广义维修服务流程不但包括从车辆进厂到出厂的这样一个传统的全过程，而且还包括车辆进厂前的预约、准备工作和车辆交付出厂后的跟踪回访工作。维修接待流程一般分为以下12个部分。

1. 预约

（1）礼仪要求

应在电话铃响三声内接听电话，应答语言要规范简练，若周围吵嚷，应安静后再接电话。接电话时，要面带笑容，与话筒保持适当距离，说话声音大小适度，嘴里不含东西。因为有急事或在接听另一个电话而耽搁时，应向客户表示歉意。

（2）规范用语

“您好！××××××为您服务，我是××”“好的，我们给您准备一下，您的车下午××点来这里好吗？”“好的！没问题，谢谢！再见”等。

2. 迎接客户

（1）流程

出门迎接，用礼貌的方式主动向客户问候，以示欢迎。打开车门，请客户下车，用心聆听客户问题。

（2）规范用语

“您好！先生（小姐），请问有什么需要帮忙？”“××先生（小姐），请您下车好吗？”“先生（小姐），请您保管好您车上的贵重物品好吗？”等。

（3）注意事项

接待客户时，要自信、自然；与客户交谈时，要面带笑容，态度诚恳；交谈中应处处表现出对客户的尊重与关怀；上客户车检查前，必须先提醒客户保管好车上的贵重物品，征求客户同意后，方可上车。

3. 问诊

（1）流程

详细咨询车主车辆状况，必要时作好笔记，接待人员对车主提出的故障应首先检查、诊断，并参照历史档案。

（2）规范用语

“您的车第一次出现这种故障是在什么时候？”“像这种情况有多久了？”等。

4. 填写接车单

（1）要求

写明维修项目及相应维修费用、维修时间、车主联系电话等（要求字迹工整、清晰、正确）。引领车主检查车辆外表、内饰、工具、备胎等物件，正常打“√”，差缺打“×”，最后请客户确认签字。

（2）规范用语

“您好！先生（小姐），您这次维修项目是工时费______元，备件费元，其他_____元，合计_____元，请您过目一下，如没问题请您在这签字，如在维修中发现其他的故障，我们再及时向您汇报。谢谢！”

（3）注意事项

必须登记清楚客户提出的问题，不得有漏项、错项，接待人员检查出新的问题时，应立刻告知客户，征求客户同意，让客户明确所有维修项目及相关维修费用。最后，必须双手将单据递给客户签字。另外，在不确定的情况下，尽量比预计提车时间稍微推迟一点，不要给客户过高的期望，因为一旦不能按时交车，将会影响客户满意度。

5. 引领客户进休息室（或送走）

（1）接待流程

接待员应礼貌地请客户到休息室等候或欢送客户离开（必要时提供备用车）。

（2）规范用语

“您好！先生（小姐），请您到休息室喝杯茶，看看报纸、杂志。等车辆修好后，我们立即通知您”或“您先休息会，等车修好了后，我会尽快通知您”，车需要较长时间修好时，“请您放心，我们会把车修好后尽快通知您的”“您走好！再见！”等。

（3）注意事项

车辆进厂维修期间，必须遵照公司规定，严禁客户进入维修车间。（注意沟通技巧，尽量以公司规定、客户安全角度和避免影响车间工人工作为出发点，婉拒客户）

6. 车辆交给车间派工作业

（1）流程

车开进车间维修前，必须套上方向套、地毯、座凳套、左右叶子板挡布，把接车单交给车间主管，指明维修项目、更换备件、维修时间及检查项目等。

（2）注意事项

详细说明每一项维修项目，确认派工员已清楚获悉每一项维修项目，并确认预计维修时间是否充足。

7. 跟踪维修进度

（1）流程

配合车间工作人员，了解维修进度。维修过程中发现新的质量问题时，应第一时间与车间工作人员协调、交流，并做出决定。接待员应尽快将意见反馈给客户，争取客户同意。

（2）注意事项

个别客户要求进维修车间查看车辆时，必须由接待员陪同。客户确认后，应尽快引领客户回休息室等候。

8. 车辆维修过程中增加项目

（1）流程

与车间工作人员协调交流后，如需增加维修项目及增加更换备件，由前台接待通知客户，并由客户认可签字，然后再通知车间维修。

（2）注意事项

增加维修项目及更换备件前必须先征得客户同意，讲明相关维修费用，并由客户签字确认。

9. 输入客户资料

（1）流程

根据接车单以及维修手册，输入客户资料以及维修项目建档，更新。

（2）注意事项

输入客户资料要仔细认真，不得有漏项、错项，输入完毕要检查。

10. 通知客户提车

（1）流程

车辆维修完工后通知车主，核对接车单，检验车辆人，详细核对维修项目及相关维修费用后结算。

（2）规范用语

“您好！先生（小姐），您的车已修好，我们一起检验一下好吗？”“这是您更换的备件，您检验一下，一共修了×××钱”“请您到这边买单，谢谢”等。

（3）注意事项

维修车辆未经质检员检验合格不能出厂。质检员为维修车辆第一责任人，车辆未按相关质量要求修理好就出厂的，首先追究质检员的责任，其次才追究维修接待和维修技师的相关责任。结算时要讲究礼仪，先向客户问好（如“××先生(女士)，您好！”），双手递交单据，并礼貌地说：“先生（女士），您好！您这次维修项目是工时费______元，备件费______元，其他元，共计______元，请您过目一下，如没问题请您在这签字，谢谢！”结账后必须向客户致谢。

11. 欢送客户

（1）规范用语

“您慢走！再见！”“您走好！再见！”“您好！先生（小姐），您的车出厂后，有事情请打我们的热线电话，我们会给您最满意的服务。”

（2）注意事项

恭送客车，招手欢送客户，待客户开车离开一段距离（10～20m）后，方可返回工作岗位。

12. 3DC回访

（1）流程。

电话回访，聆听用户意见，并做好记录。

（2）规范用语。

“××先生（小姐），您好！我们是东风本田××店的××（姓名），您的车辆维修后有什么问题吗？对我们的服务有什么不满意的地方吗？”“打扰您，对不起！谢谢您的支持！”

（3）注意事项。

①不可在客户休息时间打回访电话；电话访问内容必须简洁。此项工作由专人负责。

②维修接待必须严格履行岗位责任制，为用户提供售后服务时，确实做到谁接待谁负责，用户不走，维修接待不离岗。

第二章
汽车维护与保养基础知识

第一节　汽车维护与保养材料

一、发动机机油

1. 发动机机油的分类

我国发动机机油的牌号是按机油的使用性能和黏度等级两种分类方法来划分的，是参照美国石油协会（API）和美国汽车工程师学会（SAE）相应的分类标准来制订的。

（1）SAE黏度等级分类

1991年，美国汽车工程师学会（SAE）制定了黏度分类法，即发动机机油的牌号是根据在某一特定温度下的黏度来编制的。目前我国机油的黏度分类已采用国际上广泛使用的SAE黏度分类法。按SAE黏度分类法，我国机油的黏度等级分为0W、5W、10W、15W、20W、25W和10、20、30、40、50、60等级别，带有W字样的机油是冬季用机油，无W字样的机油是夏季用机油，标有15W/40等字样的机油是冬夏通用机油，国外称为复合油，国内则称为多级机油。机油的标号越大，黏度指标就越高，使用的温度较高。

（2）API使用性能分类

机油牌号除了按黏度等级分类外，还可按质量等级分类。

目前，国际上大多数国家均采用美国的API质量分级法。按质量分级法，目前我国汽油机机油分为SC、SD、SE、SF、SG、SH和SL七个质量等级，柴油机机油分为CC、CD、CD—Ⅱ、CE和CF—4五个质量等级。等级越高，油品品质越好。汽油机机油中SD级以上的机油是国产高级车用机油。汽油机机油和柴油机机油原则上不能相互代用，特别是汽油机机油不能用于柴油机机油。但是，标有SE/CC字样的机油，则为汽、柴油机两用机油，其标号的含义是指该机油用于汽油机时符合SE质量等级，用于柴油机时符合CC质量等级。

2. 发动机机油的选用

机油被看作是发动机的血液，选用和更换得正确与否直接影响到发动机的使用寿命。根据发动机种类不同、新旧程度不同、使用条件不同，所选用的机油牌号也不同，机油牌号选用得正确与否也决定了汽车润滑和补给作业的成败。因此，作为汽车专业维护人员，必须要综合考虑机油的黏度等级和质量等级这两大选用依据，掌握好换油时机和换油品牌。

目前市场上供应的机油品牌既有国产的又有进口的，品种较多。如国产长城、南海、飞天、海牌和昆仑等，进口的有壳牌、美孚、嘉实多、雪铁戈、埃索、埃尔夫及BP等。在选用机油时应注意以下事项。

（1）汽油机机油不能用于柴油机，由于柴油机的负荷比汽油机的负荷高，所以不能用专用的汽油机机油代替柴油机机油，以免加速柴油机的磨损。汽油机可选用优质柴油机机油，但汽油机机油和柴油机机油原则上应区别使用，只有在汽车制造厂有使用说明或标明是汽油机和柴油机的通用油时，才可以代用或在标明的黏度和使用级别范围内通用。

（2）应尽量使用黏度小的机油。在保证发动机润滑可靠的前提下，机油黏度尽可能小些，使其快速循环，及时供应，以充分发挥机油的润滑、清洁和冷却等作用。黏度大的机油除在南方夏季使用外，仅适用于一些严重磨损的发动机。这是因为黏度太大的机油，会使发动机运转阻力增大，油耗增加。但选用黏度太低的机油，会使机油压力过低，润滑油膜变薄，造成密封效果变差。所以应根据车况和季节来正确选用机油。

（3）应尽量使用多级机油。多级机油的黏度受温度影响不大，使用时间长，可四季通用。使用多级机油时，油色容易变黑，机油压力也比普通机油小些，这属于正常现象，不影响使用。

（4）应优先选用国产品牌机油。国产长城、南海、飞天等品牌机油质优价廉（仅为进口机油价格的50%—60%），而且符合国际高级润滑油的各项指标，因此可优先选用。

（5）应坚持经济适用的原则。在选择机油的使用级别时，高级机油可以用在要求较低的发动机上，但过多降级使用不经济。切勿将使用级别较低的机油加在要求高的发动机上使用，否则会加速发动机的磨损而造成过早损坏。

（6）注意机油的混用及使用问题。单级机油和多级机油不要混用，不同牌号机油必要时可临时混用，但不要长期混用。不要将机床用的润滑油或其他非发动机用润滑油加在汽车发动机上使用，因其不含任何添加剂，会引起发动机的过早磨损或损坏。

（7）注意保持合适的油面。加注机油时，应注意油量，油量过少，油面就会过低，会引起供油不足并加速机油变质；油量过多，油面就会过高，使机油从活塞和气缸壁的间隙中窜入燃烧室燃烧，使积炭增多。

（8）换油时机应正确得当，确保机油的使用经济有效。在具备油品检测、鉴定等技术条件的情况下，应尽量实行按质换油，以降低用油成本；没有条件时，可按车辆使用说明书规定的换油里程换油。例如，捷达轿车用SF级机油，在一般地区换油里程为8000—10000km（或1年）。越高越级别的机油，更换的间隔里程就越长。

（9）注意换油的操作步骤和要领。为延长机油的使用期限，在换油时要排净旧机油，并清洗润滑系统；应保持曲轴箱通风装置（PCV）工作良好；添加新油时，应注意不要让杂质和水分混入；换油同时还应更换滤芯。

二、润滑脂

1. 汽车常用润滑脂

汽车常用润滑脂品种有钙基润滑脂、钠基润滑脂、汽车通用锂基润滑脂、极压复合锂基润滑脂和石墨钙基润滑脂等品种。

（1）钙基润滑脂：钙基润滑脂是由动、植物脂肪与石灰制成的钙皂稠化矿物润滑油，其胶溶剂是水。按锥入度分为1、2、3、4四个牌号，用在汽车、拖拉机以及冶金和纺织等机械设备中。使用温度范围为-10—60℃。最高使用温度低，这是由于其耐热性差，钙皂的水化物在100℃左右便水解，致使润滑脂超过100℃时丧失稠度，滴点在80—95℃；此外，还有使用寿命短的缺点。但它有抗水性好的优点，遇水不易乳化，容易黏附于金属表面，胶体稳定性好。它是20世纪30年代的老产品，长期以来使用钙基润滑脂润滑汽车轮毂轴承、底盘拉杆球节、水泵轴承和分电器凸轮等。

（2）钠基润滑脂：钠基润滑脂是以动、植物脂肪酸钠皂稠化矿物润滑油制得的，耐高温，但不耐水的普通润滑脂，有2号和3号两个稠度牌号。由于钠皂熔点很高，脂的滴点可达160℃，耐热性好，可在120℃下较长时间工作，并有较好的承压抗磨性能，可适应较大的负荷；但钠皂遇水易乳化变质，即抗水性差，不能用于潮湿环境或与水接触的部件。

（3）汽车通用锂基润滑脂：汽车通用锂基润滑脂是以天然脂肪酸锂皂稠化低凝点润滑油并加抗氧、防锈剂制得的，它具有良好的机械安定性、胶体安定性、防锈性、氧化安定性和抗水性，适用于-30—120℃的工作环境下，如汽车轮毂轴承、底盘、水泵和发电机等各摩擦部位的润滑。锥入度范围265—295，稠度牌号为2号，滴点达180℃。进口汽车和国产新车普遍推荐使用该润滑脂。

（4）极压复合锂基润滑脂：极压复合锂基润滑脂与汽车通用锂基润滑脂的区别是有更高的极压抗磨性，可适用于-20—160℃高负荷机械设备的齿轮和轴承润滑，有1、2和3号3个稠度牌号，部分高性能汽车推荐使用极压复合锂基润滑脂。其规格按GB/T7631.8－1990的规定，其代号为L-XBEHB1、

L-XBEHB2和L-XBEHB3。

（5）石墨钙基润滑脂：石墨钙基润滑脂是由动、植物油钙皂稠化68号机械油制得的，其中含有10%的鳞片石墨，具有良好的抗水性和抗碾压性能，适合于重负荷、低转速和粗糙的机械部位润滑。汽车钢板弹簧、起重机齿轮转盘及半拖挂货车的转盘等承压部位使用石墨钙基润滑脂。

（6）工业凡士林：工业凡士林不含皂分，是由石油脂、地蜡、石蜡等固体烃稠化高黏度润滑油制成的，属非皂基脂中固体烃基脂，有一定的防锈性，不溶于水、不易乳化，有一定的润滑性和较好的黏附性。工业凡士林适用于仓储的金属物品和工厂生产出来的金属零件和机器的防锈。

2. 汽车润滑脂的选用

汽车润滑脂的选用是指润滑脂的品种和稠度级号的选用，考虑的主要因素有温度、转速、负荷和工作环境。

润滑脂的品种应根据工作温度、工作环境、负荷和转速进行操作温度范围、水污染和极压性等条件选择，也可按汽车使用说明书要求选用。在汽车上大部分润滑的部位使用锂基脂，对受冲击载荷及极压条件下工作的钢板弹簧用石墨钙基脂，对工作温度过高或过低的部位应选特殊润滑脂（如高温润滑脂、低温润滑脂等），为保护蓄电池接线柱，应在接线后涂上工业凡士林。

3. 汽车润滑脂的使用注意事项

（1）轮毂轴承是使用润滑脂的主要部位。在我国南方地区宜全年使用2号脂，北方地区一般冬季用1号脂，夏季用2号脂。而3号润滑脂稠度太大，只宜在热带地区的重负荷车辆上使用。

（2）轮毂轴承润滑脂在使用到严重断油、分层或软化流失前必须更换，一般在二级维护时换润滑脂。更换润滑脂时要合理充填，要求在轴承内填满润滑脂，轮毂内腔则仅薄薄地涂一层润滑脂防锈即可，不宜填满润滑脂，否则会导致轴承散热困难，甚至可能因润滑脂流到制动蹄片上，造成制动失灵。

（3）石墨钙基润滑脂因含有鳞片状石墨（固体），不能用于高速轴承，否则会导致轴承损坏。而汽车钢板弹簧等负荷大、滑动速度低的部位，则必须使用石墨钙基润滑脂。

（4）各种稠化剂制成的润滑脂不能互相掺混，否则可能因破坏其胶体结构而失去原有的性能。

（5）润滑脂一旦混入杂质便难以除去，在保存、分装和使用过程中，严格防止灰、砂和水等外界杂质污染，注润滑脂工具必须干燥清洁，尽可能减少润滑脂与空气接触。

（6）作业场所要清洁，轴承各注润滑脂口在加注润滑脂前必须擦洗干净。作业完毕，润滑脂容器和加注器管口应立即加盖或封帽。

三、手动变速器齿轮油

1. 手动变速器齿轮油的分类

齿轮油一般是按SAE（美国汽车工程师学会）分类法和API（美国石油协会）分类法进行分类，具体分为国外和国内两种。

（1）国外汽车齿轮油的分类

按照SAE分类法划分为70W、75W、80W、85W、90、140、250七个黏度级。带W字样的为冬季用齿轮油，它是根据齿轮油黏度达到150Pa·s的最高温度和100℃时的最小运动黏度两项指标划分的。不带W字样的为夏季用齿轮油，它是根据100℃时的运动粘度范围划分的。另外，还有多级齿轮油，如80W/90、85W/90等。

按照API分类法及工作条件的苛刻程度划分为GL—1、GL—2、GL—3、GL—4、GL—5、G—6六个使用级别，近年来，随着汽车技术的不断发展，许多汽车制造商对汽车齿轮油的要求超过这些技术规范。因此，SAE和ASIM（美国材料试验协会）建议用新的等级表示，即MT—1和PG—2。其中MT—1是机械变速器用油，它的质量高于GL—4，改善了热氧化稳定性、清洁性、抗磨性及密封材料的配对性。PG—2质量要求比GL—5高，用于驱动桥润滑。

（2）国内汽车齿轮油的分类

国内汽车齿轮油的分类方法也有两种，一种是按黏度分类，其分类标准参照SAE黏度分类（SAE J306）执行，具体如表2-1-1所示。

表2-1-1 我国汽车齿轮油的黏度分类

黏度牌号	达到150Pa·s的最高温度/℃	100℃时运动黏度/mm^2·s	
		最低	最高
70W	-55	4.1	—
75W	-40	4.1	—
80W	-26	7.0	—
85W	-12	11.0	—
90	—	13.5	24.0
140	—	24.0	41.0
250	—	41.0	—

第二种是按使用性能分类，如表2-1-2所示。

表2-1-2 国产汽车齿轮油使用级别与API分类对应关系

国产汽车用齿轮油	API分类号
普通车辆齿轮油	GL—3
中负荷车辆齿轮油	GL—4
重负荷车辆齿轮油	GL—5

目前国内车辆齿轮油3类产品标准（GL-4为企业标准）中已有17种（带“●”部分）的标号系列产品，如表2-1-3所示。

表2-1-3 车用齿轮油质量级别和黏度级别的对应组合17个标号

质量级别	黏度级别					
	75W	80W/90	85W/90	85W/140	90	140
普通车辆齿轮油（GL—3）		●	●	●	●	●
中负荷车辆齿轮油（GL—4）	●	●	●	●	●	●
重负荷车辆齿轮油（GL—5）	●	●	●	●	●	●

2. 齿轮油的选用

齿轮油的选用通常按照汽车使用说明书的规定，选择与该车型相适应的齿轮油的黏度级及使用级标号，还可参照下列原则选用齿轮油。

（1）根据当地季节气温选择齿轮油的黏度级别

齿轮油的黏度级别有75W、80W、85W、90、140和250号等标号，分别适用于最低气温为-40℃、-30℃、-20℃、-10℃、10℃和20℃的地区，应对照当地季节最低气温适当选用齿轮油的黏度级别。

近年来，由于进口品牌的齿轮油在国内大量生产并销售，国内市场上出售的齿轮油基本上都使用国际标准的标号，即SAE黏度分级标号和API质量分级标号。按照国际标准为汽车选用齿轮油就可以满足汽车使用齿轮油的各项技术要求。旧牌号国产齿轮油与SAE规格、API规格所对应的关系及使用范围，如表2-1-4所示。

表2-1-4 国产齿轮油与进口齿轮油的对应关系

国产齿轮油	使用范围	相对应的SAE规格（按黏度分类）	相对应的API规格（按质量分级）
22号普通齿轮油	冬季使用于一般汽车的齿轮传动装置上	SAE90	GL—2
30号普通齿轮油	长江以南地区全年；长江以北地区，夏季使用于一般汽车的齿轮传动装置	SAE140	GL—2
22号渣油型双曲线齿轮油	冬季使用于具有准双曲面齿轮传动装置的汽车上	SAE90	GL—3
28号渣油型双曲线齿轮油	夏季使用于具有准双曲面齿轮传动装置的汽车上	SAE140	GL—3
18号馏分型双曲线齿轮油	用于气温在-10—+30℃的地区，具有准双曲面齿轮传动装置的汽车上	SAE90	GL—4
26号馏分型双曲线齿轮油	用于气温在32℃以上的地区，具有准双曲面齿轮传动装置的汽车上	SAE140	GL—4
13号馏分型双曲线齿轮油	用于气温在-35—+10℃的严寒地区，具有准双曲面齿轮传动装置的汽车上	SAE85W	GL—5

（2）根据齿轮类型和工况选择齿轮油的使用性能级别

对于一般工作条件下的螺旋锥齿轮主减速器（驱动桥）、变速器和转向器等总成可选用普通车辆齿轮油；对准双曲面齿轮主减速器，必须根据工作条件选用中负荷车辆齿轮油或重负荷车辆齿轮油。具体选择方法如表2-1-5所示。

表2-1-5 汽车齿轮油的选择

使用性能级别选择		对应黏度级别（或牌号）的选择	
性能级别	齿轮类型、工作条件和示例	黏度级别	使用气温范围
普通车辆齿轮油（GL—3）	工作条件缓和螺旋锥齿轮主减速器和变速器、转向器（解放CA1091后桥、变速器等）	90	-10℃以上地区全年通用
		80W/90	-30℃以上地区全年通用
		85W/90	-20℃以上地区全年通用
中负荷车辆齿轮油（GL—4）	工作条件一般（齿间压力在3000MPa以下，齿间滑移速度在8mm/s以下）的准双曲面齿轮主减速器（东风EQ1090）或要求使用GL—4齿轮油的进口汽车	90（旧18号）	-10℃以上地区全年通用
		旧7号严寒区双曲线齿轮油	-43℃以上严寒地区冬季
		85W/90	-20℃以上地区全年通用

（续表）

使用性能级别选择		对应黏度级别（或牌号）的选择	
重负荷车辆齿轮油（GL—5）	工作条件苛刻的准双曲面齿轮主减速器（丰田皇冠等进口轿车）或要求使用GL—5齿轮油的进口汽车	90	10℃以上地区全年通用
		140（旧26号）	重负荷、炎热夏季
		85W/90	-20℃以上地区全年通用

3. 齿轮油选用的注意事项

（1）不能混淆齿轮油和发动机润滑油的SAE黏度级别。在润滑油黏度级别分类标准中，为避免相互混淆，把高的分级标号用在齿轮油上，而把低的分级标号用在发动机润滑油上。但旧牌号的齿轮油分级号较低，此时应注意，齿轮油和发动机润滑油的黏度级别并无联系，不同型号不能互用。切不可将齿轮油当成机油使用，否则发动机将会发生粘缸、抱瓦等严重机械故障。

（2）区分齿轮油的种类和使用级别。准双曲面齿轮啮合齿间的挤压力非常大，普通齿轮油无法保持足够的润滑油膜，如果在其间使用了普通齿轮油，准双曲面齿轮将很快损坏，所以绝不能用普通齿轮油代替准双曲面齿轮油。也不可随意用准双曲面齿轮油代替普通齿轮油，否则，会造成啮合齿轮的腐蚀性磨损，带来经济损失。根据齿轮传动的特点及齿轮工作的苛刻条件，选择使用级别合适的齿轮油。

（3）不能错误地认为齿轮油的黏度级别越高其润滑性能就越好。若使用黏度标号太高的齿轮油，则会出现供油不及时，润滑不可靠，运动阻力加大，油耗激增等情况，特别是对高速轿车影响更大，所以应尽可能选用合适的多黏度级齿轮油。

（4）用油量要适当，油面高度应合适。油面过高不仅增加搅油阻力和燃料消耗，而且齿轮油容易经后桥壳窜入制动鼓，致使制动失灵；油面过低会使润滑不良，温度过高，加速齿轮磨损。齿轮油油面高度一般与变速器、驱动桥壳上的观察螺塞孔下缘平齐即可。应经常检查各齿轮油箱是否渗漏，并保持各油封、衬垫完好无损。

（5）按时换油，合理用油，按换油指示换用新油，无油质分析手段时，可按规定期限换油。汽车制造厂推荐的换油期一般为3万—4.8万km。换油时，先趁热放出旧油，再将齿轮和齿轮箱清洗干净，然后加入新油。加注新油时，应防止水分和杂质混入。齿轮油的使用寿命较长，如果使用单黏度级齿轮油，在换季维护时根据季节气温换用合适的黏度标号即可。

（6）在使用中，严禁向齿轮油中加入柴油进行稀释，也不要因影响冬季起步而烘烤后桥、变速器等总成，以免齿轮油严重氧化变质。如果出现这种情况，应换用低黏度的多级齿轮油。

四、自动变速器油

1. 自动变速器油的分类

自动变速器油（automatic transmission fluid, ATF），是指专门用于自动变速器（AT）和无级变速器（CVT）等，集润滑、液力传递、液压控制功能于一身的特殊油液。

（1）国外自动变速器油的分类多采用美国ASTM和API共同提出的PTF（power transmission fluid）使用分类法，将PTF分为PTF-1、PTF-2和PTF-3三类。其规格及适用范围如表2-1-6所示。

表2-1-6 自动变速器油使用分类

分类	ATF品牌	适用范围
PTF—1	通用汽车公司使用的GM DEXRON Ⅱ液力传动油 福特汽车公司使用的FORD M2C33-F液力传动油 克莱斯勒使用的CHRYSLER MS-4228液力传动油	轿车和轻型货车液力传动油
PTF—2	通用汽车公司使用的GM Track、Coach，阿里森AllisonC-2、C-3	重型货车和越野汽车液力传动油
PTF—3	约翰迪尔使用的（John Deem）J-20A液力传动油 福特使用的M2C¢1A液力传动油 玛赛·费格森使用的（Massey Ferguson）M-1135液力传动油	农业和建筑机械液力传动油

（2）国产自动变速器油的分类按100℃运动黏度将液力传动油分为6号和8号两类。其与国外液力传动油的基本对应关系如表2-1-7所示。

表2-1-7 自动变速器油的分类标准

国外变速器油分类	国产变速器油分类	应用范围
PTF—1	8	轿车和轻型货车液力传动油
PTF—2	6	越野汽车、载货汽车和工程机械
PTF—3		农业和建筑野外机械

2. 自动变速器油的选用

按车辆使用说明书的规定，选用适当品种的液力传动油。轿车和轻型货车选用8号油，进口轿车要求用GMA型、A-A型或DEXRON型自动变速器油的可用8号油代替。重型货车、工程机械的液力传动系统则应选用6号油。

目前，世界各国普遍使用美国生产的自动变速器油，主要有通用公司生产的DEXRON、DEXRON Ⅰ、DEXRON Ⅱ型和福特公司生产的E、F型。自动变速器油型号不同，其摩擦系数就不同，一般应按汽车使用说明书的规定要求选用。

如果没按规定使用DEXRON型自动变速器油而错用了福特F型自动变速器油，会使自动变速器发生换挡冲击和制动器与离合突然啮合的现象；反之，规定用福特F型自动变速器油而错用了DEXRON Ⅱ型自动变速器油，则会出现自动变速器的离合器、制动器打滑，加速摩擦片的早期损坏，使其寿命下降。

3. 自动变速器油的使用注意事项

（1）保持自动变速器油的正常工作温度。油温过高，则自动变速器油易变稀，变质，油压降低，自动变速器打滑；油温过低，则油压变高，时滞过长，使自动变速器换挡不及时。

（2）应经常检查自动变速器的液面高度。自动变速器的液面高度检查，分为冷态检查（不行车、不换挡）和热态检查（行车后或停车换挡）。检查时要求车辆停在平地上，发动机达到正常工作温度后进行。此时油平面应分别在自动变速器油标尺的冷态上下两刻线或热态上下两刻线之间，不足时应及时添加。若油面过低，则油压不足而打滑；若油面过高，产生气泡，也会打滑。

（3）按车辆使用说明书的规定更换自动变速器油。通常每行驶1万km应检查油面一次，每行驶3万km应更换油液。

（4）注意观察自动变速器油的品质情况。在检查油面和换油时，在手指上蘸少许油液，检查油质、颜色、气味和杂质等情况，确认自动变速器油是否因打滑或过热等原因变质。现在常用的GM系列DEXRON Ⅱ 自动变速器油一般染成红色（区别发动机润滑油），油质清澈纯净，如颜色变黑，有烧焦味且含有杂质等时，则应予以更换。

五、制动液

1. 制动液的分类

（1）国外制动液的分类标准

常用的进口制动液有DOT—3、DOT—4和DOT—5三类。DOT是美国交通部U.S. Department of transportation的英文缩写，其数字越大级别越高。DOT—3、DOT—4与DOT—5的不同之处主要在于沸点不同，DOT—5比DOT—4更耐高温，DOT—4比DOT—3更耐高温。DOT—3和DOT—4级制动液是非矿物油系，是以聚二醇为基础和乙二醇衍生物为主的醇醚型合成制动液，再加润滑剂、稀释剂、防锈剂和橡胶抑制剂等调和而成，也是各国汽车所用最普遍的一种制动液。这种常用的制动液吸湿性较强，使用一段时间以后会吸收相当多的水分。制动液中水分越多，沸点越低，制动时越易沸腾。为了保证行车安全，制动液应定期更换（一般2年需更换一次）。由于制动液会吸收水分，所以放置多年已开封的制动液不能再用。

（2）国产制动液的品种、牌号和规格

国产制动液按照平衡回流沸点，可分为JG0、JG1、JG2、JG3、JG4、JG5六个质量等级，序号越大平衡回流沸点越高，高温抗气阻性越好，行车制动安全性能越高。目前国内制动液按原料不同分类，有合成型、醇型和矿油型3类。按原石油部标准生产的合成型制动液有4603、4603-1和4604等牌号 。4603和4603-1号合成制动液适用于各类载货汽车的制动系统，4604则适合于高级轿车和各种汽车的制动系统。醇型汽车制动液以乙醇或丁醇及蓖麻油为原料，分为1号和3号两个牌号，由于其抗阻性和低温流动性达不到要求，行车安全性差，故已被淘汰。矿油型制动液有良好的润滑性，无腐蚀性，但对天然橡胶有溶胀作用。

2. 制动液的选用

制动液是汽车制动力传递的媒介，其选用制动液的质量直接关系着制动性能的好坏和行车安全，制动液的选用是汽车养护的重要工作。在选用制动液时应注意以下事项。

（1）不能混合使用制动液。各种制动液绝对不能混用，否则会因分层而失去制动作用。

（2）应保持制动液的清洁。加注或更换制动液时要注意清洁，制动液须经过过滤，不允许细微杂质混入制动系统。

（3）应防止制动液吸潮。存放制动液的容器要密封好，防止水分混入或吸收水分使沸点降低；更换下来的和未密封好的制动液不能继续使用。

（4）应定期更换制动液。由于醇醚类制动液有一定吸水性，因此在一般情况下，制动液应在使用2年后或者行驶3万—4万km后进行更换，以防制动液吸潮后影响制动性能（建议在每年雨季过后更换）。

（5）注意检查制动液的温度。在山区下长坡连续使用液压制动，或在高温地区长期频繁制动，制动蹄片温度可达350—400℃，使制动液温度随之升高达150—170℃，此时已超过一般合成制动液的潮湿沸点。因此，要注意检查制动温度，以免因气阻发生制动失效。

（6）注意对液压制动系统的保护。防止矿物油混入使用醇型和合成型制动液的制动系统。使用矿物油制动液时，制动系统应换用耐油橡胶件。使用醇型制动液前，应检查是否有沉淀，如有沉淀应过滤后再使用。

六、冷却液

1. 冷却液的分类

现代汽车上使用的冷却液是指在原来防冻液的基础上再加防沸剂、防锈剂和防垢剂等添加剂，从而具有防结冰、防沸腾、抗锈蚀和防水垢等综合作用的冷却媒介，适合全国全年各种车辆使用。因过去主要用于防结冰，故许多地方仍称其为防冻液。目前，国产常用的冷却液有以下几个品种。

（1）乙二醇－水型冷却液

乙二醇是一种无色微黏的液体，沸点是197.4℃，冰点是-11.5℃，能与水以任何比例混合。混合后由于改变了冷却液的蒸气压，冰点显著降低。其降低的程度在一定范围内随醇含量的增加而减小。当乙二醇的含量为68%时，冰点可降低到-68℃，超过这个限量时，冰点反而要上升。乙二醇冷却液在使用中易生成酸性物质，对金属有腐蚀性。因此，应加入适量的磷酸氢二钠等以防腐蚀。乙二醇有毒，但其沸点高，不易产生蒸气被人吸入体内而引起中毒。乙二醇的吸水性强，储存的容器应密封，以防吸水后溢出。由于水的沸点比乙二醇低，使用中蒸发的是水，故冷却液液面低时，可以加入纯净软水补充。该冷却液使用后，经过沉淀、过滤，加水调整浓度，补加防腐剂后，还可继续使用，一般可用3—5年。

（2）酒精－水型冷却液

酒精的沸点是78.3℃，冰点是-114℃。酒精与水可以任意比例混合，组成不同冰点的冷却液。酒精的含量越多，冰点越低。酒精是易燃物，当冷却液中的酒精含量达到40%以上时，就容易产生酒精蒸气而着火。因此，冷却液中的酒精含量不宜超过40%，冰点应限制在-30℃左右。酒精－水型冷却液具有流动性好、散热快、取材方便、配制简单等优点。它的缺点是沸点低、蒸发快且容易着火。酒精蒸发后，冷却液成分改变，冰点升高，所以在高原地区行驶的汽车不宜使用酒精－水型冷却液。

（3）甘油－水型冷却液

甘油－水型冷却液，不易挥发和着火，对金属腐蚀性也小，但甘油降低冰点的效率低，配制同一冰点的冷却液时，它比乙二醇、酒精的用量大。因此，这种冷却液用得较少。

2. 冷却液的选用

冷却液的选用需要考虑环境温度和车型等使用条件。

（1）根据环境温度选择冷却液的冰点

冷却液的冰点是冷却液最重要的指标之一，是冷却液能否防冻的重要条件。一般情况下冷却液的冰点应该比当地冬季最低气温低10—15℃，如当地最低气温为-30℃，则冷却液的冰点应在-45℃左右。北京油脂化工厂生产的3号冷却液，或者青岛日用化工厂生产的FG—40冷却液等可供选择。如果选择乙二醇母液，则还可配制成体积分数为59%，冰点为-50℃，密度为$1.0786\times10^3kg/m^3$的乙二醇冷却液。

（2）根据车型不同选择冷却液

一般情况下进口车辆、国内引进生产车辆及高、中档车辆全年应选用永久性冷却液（2—3年）。普通车辆冬季可直接使用防冻液，夏季换用软水即可。

（3）应兼顾防锈、防腐及除垢能力来选择冷却液

冷却液除了具有防结冰的重要作用外，防锈蚀也很关键，所以宜选用加有防腐剂、缓蚀剂、防垢剂和清洗剂等添加剂的产品。

（4）选用与橡胶密封件和橡胶水管相匹配的冷却液

冷却液对橡胶密封件及橡胶水管应无溶胀和侵蚀等副作用。过去汽车冷却液一直用水，因为水既经济，散热效果也好，但冬季使用会结冰冻坏发动机。另外，长期使用水做冷却液会产生水垢，影响散热，造成发动机温度过高。而防冻液可以完全避免上述不足。好品牌的防冻液不但没有腐蚀作用，而且沸点可高达200℃，既可避免“开锅”，减少防冻液损耗，又能提高散热效果。因此，水冷却液已被防冻液所取代。

3. 使用冷却液的注意事项

（1）冷却液及其添加剂均为有毒物质，切勿直接接触皮肤，且要放置于安全场所。

（2）冷却液的使用浓度（体积分数）一般不要超出40%—60%的范围。

（3）除乙二醇－水型冷却液外，其他品种的冷却液不宜使用，应严格按有关规定处理废弃冷却液。

（4）凡更换缸盖、缸垫和散热器时，必须更换冷却液。

（5）发动机“开锅”时，冷却系统处于高温、高压状态，因此，“开锅”时切勿打开散热器盖，以防烫伤。

（6）必须在发动机处于冷态时添加冷却液，以免高温机体水套遇冷炸裂，而损坏发动机水套。

（7）在冬季紧急情况下，若全部加入了纯净的软水，则必须尽快按规定添加冷却液添加剂，使冷却液浓度恢复到正常状态，以防水套结冰。

七、动力转向传动液

1. 动力转向传动液的分类

不同车型的液压助力转向系统的精密度和使用要求有所差异，因此，对液压油的选择和换油周期的规定也有所不同。如国内过去一些中、低档车的动力转向系统一般用22号汽轮机油或46号液压油，低温寒带地区则选用YH－10号航空液压油、6号或8号液力传动油。现在新型或高档车型多选用ATF液力传动油或合成液力传动油，这些油品的实际使用性能和寿命都比过去的油品有了很大的提高。动力转向液的选择和更换，用户一般还是应根据汽车厂商的车辆保养手册中的规定进行。

2. 动力转向传动液的选用

一般是根据车型选择转向传动液，目前国内汽车大都选用ATF液力传动油或合成液力传动油。所以选用转向液一般是根据汽车原来使用的油液来选择。选用时注意以下事项。

（1）油液品质应符合规定。液压动力转向系统所使用的油液牌号，应符合原厂规定。油液应具备良好的黏温特性、耐磨性、抗氧化性和润滑性等性能，并无杂质和沉淀物等。无原厂规定牌号的油液时，可用13号机械油或8号液力传动油代替，但两种油液不可混用。

（2）定期检查转向油罐的液面高度。结合维护周期检查转向油罐液面高度是否在规定刻线之间，不足时应添加，添加的油液要经过滤清，品种要与原油液相同。

（3）应适时换油。因液压力转向系统的油液是在高温高压下工作的，易变质，所以要定期更换，一般一年更换一次，或按原厂规定进行更换。换油时，将前轴顶起，发动机以怠速运转，拆下转向器下部的放油螺塞，左、右打转向盘至极限位置数次，待原来旧油液排完时立即停熄发动机并旋上放油螺塞，然后按规定加满新油即可。

（4）应及时排除系统内的空气。在转向系统加油时或转向系统混入空气时，需要将空气排出。排气的方法是先将油液加注到油罐规定的液面高度，然后启动发动机，在怠速状态下左右打转向盘到极限位置（在极限位置停留不得超过10s，以防油泵发热而烧坏），反复几次，并不断往油罐补充油液。同时，松开系统中的放气螺钉，直到油液充满整个系统，放气口没有气泡冒出，油罐内油面不再下降为止，然后拧紧放气螺钉即可。

（5）切勿将动力转向油当成制动液来使用。因动力转向液压油和制动液的流动性、沸点等均不同，所以，在维修车辆时要特别注意切勿将动力转向油当成制动液来使用，否则会导致制动失灵。另外，转向时不可将方向“打死”，否则易烧坏转向助力泵等。

八、轮胎

1. 轮胎的分类

（1）按照胎面花纹可以分为普通花纹轮胎、混合花纹轮胎和越野花纹轮胎。

（2）按汽车种类大概可分为8种。即：PC——轿车轮胎；LT——轻型载货汽车轮胎；TB——载货汽车及大客车胎；AG——农用车轮胎；OTR——工程车轮胎；ID——工业用车轮胎；AC——飞机轮胎；MC——摩托车轮胎。

（3）按轮胎的结构可以分为子午线胎、带束斜交胎、普通斜交胎。子午线轮胎是指轮胎的内部帘布编织排列方向与胎面中心线成90°角，因其形似地球仪上的子午线而得名。一般这种轮胎胎顶加钢丝层，能承受较大的内压应力，胎面不易变形，具有良好的地面抓力和稳定性，适合高速行驶。现在轿车多采用子午线轮胎。

（4）按有无内胎可分为有内胎的轮胎、无内胎的轮胎。

有内胎的轮胎是由外胎、内胎和垫带组成。其主要缺点是行驶温度高，不适应高速行驶，不能充分保证行驶的安全性，使用时内胎在轮胎中处于伸张状态，略受穿刺便形成小孔，而使轮胎迅速降压。

无内胎轮胎俗称原子胎或真空胎，利用轮胎内壁和胎圈的气密层保证轮胎与轮辋间良好的气密性，外胎兼起内胎的作用，目前已普遍采用。其主要特点是气密性较好，能保证长期不漏气，轮胎工作温度较低，使用寿命长，结构简单，质量轻，有利于汽车的高速行驶；由于轮胎气密层是将一层内膜紧粘在轮胎内壁上，使轮胎在高速行驶中不易聚热，当轮胎穿孔时，压力不会急剧下降，能安全地继续行驶一段距离；不存在因内、外胎之间摩擦和卡住而引起的损坏。

2. 轮胎的规格

（1）轮胎规格常用一组数字和英文字母表示。例如，165/70 R14表示胎宽165mm，高宽比70%，轮辋直径14in（1in=2.54cm）；中间的字母或符号有特殊含义：X表示高压胎，R、Z表示子午胎；“-”表示低压胎。注意：轿车和载货汽车、有内胎和无内胎轮胎的规格表示方法不同。

（2）轮胎规格最新表示方法及有关文字含义如下。

①轮胎断面宽度：指两个胎侧之间的宽度（以in为单位）。

②扁平率（即高宽比）：指轮胎断面高度相对轮胎断面宽度所占的百分比例，扁平率越小，轮胎越扁平，轮胎的舒适及制动性能越高。

③轮胎的结构：如R或Z表示该轮胎为子午线结构，也就是说它的帘布层是呈子午线状排布在胎体内的。

④载重（负荷）指数：指轮胎的最高载重量。不同的载重指数代表不同的最高载重量[通常以lb（1lb＝0.45kg）或kgf为单位]。如185/70 R13 86T中的86代表其轮胎负荷能力为530kgf。

⑤速度记号（级别）：指轮胎的最高速度级别，单位是km/h，对应如表2-1-8所示。

表2-1-8 速度记号及对应的最高车速

速度符号	速度/km·h^{-1}	速度符号	速度/km·h^{-1}	速度符号	速度/km·h^{-1}
J	100	Q	160	W	270
K	110	R	170	Y	300
L	120	S	180	VR	＞210
M	130	T	190	ZR	＞240
N	140	H	210	ZR(Y)	＞300
P	150	V	240		

⑥DOT：表示该轮胎符合美国交通部（U.S. Department Of Transportation, DOT）规定的安全标准。DOT后面紧挨着的11位数字及字母则表示此轮胎的识别号码或序列号。

⑦轮胎分级：指统一轮胎品质分级（uniform tire quality grading, UTQG）系统。除雪地胎外，DOT要求制造厂依据“胎面磨耗”“抓地力”及“耐高温”3个性能要求分级，轿车速度超过100为较优，100为标准，低于100为较差。

⑧抓地等级：指轮胎按标准条件在美国政府指定的测试场地，在湿滑柏油路面和水泥路面所表现的直线行驶制动性能，不包括转弯性能。

⑨温度等级：指按标准条件在指定的室内实验室的试验车轮上测试，轮胎所表现的抗热量产生能力。持续高温会造成轮胎材质老化，从而缩短轮胎的使用寿命，温度过高则可能导致爆胎。因此，美国联邦法规定所有轮胎至少必须通过C级温度等级。A为最佳，B为中等，C为一般。

以P185/70 R14#86H轿车轮胎为例，如表2-1-9所示。

表2-1-9 P185-70R14 86H 轿车轮胎含义

P	轿车轮胎
185	胎面宽度（mm）
70	扁平率（胎高÷胎径）
R	子午线结构
14	钢圈直径（in）
86	载重指数
H	速度代号

3. 合理选用、搭配轮胎

（1）选用、搭配轮胎要因车而异。同车、同轴不要混装不同规格、不同品牌的轮胎。如果将两种不同规格的轮胎装在同一轴上，就会造成转向过度或不足，容易导致侧滑，轻者影响汽车的操纵灵活性，重者会造成车祸。

（2）应尽量避免同车混装不同品牌的轮胎。因为不同品牌轮胎即使许多参数相同，但其轮胎花纹、轮胎质量等也有很大区别，从而不能保证行车安全。轮胎规格必须与轮辋规格相配，同一车轴应搭配规格、花纹及层级相同的轮胎；轮胎花纹应根据道路条件选择；搭配有方向花纹的轮胎时，花纹尖端的指向应与车轮前进旋转方向一致。

在优先考虑选用原厂轮胎的同时，车主也可以根据自身需求，换装汽车制造厂商所认定的配套轮胎。

第二节 汽车维护与保养工具及设备

一、通用工具

通用工具有手锤、起子、钳子、扳手等。

1. 手锤

手锤包含铁锤和橡皮锤两种。其中，铁锤提供大的敲击力，如图2-2-1所示。橡皮锤主要是保护被敲击部件，但是不适合敲击间隙表面，如图2-2-2所示。

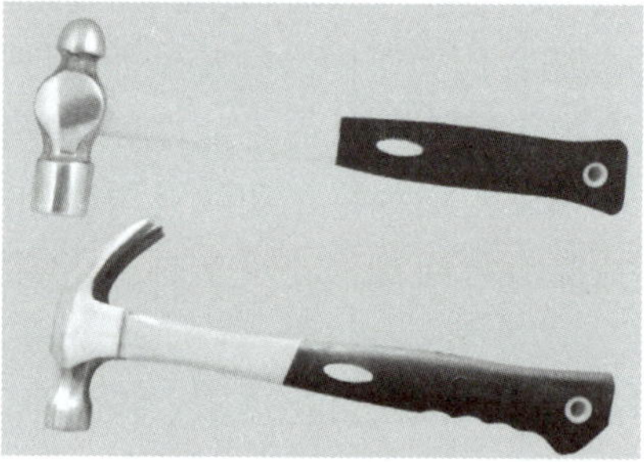

图 2-2-1 铁锤

图 2-2-2 橡皮锤

2. 起子

起子（又称螺丝刀、改锥），是用来拧紧或旋松带槽螺钉的工具。分为一字起子和十字起子，如图2-2-3所示。

注意：不能当錾子；不能当撬棍。

3. 钳子

钳子种类很多，汽车维护与保养常用鲤鱼钳和尖嘴钳两种。

（1）鲤鱼钳：鲤鱼钳用手夹持扁的或圆柱形零件，带刃口的可以切断金属，如图2-2-4所示。

注意：不能用钳子拧转螺栓或螺母；不能当撬棍；不能当锤子。

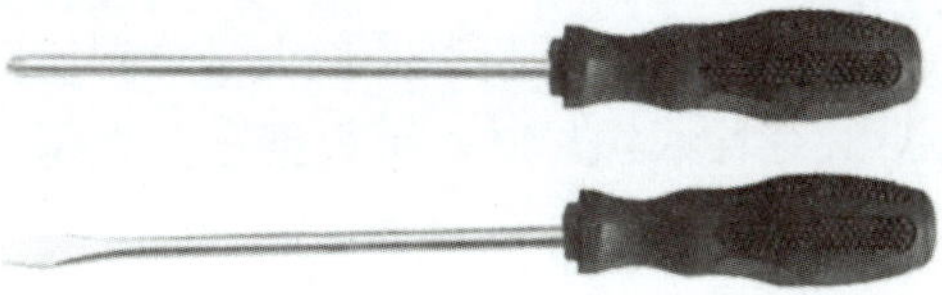

图 2-2-3 起子

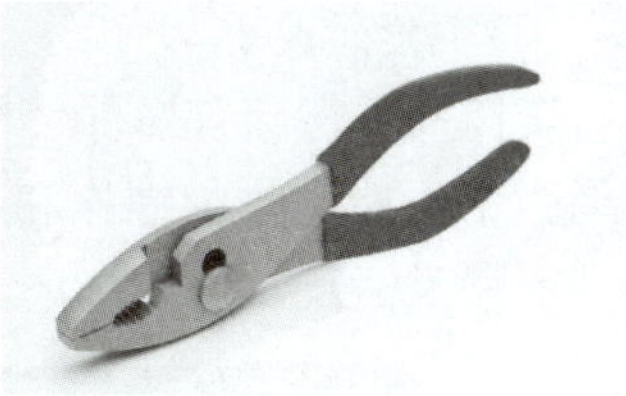

图 2-2-4 鲤鱼钳

（2）尖嘴钳：尖嘴钳用于在狭小地方夹持零件，如图2-2-5所示。

4. 扳手

扳手用于拆装有棱角的螺栓和螺母。汽车维护与保养中常用的有开口扳手、梅花扳手、套筒扳手、活扳手、扭力扳手、管子扳手和特种扳手，在拆卸螺栓时，应按照“先套筒扳手，后梅花扳手，再开口扳手，最后活扳手”的选用原则进行选取。

（1）开口扳手（呆扳手）

开口扳手在开口宽度6—24mm范围内有6件、8件两种。适用于拆装一般标准规格的螺栓和螺母，如图2-2-6所示。

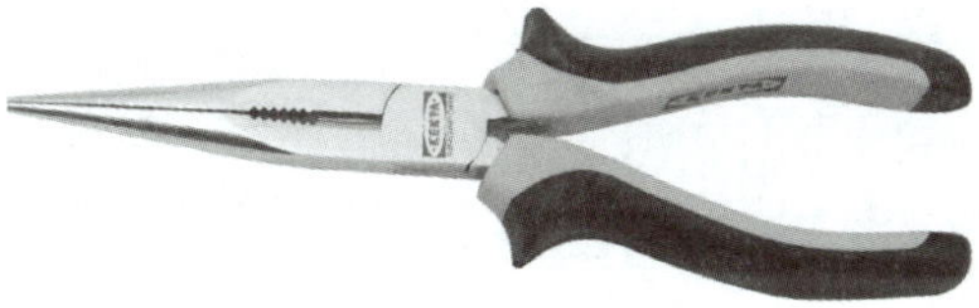

图 2-2-5 尖嘴钳

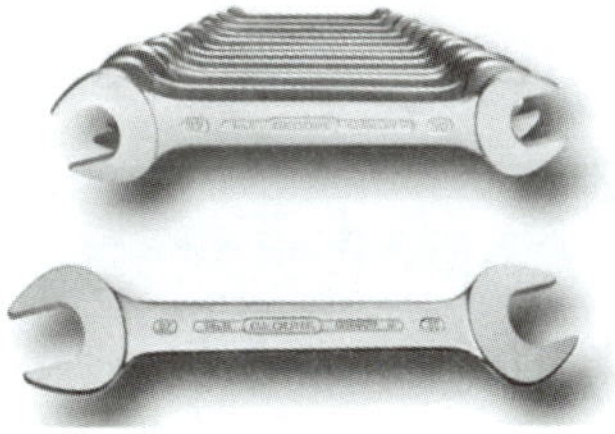

图 2-2-6 开口扳手

（2）梅花扳手

梅花扳手适用于拆装5—27mm范围的螺栓或螺母。每套梅花扳手有6件和8件两种，梅花扳手两端似套筒，有12个角，工作时不易滑脱，如图2-2-7所示。

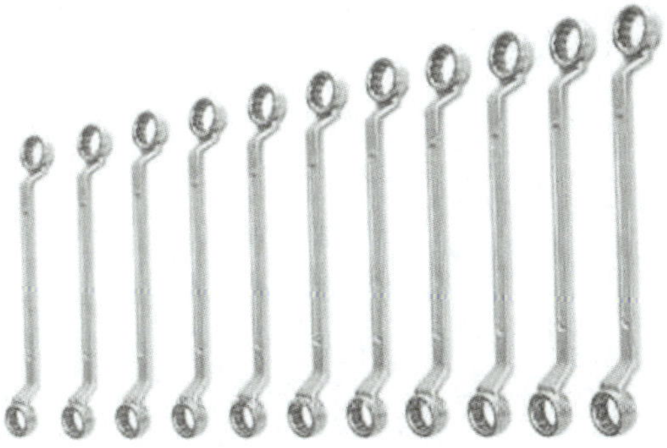

图 2-2-7 梅花扳手

（3）套筒扳手

套筒扳手每套有13件、17件、24件3种。适用于拆装某些由于位置所限，普通扳手不能工作的螺栓和螺母。拆装螺栓或螺母时，可根据需要选用不同的套筒和手柄，如图2-2-8所示。

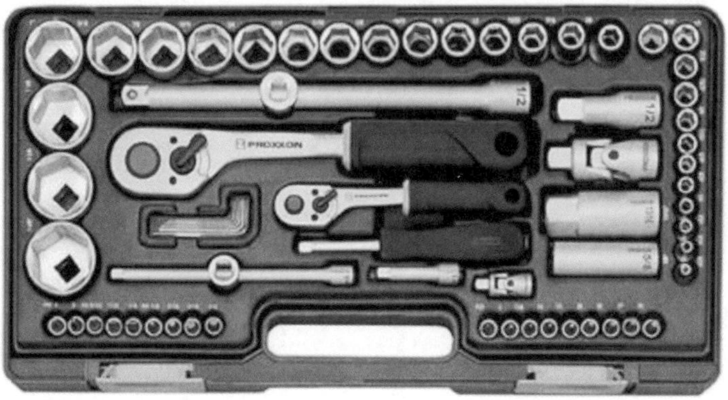

图 2-2-8 套筒扳手

（4）活扳手

活扳手开度可以自由调节，如图2-2-9所示。

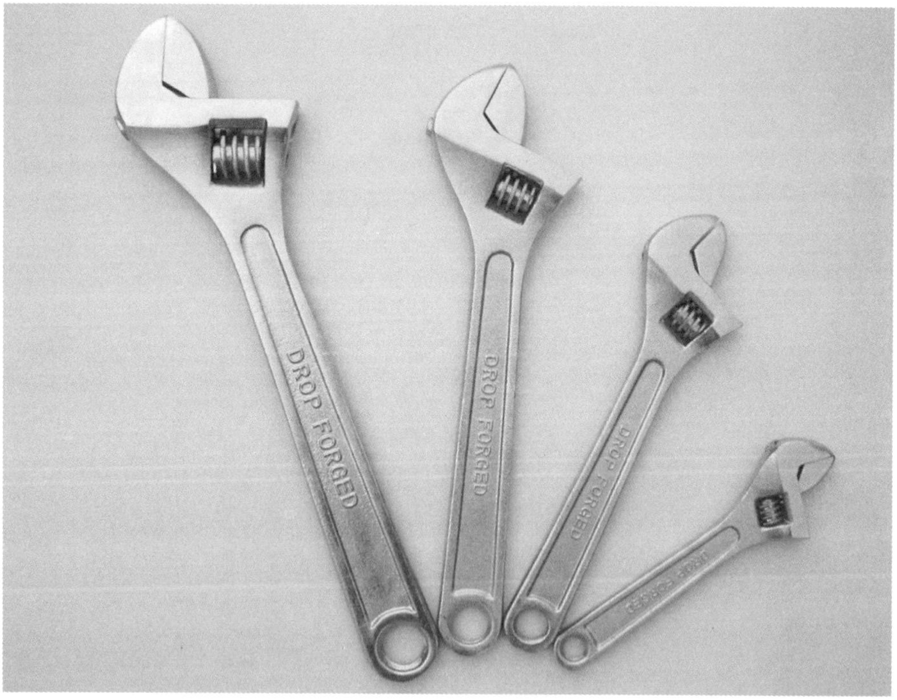

图 2-2-9 活扳手

（5）扭力扳手

扭力扳手用以配合套筒拧紧螺栓或螺母。在汽车维护与保养中扭力扳手是不可缺少的，如气缸盖螺栓、曲轴轴承螺栓等的紧固都须使用扭力扳手，如图2-2-10所示。

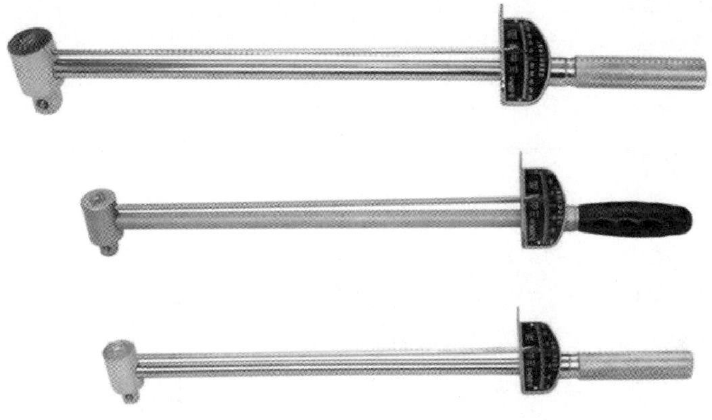

图 2-2-10 扭力扳手

（6）特种扳手

特种扳手又称棘轮扳手，应配合套筒扳手使用，一般用于螺栓或螺母在狭窄地方的拧紧或拆卸，它不变更扳手角度就能拆卸或装配螺栓或螺母，也叫快速扳手，如图2-2-11所示。

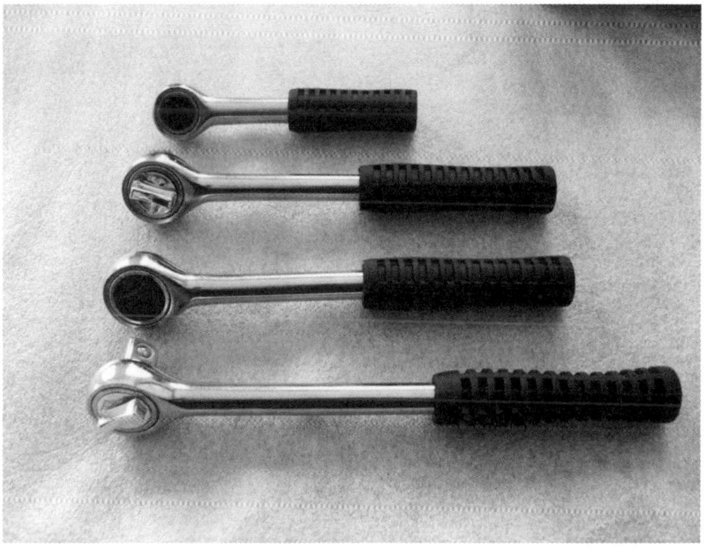

图 2-2-11 棘轮扳手

使用方法：摁住顶部弹销，套上套头（套筒扳手）。

小提示：禁止使用一种单位关系系统的扳手旋动另外一种单位系统的螺栓或螺母。

二、专用工具

汽车维护与保养常用的专用工具有火花塞套筒、活塞环装卸钳、气门弹簧装卸钳、注油器、千斤顶等。

1. 火花塞套筒

火花塞套筒扳手用于拆装发动机火花塞，火花塞套筒扳手的制造有一定的标准，火花塞的终端螺丝帽不能碰到硬物，必须有很多的保护功能。套筒扳手必须内含橡皮垫子，以避免终端螺丝帽与套筒内部接触导致火花塞因与硬物碰撞而陶瓷体破碎，如图2-2-12所示。

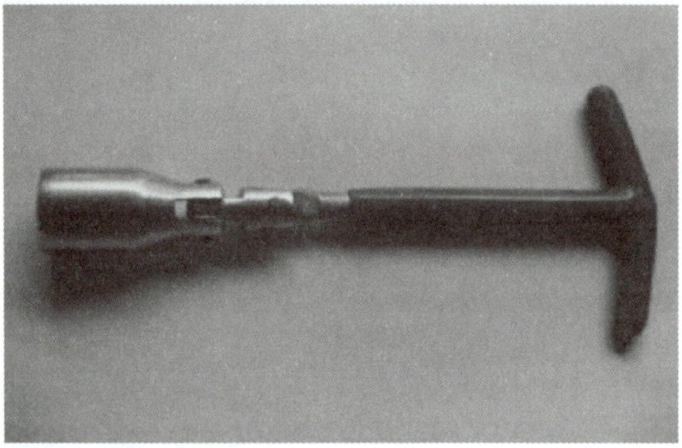

图 2-2-12 火花塞套筒

2. 活塞环装卸钳

活塞环装卸钳用于装卸发动机活塞环，避免活塞环受力不均匀而折断。使用时，将活塞环装卸钳卡住活塞环开口，轻握手柄，慢慢收缩，活塞环就慢慢张开，将活塞环装入或拆出活塞环槽，如图2-2-13所示。

图 2-2-13 活塞环装卸钳

3. 气门弹簧装卸钳

气门弹簧装卸钳用于装卸气门弹簧。使用时，将钳口收缩到最小位置，插入气门弹簧座下，然后旋转手柄。左手掌向前压牢，使钳口贴紧弹簧座，装卸好气门锁（销）片后，反方向旋转气门弹簧装卸手柄，取出装卸钳，如图2-2-14所示。

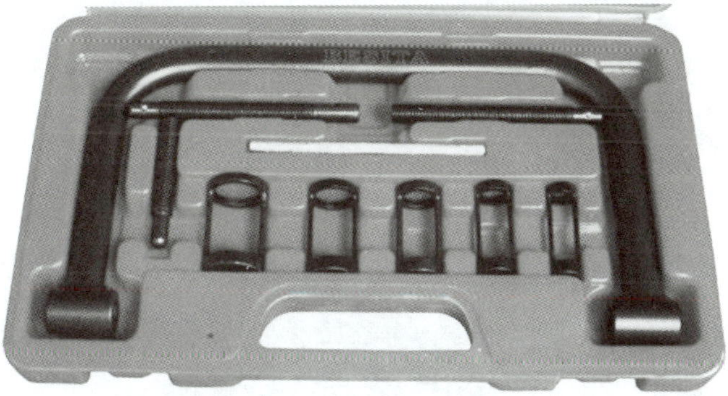

图 2-2-14 气门弹簧装卸钳

4. 注油器

手动机油加注机操作简单，移动方便，适用于汽车修理与养护时润滑油的加注，如图2-2-15所示。

图 2-2-15 注油器

5. 千斤顶

千斤顶有螺旋千斤顶、液压千斤顶和液压举升器3种。汽车常用液压千斤顶的举升力为3t、5t、8t等，如图2-2-16所示。在松软路面上使用时，应在千斤顶底下加垫木，举升时，千斤顶应与重物垂直对正，千斤顶未支牢前及回落时，禁止在车下工作。

使用千斤顶时，先把开关拧紧，放好千斤顶，对正被顶部位，压动手柄，就将重物顶起。当落下千斤顶时，将开关慢慢旋开，重物就逐渐下降。

图 2-2-16 千斤顶

6. 发动机吊车

发动机吊车广泛用于工厂、车间、仓库、码头、车站等处装卸货物、搬运和堆垛，配合托盘车实行工厂单元式运输，是在手动液压吊车的基础上设计的空载自行，其性能更优越，使用也更方便，是吊装发动机的最佳设备，如图2-2-17所示。

图 2-2-17 发动机吊车

三、常用设备

1. 举升机：双柱、四柱举升机以及剪刀式举升机

汽车举升机是指汽车维修行业用于汽车举升的汽保设备。举升机在汽车维修养护中发挥着至关重要的作用，汽车开到举升机工位，通过人工操作可使汽车举升一定的高度，便于汽车维修，如图2-2-17、2-2-18、2-2-19所示分别为双柱、剪刀式举升机以及四柱举升机。

图 2-2-17 双柱举升机

图 2-2-18 剪刀式举升机

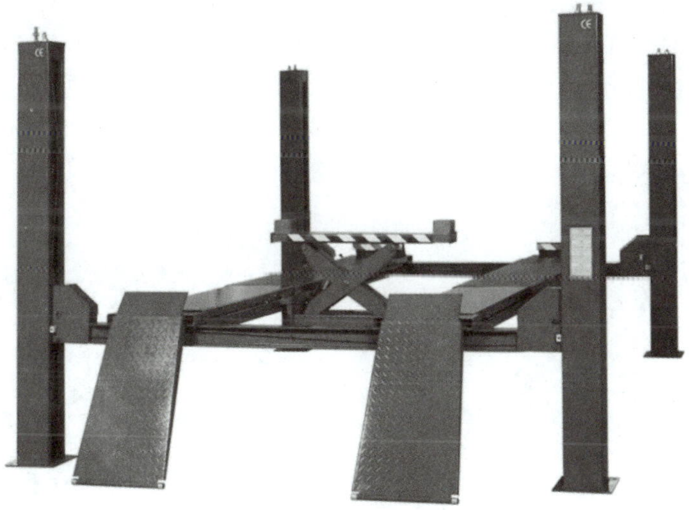

图 2-2-19 四柱举升机

2. 钣喷设备、烤漆房

汽车车身的维护与保养中需要汽车钣喷设备。如图2-2-20、2-2-21所示均为汽车车身维护设备。

图 2-2-20 汽车钣金设备

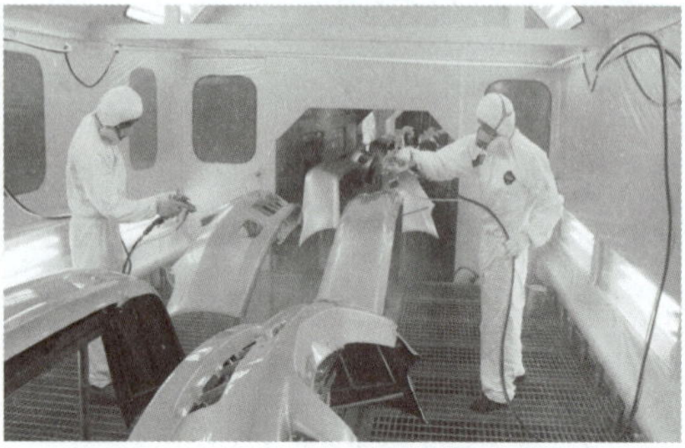

图 2-2-21 汽车喷涂设备

3. 四轮定位仪

随着高速公路和高级轿车的快速发展，车轮对于汽车愈加重要，“千里之行，始于足下”。车轮一旦出现故障，车辆将会出现跑偏、吃胎、发抖、耗油、悬挂零件磨损、不能高速行驶等问题。车辆出现这样的故障不但行驶不舒适，不经济，又极不安全。此时我们需要通过四轮定位仪对车辆进行四轮定位，如图2-2-22所示。

4. 解码器

解码器是一款能与汽车电脑直接进行交流信息的故障诊断仪。它通过汽车电脑的自诊断座，在一定协议支持下与汽车电脑进行互相通讯，交流各种信息，从而获取电脑工作的重要参数。主要作用有方便而可靠地读取故障码、清除故障码、读取数据流、元件动作测试、其他辅助功能等，如图2-2-23所示。

图 2-2-22 四轮定位仪

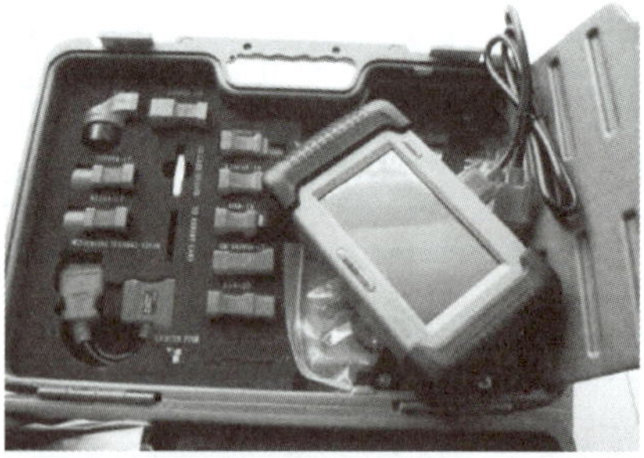

图 2-2-23 解码器

5. 空气压缩机、气动工具

为了提高工作效率和降低劳动强度，在维护与保养中时常会使用到气动工具，如图2-2-24、2-2-25所示分别为压缩机和气动扳手。

图 2-2-24 压缩机

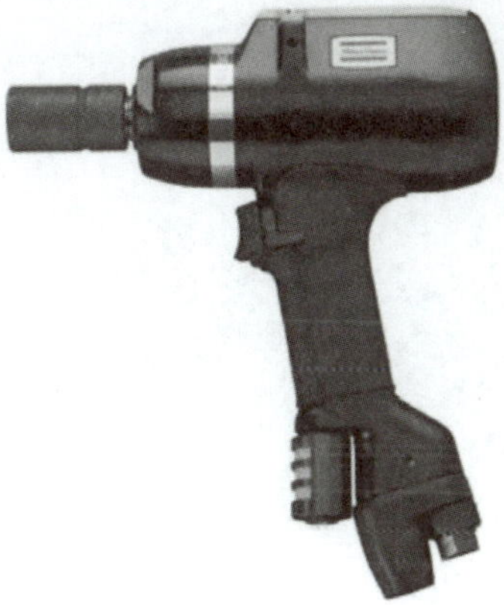

图 2-2-25 气动扳手

6. 机油收集器

按照环保要求，在发动机的保养中需要更换发动机机油时，汽车的废弃机油不得随意乱倒，必须使用专业仪器收集废弃的机油，如图2-2-26所示。

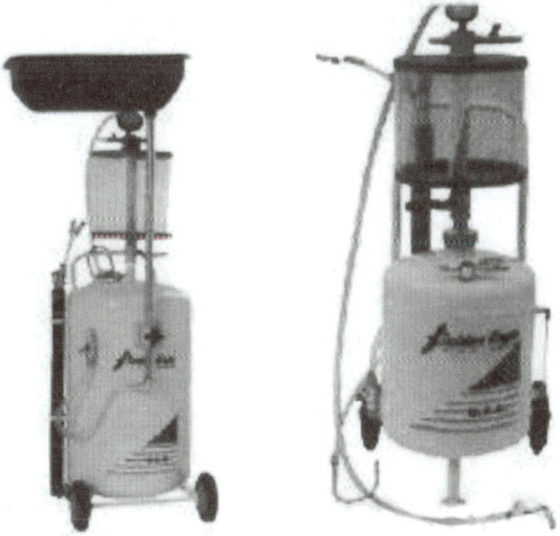

图 2-2-26 机油收集器

7. 检测线及其他检测仪器

汽车检测线可以对车辆整车性能进行检测，汽车检测线的设备如图2-2-27所示。其中尾气排放是一项重要的检查项目，尾气分析仪如图2-2-28所示。

图 2-2-27 检测线

图 2-2-28 尾气分析仪

8. 轮胎拆装机、平衡仪

轮胎拆装机是一种实现将汽车轮胎从轮毂上拆下、安装和充气功能的设备。它主要用于轮胎的修补、更换、安装等，是汽车修理厂、汽车轮胎店和汽车装胎厂等必备的设备，在国内除称其为轮胎拆装机外还称之为扒胎机、拆胎机等，如图2-2-29所示。

车轮不平衡会造成方向盘抖动，使汽车附着力减小，车轮跳动、损坏轮胎、减振器及其转向零件，影响乘坐舒适性和操纵稳定性，增加燃油消耗，以至直接影响车辆的经济性指标。如图2-2-30所示为轮胎平衡仪，平衡轮胎将避免由此带来的不利影响及其造成的损失。

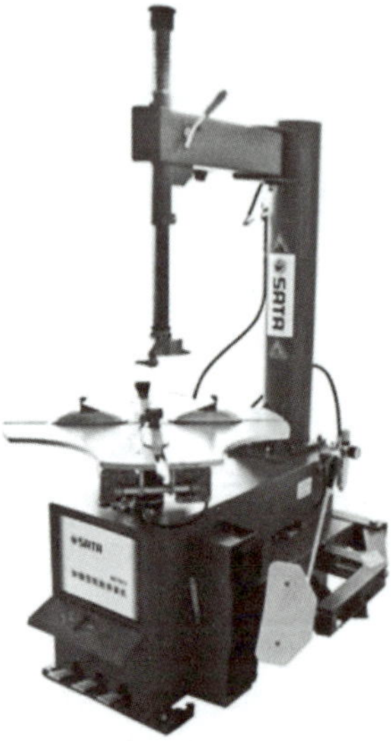

图 2-2-29 扒胎机

图 2-2-30 轮胎平衡仪

9. 美容、清洗及保养空调设备

汽车表面经喷涂之后，可能会出现粗粒、砂纸痕、流痕、反白、橘皮等漆膜表面的细小缺陷，为了弥补这些缺陷，通常在喷涂后进行研磨抛光处理，以提高漆膜的镜面效果，达到光亮、平滑、艳丽的要求，如图2-2-31所示为抛光机。

汽车空调的压缩机为半封闭式压缩机，而且汽车空调的使用环境要复杂恶劣得多，高温、油、气、水的污染，颠簸震动，这些因素都会导致汽车空调制冷剂的泄漏和污染，因而制冷剂的加注是每家维修厂在夏季的重要业务，但不科学的加注方式，往往会带来许多问题，如图2-2-32为SPX公司的汽车制冷剂回收与加注机。

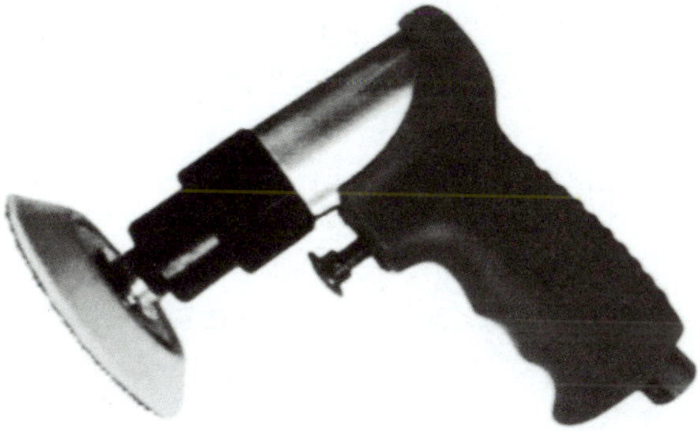

图 2-2-31 抛光机

图 2-2-32 空调回收、加注机

10. 车间维修工具设备管理制度

(1) 车间设立设备管理员，负责车间全部工具设备的登记入册，建立设备档案，定期进行维护与保养，做好记录，保养完毕后，履行签字验收手续。

(2) 设备管理员要根据实际需要做好工具设备、仪器、仪表的购置计划，经主管审批后方能采购，购买时尽量选购名牌优质的产品。

(3) 新购进的设备、工具、仪器、仪表经过设备管理员、仓库管理员的验收、调试合格后方能交付使用。

(4) 车间内所有的机具设备、工具、仪器、仪表应确定使用年限，根据价值大小列入固定资产或低值易耗品。在使用年限内，如有丢失、损坏应予以赔偿，经管理员检验，确属质量问题的需由设备管理员和主管鉴定后方可减免赔偿。

(5) 精密机具指定专人保管使用，其他人不得随便使用。测量及计量仪器定期送专业机构检验鉴定。

(6) 固定不能移动的专用工具设备，如大梁校正仪、烤漆房、钻床等，由专门操作人员保管、维护、保养。其他人一律不得擅自操作。

(7) 一般公用的工具，如电钻、温度计、专用工具等，由设备保管员保管，使用借出、归还要登记，办理交接手续。由于使用中违反操作规程而损坏的，由使用者赔偿。

(8) 机具设备、仪器、仪表使用寿命到期的，经设备管理员审核检验，可以交旧领新。如果保管得好可以继续使用的，车间可给予一定奖励。

(9) 举升机之类的重大公用设备，车间指定专门班组保管维修，并由设备管理员巡查监督。如发现违章操作，要给予相应处罚。造成损坏的，应予以赔偿。

(10) 提高设备的利用率，对长期闲置不用的设备，要妥善保管好。

(11) 车间定期对机具、设备、仪器、仪表进行检查。平时要进行抽查，发现问题及时处理。对于保管得好的予以表扬，发现丢失、损坏的应追究责任。

(12) 设备管理员应认真履行岗位职责，如发生失职引起设备损坏，造成损失的要追究责任。

第三章
汽车发动机的维护与保养

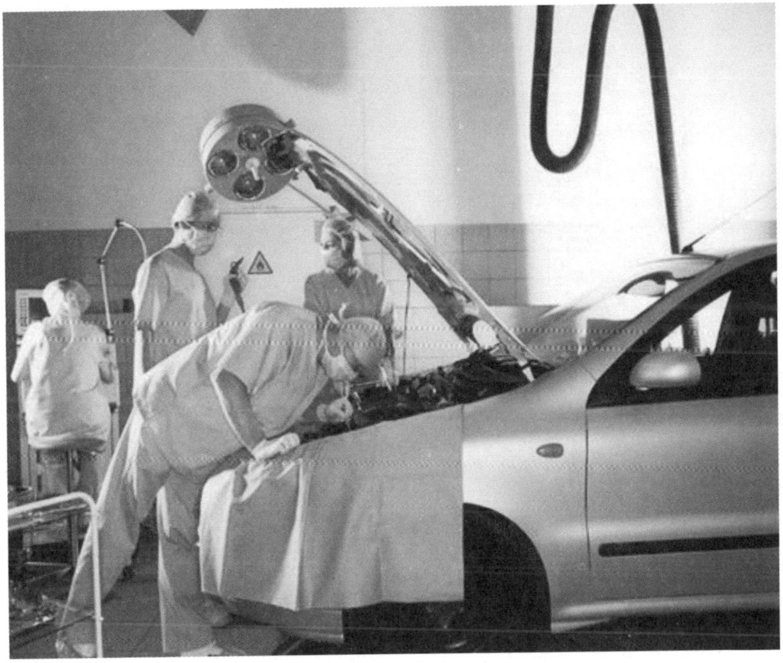

第一节 润滑系统的维护与保养

一、发动机润滑系统

1. 发动机润滑系统的作用

（1）润滑作用：润滑运动零件表面，减小摩擦阻力和磨损，减小发动机的功率消耗。

（2）清洗作用：机油在润滑系统内不断循环，清洗摩擦表面，带走磨屑和其他异物。

（3）冷却作用：机油在润滑系统内循环还可带走摩擦产生的热量，起冷却作用。

（4）密封作用：在运动零件之间形成油膜，提高它们的密封性，有利于防止漏气或漏油。

此外还有，润滑油还可用作液压油，如液压挺柱，起液压作用；在运动零件表面形成油膜，吸收冲击并减小振动，起减振缓冲作用。

2. 润滑系统的组成：

（1）油底壳。贮存润滑油。在大多数发动机上，油底壳还起到润滑油散热的作用。

（2）机油泵。将一定量的润滑油从油底壳中抽出加压后，源源不断地送至各零件表面进行润滑，维持润滑油在润滑系统中的循环。

（3）机油滤清器。用来过滤掉润滑油中的杂质、磨屑、油泥和水分等杂物，使送到各润滑部位的都是干净清洁的润滑油。

（4）主油道。是润滑系统的重要组成部分，直接在缸体与缸盖上铸出，用来向各润滑部位输送润滑油。

（5）阀类。限压阀用来限制机油泵输出的润滑油压力。旁通阀在粗滤器发生堵塞时打开，机油泵输出的润滑油可直接进入主油道。

润滑系统还设有机油压力表、油温表等。某些热负荷较大的发动机，如越野汽车发动机和柴油发动机上，还设有机油散热器，对机油进行散热冷却。

3. 润滑系统的油路

润滑系统主要由机油滤清器、机油泵、机油集滤器、油底壳以及机油散热器等组成，如图3-1-1所示。机油泵将机油送到润滑部位后，润滑油再滴回油底壳，如此往复循环润滑。

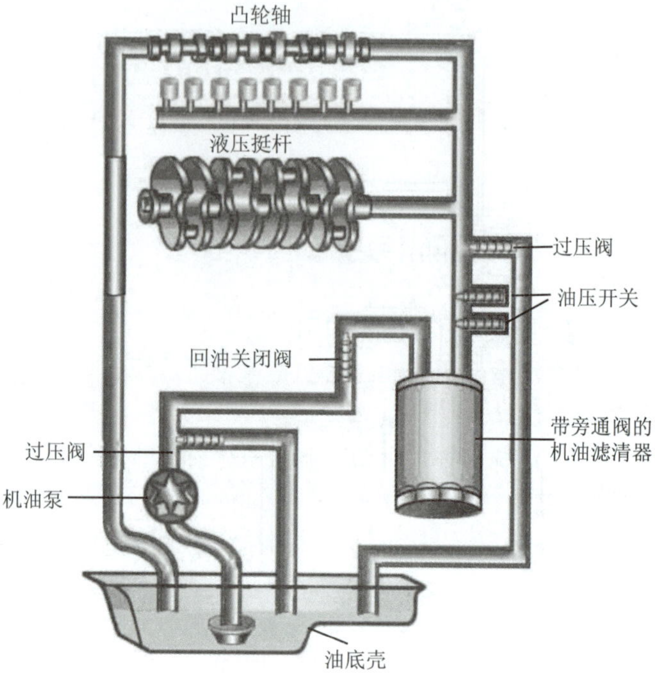

图 3-1-1 润滑油路

4. 机油滤清器

机油滤清器安装在油道中会把金属磨屑、尘土、高温下被氧化的积炭和胶状沉淀物、水等不断混入润滑油中的机械杂质和胶质过滤掉，以保持润滑油的清洁，延长其使用期限。

集滤器安装在机油泵前，它是用滤网防止粒度大的杂质进入机油泵，如图3-1-2所示。

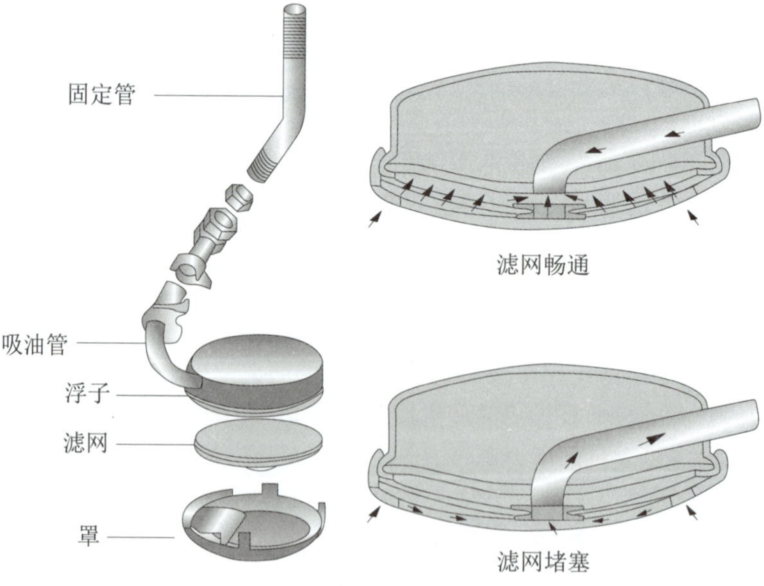

图 3-1-2 机油集滤器

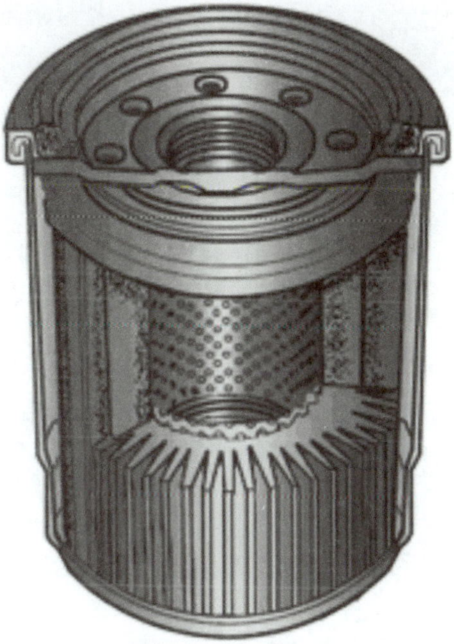

图 3-1-3　机油滤清器

机油滤清器由壳体、纸质滤芯、旁通阀、进油口和出油口等组成，如图3-1-3所示。滤芯采用耐油耐水的微孔滤纸，它有较大的滤清面积和通过性，滤芯的下部装有旁通阀，一旦滤芯堵塞，机油便经旁通阀直接进入主油道，以防供油中断。其壳体由薄钢板冲压封闭而成，是不可拆的，为一次性使用的细滤器。该类滤清器轿车发动机多装用，通常汽车行驶1.5万km左右应更换。

二、发动机润滑系统的维护与保养

机油在工作中一定会受到空气中的杂质和金属件磨损物的污染，同时还会受到高温氧化和汽油蒸气的腐蚀，几千公里跑下来，机油会肮脏不堪，物理性能也会严重下降，所以，机油必须定期更换。

1. 检查发动机油

检查发动机机油油位，将汽车停放在平坦的路面上，预热发动机以及停止发动机5min或者更长时间以后，检查加油尺以确保油位处于规定的范围内，如图3-1-4所示。机油量正常位置如图3-1-5所示。同时要检查发动机机油变质情况。检查机油是否有白色混浊或严重污染，如果机油出现混浊和白色，很有可能是受到了发动机冷却液的污染。

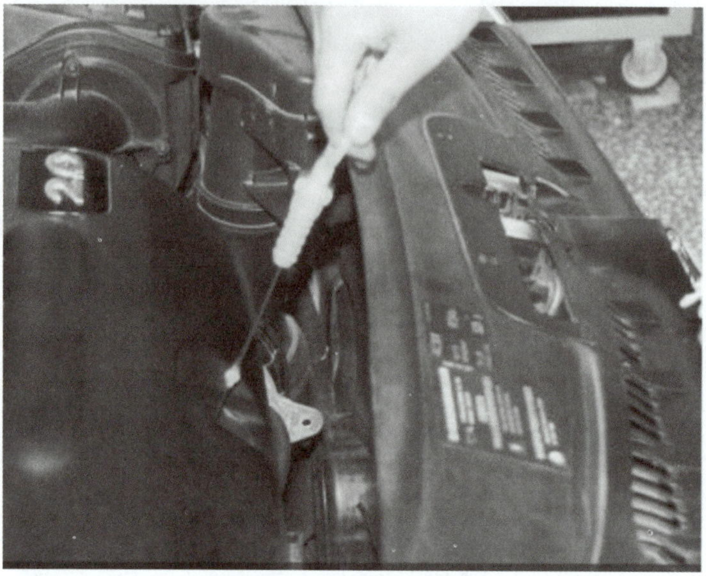

图 3-1-4 检查发动机机油油位

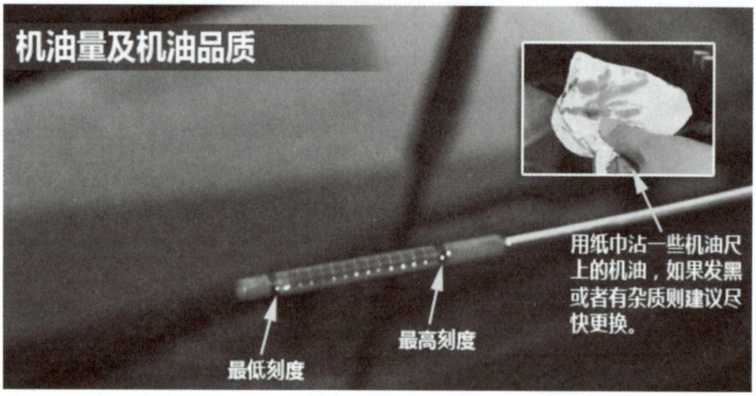

图 3-1-5 机油检查

注意：发动机机油的温度很高，小心不要被烫伤。避免废机油与皮肤直接接触。如果皮肤接触了废机油，应尽快使用肥皂或清洁剂清洗。

2. 排放发动机机油

（1）发动机暖机后，关闭发动机并等待10min，拆卸下机油加注口盖。

（2）举升车辆到合适的位置，拆卸发动机机油排放塞和垫片，排放发动机机油，如图3-1-6所示。

图 3-1-6 排放发动机机油

（3）用专用工具重新拧紧排放塞和垫片到标准扭力。

3. 更换发动机机油滤清器

当车辆进行二级维护或换机油的时候应同时更换机油滤清器，拆卸时，准备一块抹布用来吸干泄漏或飞溅的发动机机油，请勿让发动机机油粘到发动机表面上。整体式机油滤清器的更换应按以下步骤进行。

（1）要用专用工具拆卸机油滤清器，如图3-1-7所示。

图 3-1-7 拆卸机油滤清器

（2）注意清洗滤清器安装表面。

（3）安装新滤清器时，应在密封圈上涂上干净的机油，如图3-1-8所示。

用手轻轻拧进机油滤清器，直到感觉有阻力为止，再用专用工具重新拧紧机油滤清器到标准扭力。

图 3-1-8 安装新滤清器

若不在密封圈上涂机油，安装时密封圈可能与接合面发生干摩擦，造成密封圈翘曲和损坏，从而导致密封不良而漏油。

4. 加注发动机机油

（1）按规定的规格和容量加注新机油，如图3-1-9所示。

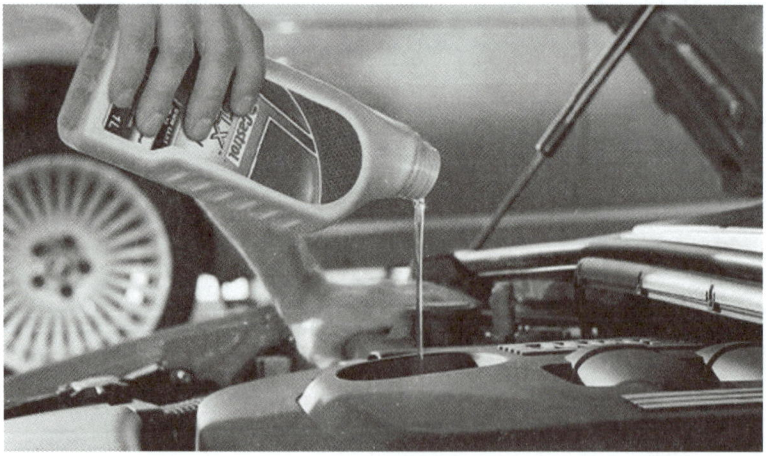

图 3-1-9 加注发动机机油

（2）暖机，并检查放油塞和机油滤清器周围是否有机油泄漏。

（3）关闭发动机并等待10min，检查机油液面高度。

第二节 冷却系统的维护与保养

一、发动机冷却系统

1. 发动机冷却系统的作用

冷却系统的功用是使运转中的发动机得到适度冷却，使其在最适宜的温度范围内工作。

发动机的冷却必须适度，若冷却不足，发动机功率下降，润滑油受热而失效，各机件也可能因高温致使机械强度下降；对于汽油机来说，还可能造成早燃、爆燃和表面点火等不正常燃烧。若冷却过度，热量散失过多，发动机动力性、燃油经济性下降，机油黏度增大，运动件间的摩擦阻力增大，磨损加剧。在发动机上设置冷却系统，以保证发动机在各种工况下维持正常工作温度。

2. 冷却系统的组成及工作原理

桑塔纳2000GSI车用AJR发动机冷却系统，由水泵、分水管、水套、节温器、散热器、风扇、热敏温控开关、膨胀水箱、水温传感器、水温表、百叶窗、水管等组成，如图3-2-1所示。

图 3-2-1 冷却系统组成

节温器是控制冷却液流动路径的阀门，能根据发动机冷却液温度的高低，打开或关闭冷却液通向散热器的通道，如图3-2-2所示。节温器使冷却液在散热器和水套之间进行大循环或小循环，调节冷却强度，保证发动机在最适宜的温度下工作。

图 3-2-2 节温器

冷却液循环过程：

（1）小循环（水温较低时）——发动机暖机过程（如图3-2-3所示）

循环路线：水泵→机体、缸盖水套→缸盖水套出水管→节温器→水泵。

特点：冷却水流量小，循环路线短，冷却强度低。

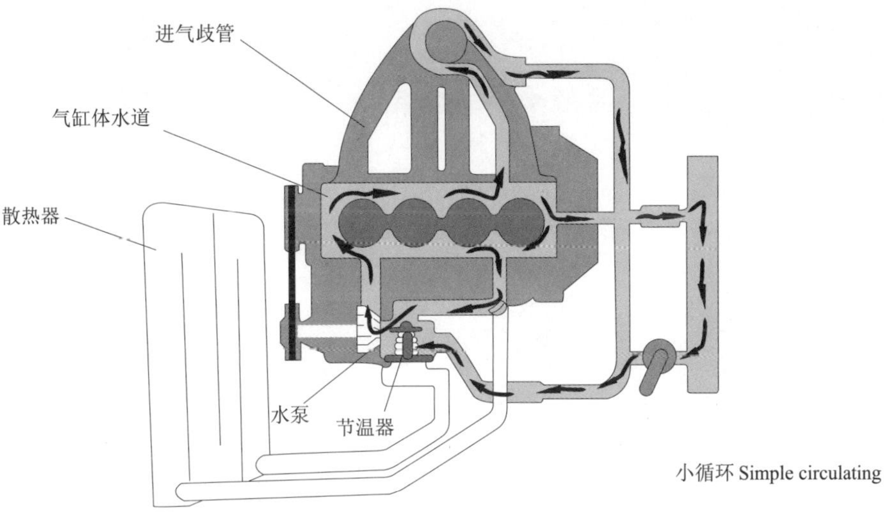

图 3-2-3 小循环

（2）大循环（水温较高时）——发动机散热过程（如图3-2-4所示）

循环路线：水泵→机体、缸盖水套→缸盖水套出水管→节温器→散热器→水泵。

特点：冷却水流量大，循环路线长，冷却强度大。

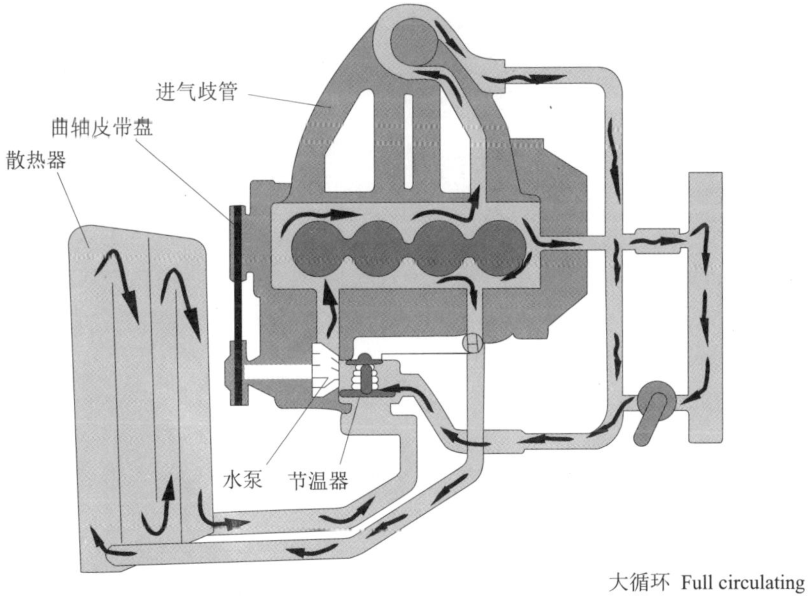

图 3-2-4 大循环

（3）混合循环（水温在80 ℃左右时）——过渡工况

大循环、小循环同时进行。

二、发动机冷却系统的维护与保养

1. 冷却液检查

在发动机和散热器冷态时检查储液罐中的冷却液是否处于规定的范围内，如图3-2-5所示。

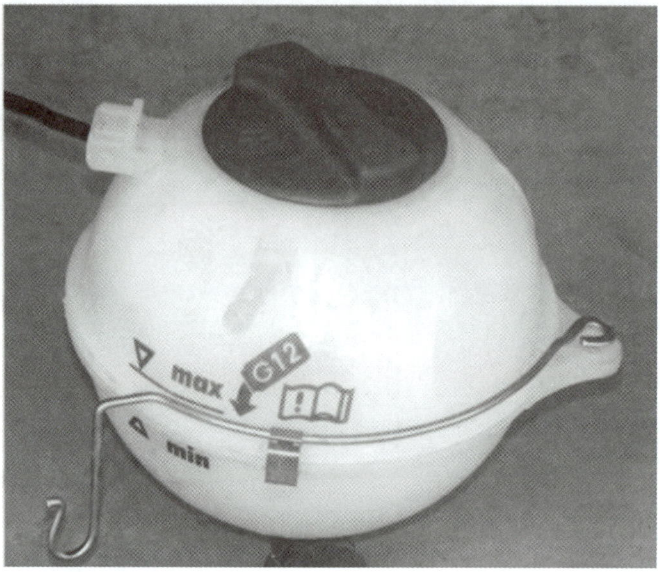

图 3-2-5 冷却液液位

2. 发动机冷却液的排放与加注

当冷却液液位过低时，根据混合比补足缺少的冷却液。推荐混合比见表3-2-1。当发动机很热时，冷却液的液面会大大提高。检查冷却液的液面，应在发动机冷却的情况下进行。必要时应补充冷却液。补充冷却液时，应将冷却液慢慢地灌入散热器。如果液面很低，而发动机温度很高时，不要补充冷却液，应等到发动机温度冷却后再进行。

表3–2–1 冷却液推荐混合比

防冻温度至/℃	冷却液添加剂G 12 Plus / TL VW 774 F占比/%	水占比/%
−25	约40	约60
−35	约50	约50
−40	约60	约40

发动机冷却液的排放与加注方法如下：

（1）将车放在平地位置，将冷却液放在容器内。

（2）拧下散热器盖。如发动机温度过高则不要急于将散热器盖打开，以防热水烫伤。检查冷却液质量。

（3）将散热器放水开关拧松，如图3-2-6所示。

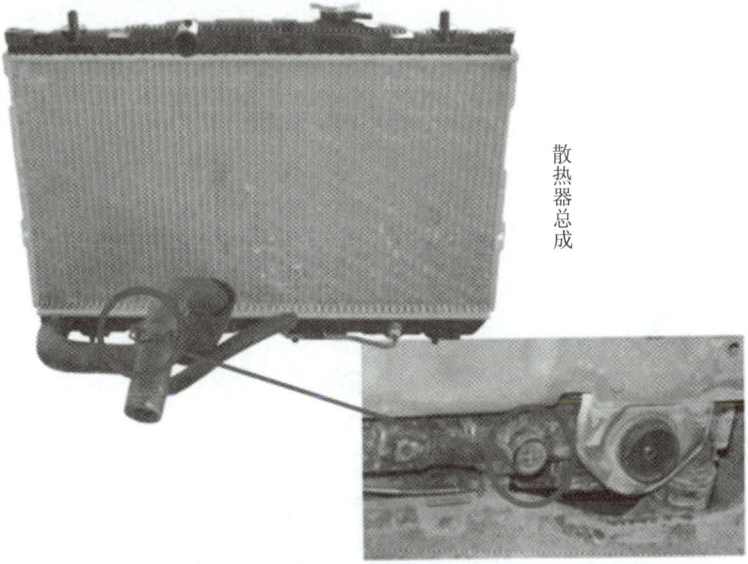

图 3-2-6 冷却液的排放

（4）将放水开关关好，向冷却系统内注满四季通用的冷却液，按如图3-2-5所示标准加至膨胀箱max的标记处，约占膨胀箱容积的2/3。不可加满冷却液，必须留有蒸气的膨胀余地。

（5）在加冷却液至快满的时候，可将发动机启动2—3min，使冷却水循环，水循环时会把冷却系统内的空气排出，并使加水口冷却液面降低，应按标准补足。

3. 冷却系统的清洗

冷却系统经过长时间的使用，加入生水或质量不高的防冻液，会在冷却系统（散热器、缸体的水套）中产生大量的水垢、铁锈和泥沙，使冷却效率降低。因此，使用普通水的冷却系统，每6个月应清洗一次。其他使用防冻液的冷却系统的发动机，应在更换防冻液或大修发动机时，彻底清洗一次冷却系统。

（1）简单清洗

洗涤时，应放净旧冷却液，将发动机冷却系统加满清洁水（自来水），启动发动机运转5min后放出。

（2）彻底清洗

当发动机散热性能不好、发动机冷却系统水垢过多时，可使用专用的散热器清洗剂进行清洗。如图3-2-7为Robinar75700冷却液更换机。冷却系统洗涤步骤如下。

启动发动机，使其温度达到正常的工作温度后，停止发动机转动并放净冷却液，将混有清洗剂的清洗液加入到冷却系统中。启动发动机，使发动机温度达到正常工作温度并怠速运转20—30min，然后使发动机停止转动，放出清洗液。

用清洁的水冲洗冷却系统5min后将发动机内注满清洁的水，再启动发动机使其运转10min后放出即可。如果排出的液体较脏，应继续用清水反复清洗直到放出清水为止。

图 3-2-7 冷却液更换机

4. 发动机冷却系统的泄漏检测

当冷却水量不足时，发动机异常升温。所以在发动机冷却水量减少时，应该检查漏水情况及漏水部位，如图3-2-8所示。

（1）启动发动机暖机至冷却水温度达到正常温度为止。

（2）打开贮水箱盖，加水至溢出加水口为止。

（3）安装压力计。

（4）用手动泵加压至1.4×10^5Pa，此时如果冷却系统无渗漏，压力计指针将无变化；如果系统存在渗漏，则压力计的压力指示将下降。也就是说各冷却装置的导管、散热器、水泵、气缸垫等处可能存在渗漏，应及时修理，必要时应更换新件。

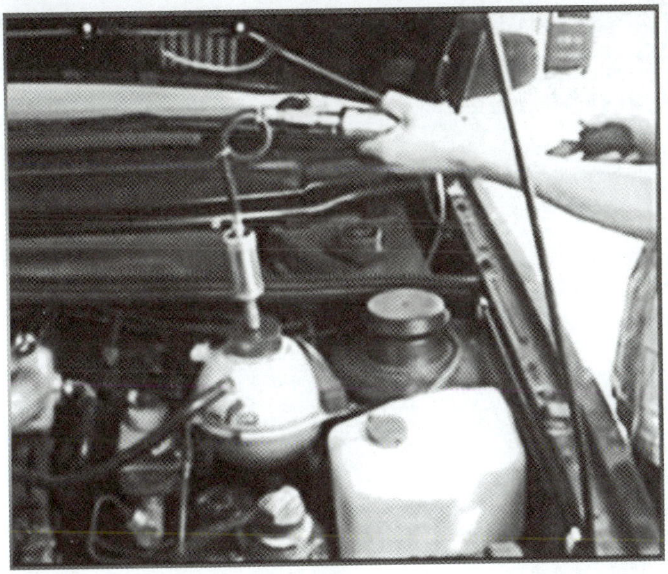

图 3-2-8 冷却系统的泄漏检测

5. 检查散热器盖

将专用检查仪VW1274装在散热器盖上，使用手动真空泵加压至约0.15MPa，桑塔纳2000轿车散热器盖蒸气阀的开启压力为0.12—0.15MPa，空气阀的开启压力为0.09MPa，如图3-2-9所示。

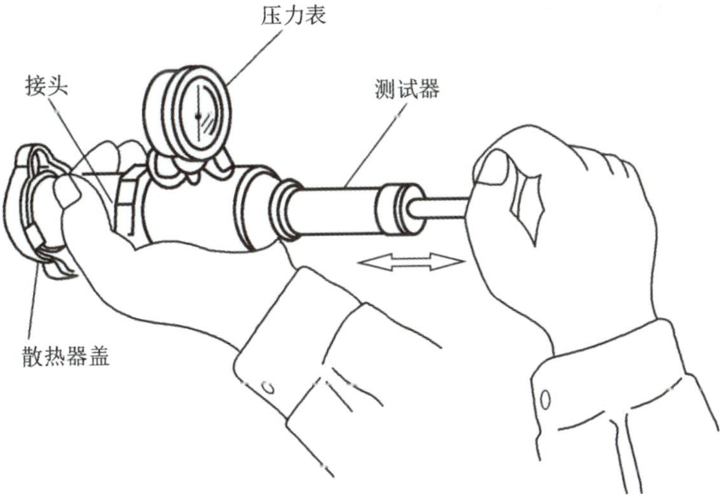

图 3-2-9 检查散热器盖

注意事项：

等待冷却液的温度降至90℃以下，才可以打开冷却系统盖子。

发动机处于暖机状态时，冷却系统处于高压状态。如果突然将冷却系统的盖子打开，热态冷却液可能会喷出而导致烫伤。应慢慢打开冷却系统的盖子，旋转通用的冷却液盖至第一个止动销，即旋转螺旋冷却液盖约1/2圈以释放压力。

第三节 燃油供给系统的维护与保养

一、发动机燃油供给系统

1. 发动机燃油供给系统的作用

将空气与雾化后的汽油充分混合，向发动机提供可燃混合气，并对可燃混合气的供给量及其浓度进行有效的控制，使发动机在各种工况下都能连续稳定运转。

2. 燃油供给系统的组成

燃油供给系统作用是向气缸提供组成可燃混合气所需要的燃油，主要由燃油箱、燃油滤清器、燃油泵、燃油分配管、燃油压力调节器、喷油器、进回油管等组成，如图3-3-1所示。

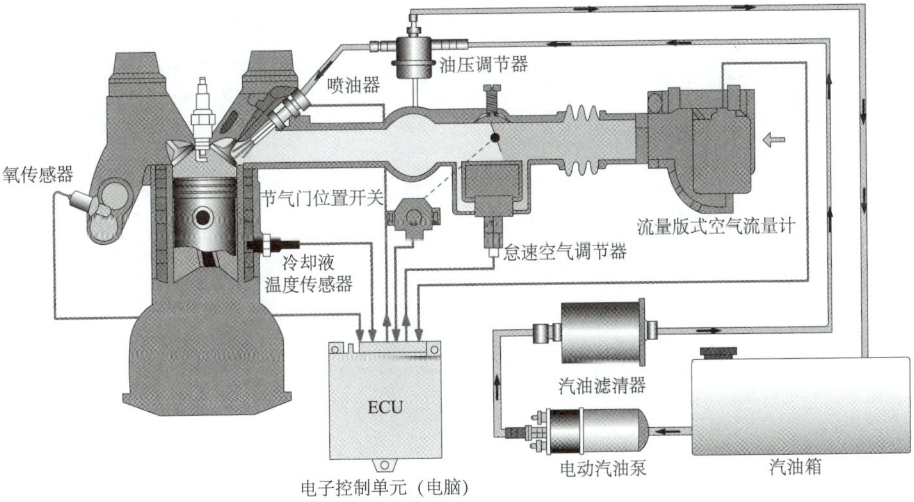

图 3-3-1 燃油供给系统组成

二、发动机燃油供给系统的维护与保养

1. 燃油油路的清洗

免拆清洗属于养护范畴，随着我国汽车维修市场逐步与国际接轨，养护

代替修理的理念深入人心，而从国外引进的或自行开发的免拆清洗的设备或技术已大批进入了汽车维修市场，使得广大汽车维修企业进行免拆清洗有了实行的可能和必要。

目前市场上免拆清洗装置及清洗液种类很多，但都有一定的同质化，几种名牌清洗液效果都较好，而且对氧传感器等机件都无损坏。就清洗方式而言，一般有以下3种。

（1）代替燃油泵和燃油箱供清洗液来运转发动机——燃油喷射/进气系统清洗剂。

（2）作燃油清净剂加入燃油箱中——燃油清净添加剂。

（3）在发动机运转时，由真空软管吸入进气歧管中——节气门/进气门清洗剂。

2. 油箱盖的检查

（1）检查油箱盖及其密封圈是否变形或者损坏，检查真空阀是否锈蚀或者粘住，如图3-3-2所示。如果密封圈损坏，燃油蒸气就会排放到空气中。如果真空阀损坏，空气不能进入油箱，会在油箱中形成部分真空，油箱会被压扁。

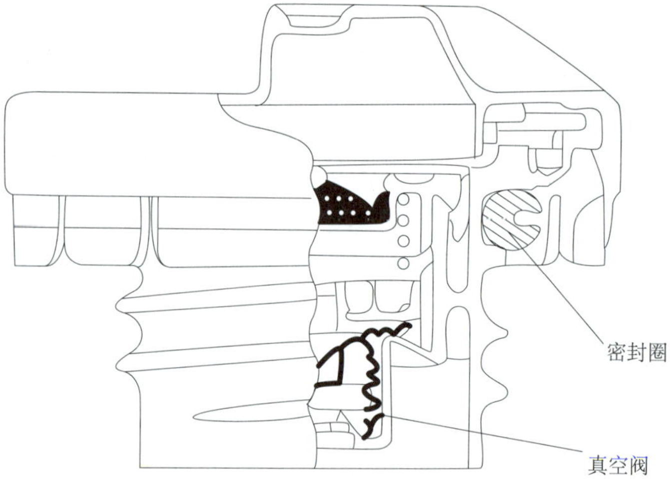

图 3-3-2 检查油箱盖

（2）检查油箱盖能否被正确上紧。

（3）安装油箱盖。确保油箱盖在上紧时发出“咔嗒”声而且能够自由转动。

3. 燃油系统泄压

汽油喷射发动机为便于再次启动，在发动机熄火后，燃油系统内仍保持有较高的残余压力，在拆卸燃油系统内任何元件时，都必须首先释放燃油系统压力（称为卸压），以免系统内的压力油喷出，造成人身伤害或火灾。

燃油系统压力的释放步骤如下。

（1）断开燃油泵电路（如拆卸燃油泵保险丝或继电器）。

（2）启动发动机直至发动机自行熄火，再次启动发动机并确认发动机不会启动。

（3）拆下燃油箱盖，然后使燃油箱卸压。

（4）从蓄电池负极端子断开电缆。

注意：

尽管采取卸压措施，燃油管路中仍存有残余压力，需在断开燃油管路时用棉布或毛巾包住管口以防止燃油喷溅。

4. 燃油滤清器的更换

燃油滤清器是通过滤芯来清除燃油中的小杂质的。如果燃油滤清器没有及时更换，滤芯堵塞后，燃油量减少，会导致高速大功率输出降低。在对外置型燃油滤清器进行养护时，应该检查与燃油滤清器相连接的油管和油路，看看这些油管和油路的外表面是否出现了因路面上的沉淀物、铁锈、润滑机油和划痕等而产生的损伤。如果有必要的话，更换任何一个损坏的部件。现在许多新型的燃油滤清器，本身附带有两条橡胶软管，橡胶软管从燃油滤清器的两侧引出，正是通过橡胶软管使燃油滤清器和汽车上的油路连在一起，如图3-3-3所示。如果新买的燃油滤清器附带有这种橡胶软管，则更换燃油滤清器时就应该舍弃原来的橡胶软管，而使用新的橡胶软管。因为橡胶软管是不断老化的，旧橡胶软管可能会发生泄漏。

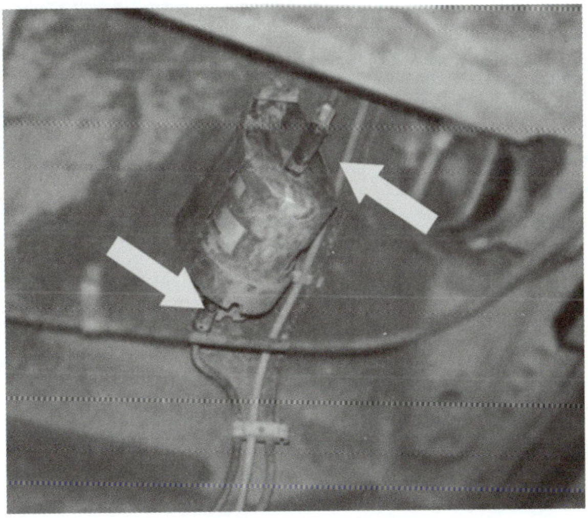

图 3-3-3 燃油滤清器

（1）整体式汽油机燃油滤清器更换步骤

①断开燃油泵的电气连接器，运行发动机，并且在更换燃油滤清器以前放空燃油管道中的燃油。

②放松油路和燃油滤清器的结合处的夹紧装置，然后，将燃油滤清器从油路中拆下来，紧接着用塞子塞住油路，这样就可以防止燃油溢出。大部分安装在油路中的燃油滤清器都标有两个箭头，一个是燃油流入箭头，另一个是燃油流出箭头，用箭头来表明燃油经过燃油滤清器时的流向，如图3-3-4所示。所以当我们安装燃油滤清器时，一定要使箭头的方向指向发动机，即油液是流向发动机的。

③还应确保橡胶软管夹紧装置安装在正确的位置并按照指定的规格夹紧结合处。

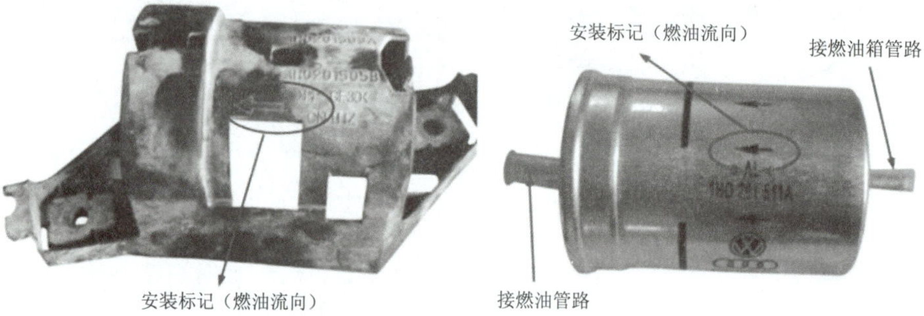

图 3-3-4 燃油滤清器安装标记

（2）纸质燃油滤清器更换步骤

①拆卸燃油滤清器总成。

②拆卸中心螺栓和燃油滤清器下体总成，拆卸燃油滤清器上体。

③拆卸2个垫片、滤芯、弹簧片和弹簧，从对中螺栓上拆卸O形环。

④清洁下部主体以及对中螺栓，更换新的O形环、垫片并涂上燃油。

⑤更换滤芯并重新装配。

⑥通过操作启动泵排出燃油滤清器的空气。

⑦启动发动机并检查是否有燃油渗漏。

在我们更换燃油滤清器，或者对燃油系统进行养护时，是绝对不能抽烟的，当然也不能允许周围的任何人抽烟。如果在养护操作过程中需要使用照明灯，则一定要确保所使用的照明灯是符合职业安全标准的。

5. 电动汽油泵的拆装与检查

（1）拆出行李箱地板垫和装饰盖板，然后拔下燃油泵导线连接器。

（2）拆出后座椅坐垫和靠背，在拆出分隔盖板后，取下燃油箱上的燃油泵固定板和燃油泵支架。从支架上脱开燃油软管，然后拆出燃油泵、支架及固定板总泵。

（3）用欧姆表检测燃油泵导线连接器各引脚间的电阻值，其值应为0.2—0.3Ω（20℃时）。若电阻值不符合规定，则应更换燃油泵。

（4）将蓄电池的正极接到燃油泵导线连接器的引脚1上，将负极接到引脚2上，燃油泵应能工作，否则应更换燃油泵。

（5）装配与拆卸顺序相反。

6. 喷油器的拆装

喷油器拆装步骤如下：

（1）事前准备，准备好拆装用工具等。

（2）燃油系统卸压。

（3）从蓄电池负极端断开电缆。

（4）拆发动机保护罩。

（5）拆卸喷油器线束，如图3-3-5所示。

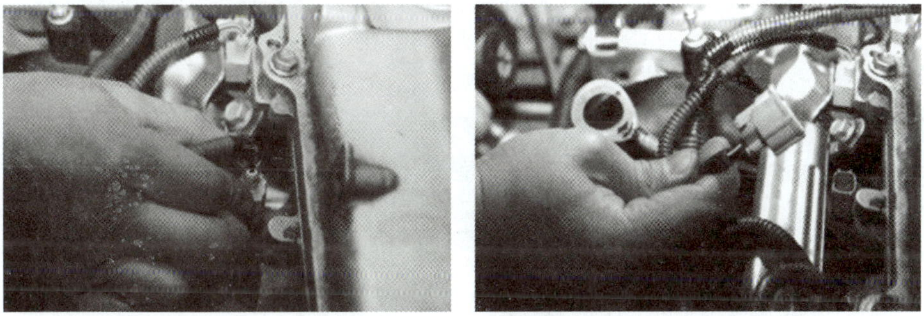

图 3-3-5 拆卸喷油器线束

（6）拆燃油管总成。拆燃油管卡夹、旋下燃油管接头，拆燃油管2根固定螺栓，取下螺栓和燃油管总成。

（7）拆卸喷油器总成。

第一步，从燃油管总成中拉出4个喷油器总成，如图3-3-6所示。

第二步，在喷油器上贴上标签。

第三步，用塑料袋将喷油器包起来，以防异物进入。

第四步，拆下4个喷油器隔振垫。

喷油器安装顺序相反，注意按维修手册扭力要求安装。

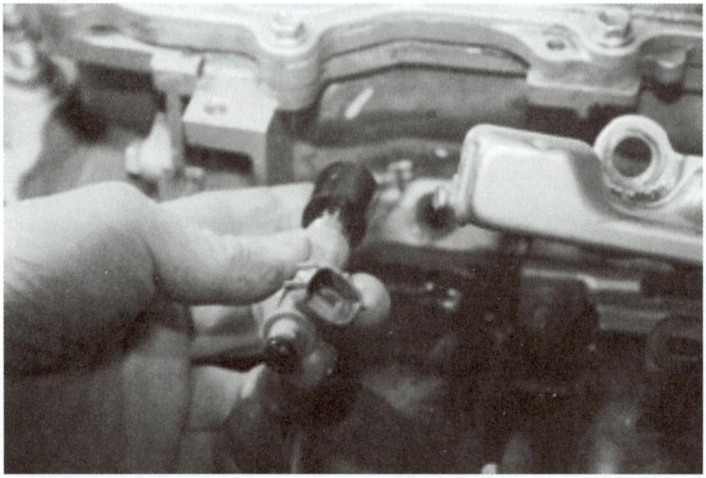

图 3-3-6 拆卸喷油器总成

7. 喷油器的清洗

（1）将喷油器放入汽油或清洗油中，仔细清除外部油污后用软布擦拭干净。检查喷油嘴上的橡胶圈是否损坏，如有损坏，应及时更换。

（2）在超声波清洗槽倒入专用喷油器测试剂两瓶，约1850mL，如图3-3-7所示。

图 3-3-7 取喷油器测试剂

（3）在超声波清洗槽内放入清洗支架，在支架上放好喷油器，清洗剂要浸过支架表面，如图3-3-8所示。

图 3-3-8 安放喷油器

（4）打开设备电源开关。

（5）按下超声波键。

（6）设置清洗时间（设备默认10分钟）。

8. 汽油发动机燃油供给系统的清洗

汽油在正常工作状态下的燃烧会形成一小部分积炭，而且燃油在贮存、运输过程中，很容易发生氧化反应，生成一种胶状物质。其中胶质按汽油的溶解性可分为：可溶胶质和不可溶胶质。不可溶胶质又称为沉积物，它和燃油一起加入汽车油箱后，就会黏附在燃油滤清器上，使供油量减少，输油量不足，燃油也会雾化不良，最终导致可燃混合气变稀，发动机经济性、动力性下降。可溶胶质进入燃烧室和汽油一起燃烧，就会在火花塞、活塞环槽、活塞顶部、进气门、燃烧室等部位反复受热后形成许多坚硬的积炭，这样很容易造成气门关闭不严，由于积炭的原因使得发动机性能下降，产生如颤动、爆震现象以及失控、怠速不稳、加速不稳等一系列故障。

在城市经常堵车的路况中，因为车辆走走停停，发动机不能高速运转进入正常工作状态，燃油或窜入燃烧室的润滑油也不能被百分之百充分燃烧，没有燃烧的部分油料在高温和氧的催化作用下形成盐酸和树脂状的胶质，黏附在零件表面上，再经过高温作用进一步浓缩成沥青质和油焦质等复杂的混合物，成为了产生积炭的罪魁祸首。空气中的灰尘和细小颗粒物体，在空滤处并没有完全滤除干净，通过进气系统进入形成了沉积物，日积月累，时间长了也是形成积炭的原因之一。

（1）燃油供给系统的异常情况

①油路堵塞使发动机无法工作。

汽油中都会有一些水分，这些水分有些是提炼过程中产生的，有些则是外界因素造成的。在正常温度下，燃油可溶解一些水分，但在温度降低时，水的溶解性相应变小，多余溶解量的水分就会聚集。因为水的比重大于油，它就会慢慢地分离出来，停留在油路的弯曲处或滤清器中，引起供油不连续。当温度低于水的凝点时，水就会凝聚结冰，引起油路堵塞，使发动机无法工作。

②汽油中的水分会腐蚀和破坏燃油系统元件

燃油系统元件如果长期遭受水分的腐蚀和破坏，难免会出现损坏“罢工”现象，遇到这种情况，必须更换燃油管路中的相应部件，并且对整个燃油系统进行清理，除掉燃油中的水分，才能使发动机的运行恢复正常。

③燃油系统管路被胶质和积炭脏堵

进入冬季，如果不及时对燃油系统管路进行清洗，那么沉积在管路中的胶质和积炭就会脏堵，引起燃油流通不畅、燃油压力降低、燃油滤芯过早失效。

提倡采用免拆解免解体的方式进行清洗操作，清洗工具如图3-3-9所示。

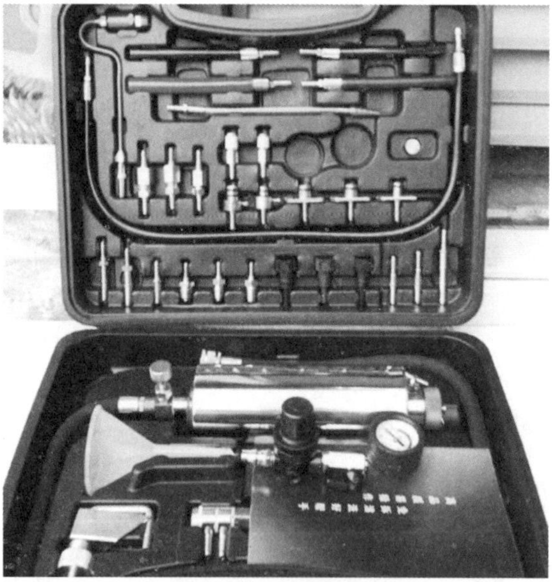

图 3-3-9 燃油系统清洗工具

（2）实际操作简便，整个过程大约需30min左右。免拆燃油系统清洗的具体操作步骤如下。

①检查车辆有无故障，确定各油管、保险丝及相关零件的位置。

②确保发动机水温在80—100℃。

③断开油泵电路并松开油箱盖。

目的：中断燃油传输并释放油管中的压力或真空。

方式：中断燃油泵电路，如切断保险丝或继电器。

④为降低燃油管压力，启动发动机，几秒钟后发动机将自行熄火。

⑤找到发动机进油管。

⑥寻找适用的接头及替代管，另一端接上清洗设备的出口，如图3-3-10所示。（注意：请根据设备资料，选用各车型适用的接头型号。）

图 3-3-10 连接清洗仪

⑦若有回油管，请断开油压调整器上的真空橡皮管，并将真空橡皮管与调压阀堵住，以截断回油端，使清洗剂不会透过回油管回到油箱。

⑧确认清洗设备：出口阀门置于关闭位置（垂直方向），逆时针旋转压缩空气调压阀，将压力调到最低，如图3-3-11所示。

图 3-3-11 确认清洗设备

⑨将燃油管路清洗剂倒入清洗设备中，并将上方的加液/排气功能阀锁紧，如图3-3-12所示。

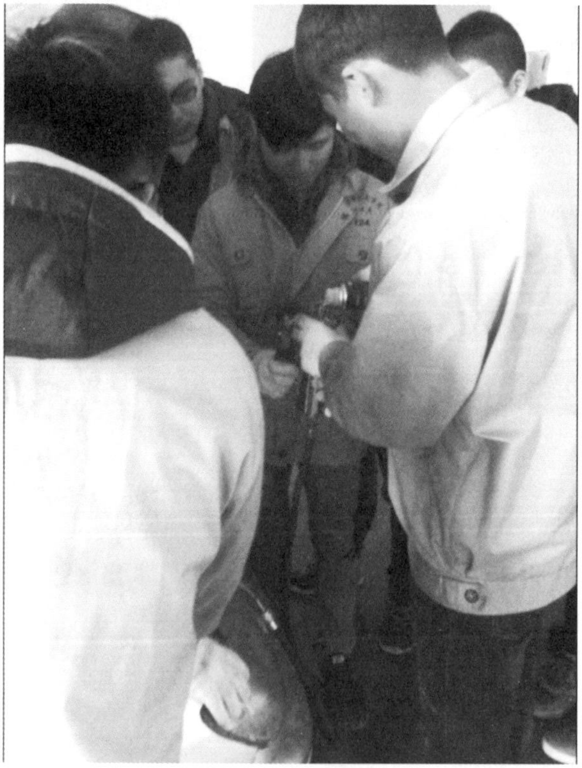

图 3-3-12 添加清洗剂

⑩设备挂在发动机盖下方并接上压缩空气，如图3-3-13所示。

图 3-3-13 安装清洗仪

⑪调节管路压力到范围值。压力规范请参阅相关维修手册，进气管喷射发动机，压力一般在0.25MPa左右，如图3-3-14所示。

图 3-3-14 清洗压力调整

⑫打开油路阀，检查管路有无泄漏，如图3-3-15所示。

图 3-3-15 打开出油阀

⑬启动发动机怠速运转，直至发动机自行熄火为止。

注意：为避免喷油嘴及燃油系统部件受损，清洗时请勿提高发动机转速。

⑭工作结束后，关闭油路手阀；将调压阀逆时针拧转到底；中断空气管；按下加液/排气功能阀，释放设备内部压力；再次开启油路手阀；二度按下加液/排气功能阀以释放设备内部压力；擦拭布包覆快速接头并拆下。

⑮恢复安装所有接头与连接管。

⑯连接油泵电路及锁上油箱盖。

⑰启动发动机并检查油路是否有泄漏现象，并测试车辆。

9. 柴油机燃油供给系统维护与保养

柴油机燃油供给系统的维护与保养中，柴油滤清器的更换方法与汽油机相同，但是当滤清器已经被替换或对输油管进行过重装，则需要进行燃油供给系统排气。

（1）排放燃油箱和喷油泵（低压侧）之间的空气。

①卸下放气螺栓，如图3-3-16所示。

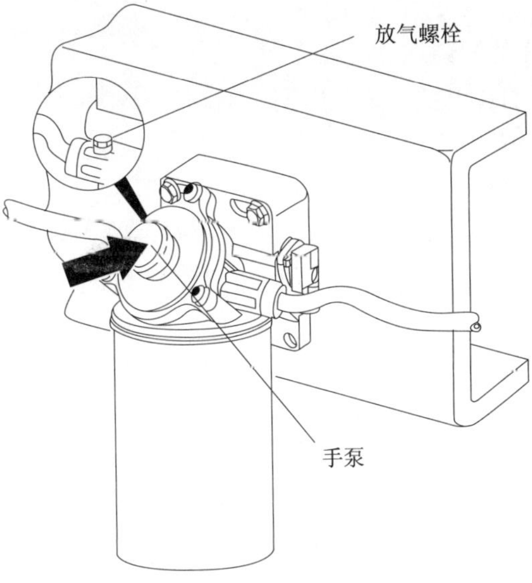

图 3-3-16 用手泵给系统排气

②按压手泵，直到柴油从放气螺栓中冒出时没有气泡，且阻力增加。

③重新上紧放气螺栓。

(2) 排放喷油泵和喷油嘴（高压侧）之间的空气。

如果燃油系统高压侧有零件被更换，或在发动机暖机后仍不能正常地运行，则需要排放喷油泵和喷油嘴（高压侧）之间的空气。

①松开喷油嘴外侧的全部燃油管连接螺母，如图3-3-17所示。

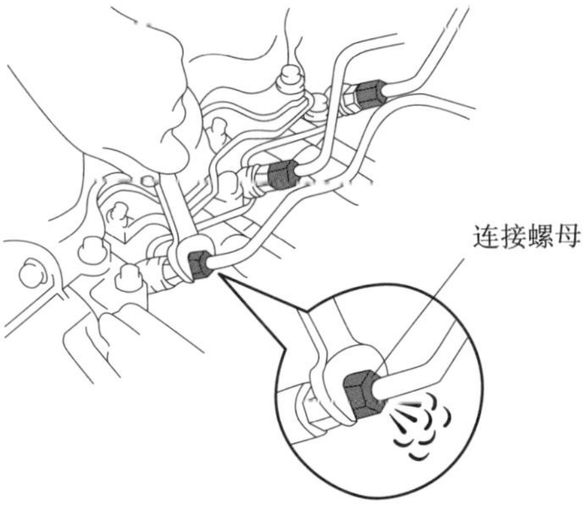

图 3-3-17 松开燃油管的连接螺母排气

②转动曲轴，迫使燃油从燃油管中流出，并释放空气。

③拧紧燃油管的连接螺母。

（3）喷油嘴的检查与调整。

①喷射开始压力的检查与调整。

a. 将喷油嘴壳体安装在试验器上。

b. 以每秒1次的速度摇动试验器的手柄。

c. 随着手柄的摇动，压力计指针缓慢上升，当喷油嘴开始喷射时指针抖动。在试验中注意确认压力计指针开始抖动时的压力是否符合标准值。

d. 如果喷射压力不符合规定值，应分解喷油嘴，以更换调整垫片厚度的办法调整喷射压力，使之符合规定值。调整垫片的厚度变化0.1mm，喷射压力将改变0.98MPa。

注意：在分解喷油嘴时谨防灰尘等杂物进入喷油嘴内。

e. 如果以改变调整垫片厚度的办法无法调整喷射压力时，应更换喷油嘴整件。

②针阀振动状况的检查

在摇动试验器的过程中，如振动伴随异常声音传递到试验器手柄上，说明其工作正常。

③喷雾状态的检查

a. 以每秒2次的速度摇动喷油嘴试验手柄，检查喷雾状态是否良好，在喷射状态为油柱形时，喷射颗粒大，喷射后可能残留油液于喷油口处，这在检查中属常见现象，说明喷油嘴的功能正常，如图3-3-18所示。

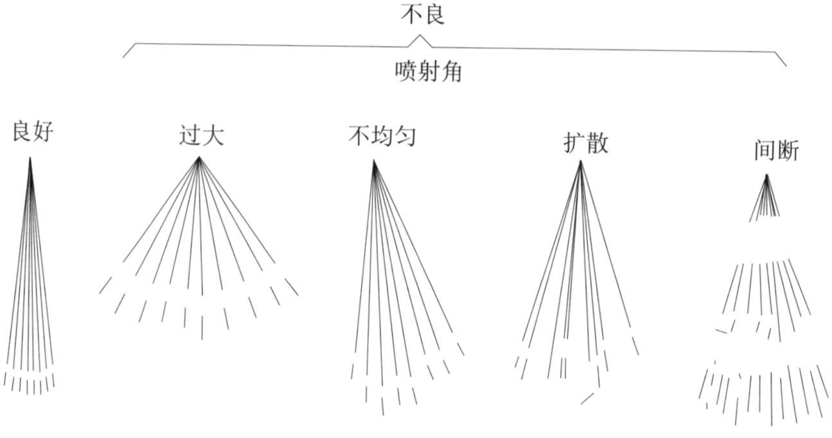

图 3-3-18 喷油嘴喷雾状态

b. 以每秒4—6次的速度摇动试验器的手柄。

c. 查看此时喷雾角是否很小（近0°），且检查喷雾状态良好是否。

d. 如果喷雾状态不良，则应分解喷油嘴更换喷管或喷嘴组件。

e. 检查喷油嘴停止喷射燃油之后是否从喷口滴油，如图3-3-19所示。

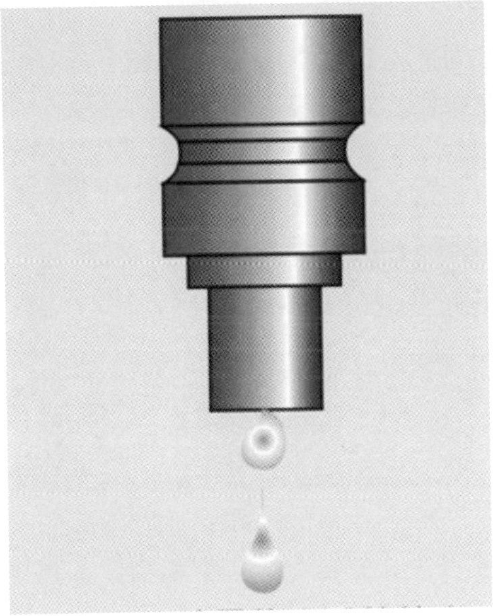

图 3-3-19 检查喷油嘴滴漏

④针阀振动状况的检查

a. 用喷油嘴试验器往喷油嘴内腔加压至9.8—10.78MPa。在维持此状态下，检查喷管四周有无渗漏情况，如图3-3-20所示。

b. 如属不良，应分解后更换喷管或喷油嘴组件。

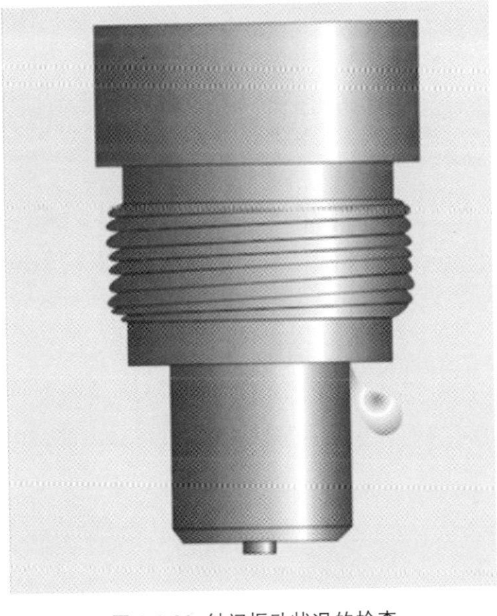

图 3-3-20 针阀振动状况的检查

（4）柴油机油水分离器的排水

①当仪表盘上的油水分离器指示灯点亮或到了清理油水分离器水分的里程时，就要进行排水操作，如图3-3-21所示。

图 3-3-21 仪表盘上的油水分离器指示灯

②拧开排水操作开关，排出水分等沉积物，直到排出来的是干净的燃油，上紧排放螺丝，停止排放，如图3-3-22所示。

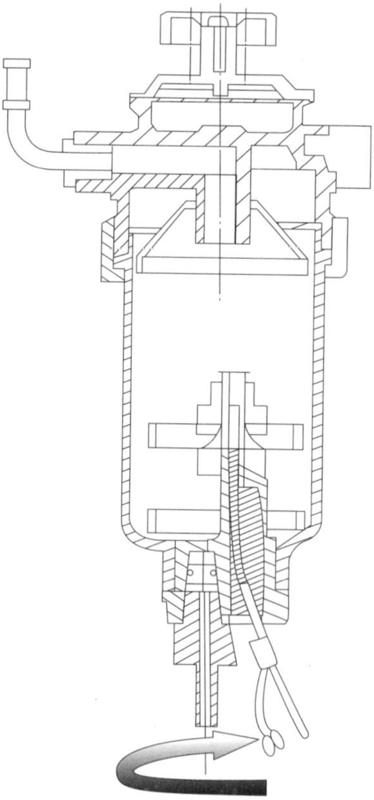

图 3-3-22 油水分离操作

③启动车辆运行一段时间，观察油水分离器指示灯是否熄灭。

三、燃油供给系统维护与保养注意事项

1. 拆卸和安装燃油系统部件时，操作前应准备好一个灭火器。严禁用水清除溅出的汽油，否则会导致汽油扩散而引起火灾。

2. 测试、拆卸和安装燃油系统部件，应选择通风良好且无任何火源的场所进行操作，并小心不要使汽油泄漏。避免使用电动机、工作灯和其他可能产生火花或高温的电气设备。避免使用铁锤，以免产生火花。

3. 电控燃油喷射系统内是有压力的，在维修作业之前，首先应进行泄压。维护燃油系统时，为避免误操作，应从蓄电池负极端断开电缆。

4. 使用防火容器单独处理沾有燃油的布。

5. 避免橡胶或皮制零件接触到汽油。

6. 断开燃油管后，用塑料袋包住断开的燃油管连接器和管口，以防其损坏和受到异物污染。

7. 安装燃油系统管路中的O形圈时，应涂抹少量汽油，不要使用发动机机油、齿轮油或制动液。

8. 安装燃油管和连接器完毕，应检查燃油是否泄漏。

第四节 进排气系统的维护与保养

一、进排气系统

进排气系统在内燃机工作循环时，不断地将新鲜空气或可燃混合气送入燃烧室，又将燃烧后的废气排到大气中，保证内燃机连续运转。

1. 空气滤清器

空气滤清器是对空气进行净化的装置，常见的乘用车空气滤清器一般由壳体和滤芯组成，滤芯布置在壳体内，如图3-4-1所示。大气中有各种异物，比如灰尘、沙土等，它们会加速发动机的磨损，从而降低发动机的使用寿命。

如果滤芯阻塞严重，将会使进气阻力增加，发动机功率下降，发动机运转状态变差甚至熄火；同时发动机也容易产生积炭，因此在维护与保养时应经常检查空气滤清器的滤芯。

现代汽车多采用纸质空气滤清器滤芯，如图3-4-2所示。纸质滤芯滤清效率高，灰尘的透过率仅有0.1%—0.4%。使用纸质空气滤清器能减轻气缸和活塞的磨损，延长发动机使用寿命。空气滤清器使用4000—8000km应进行除尘，通常在使用2万—2.5万km时应更换滤芯和密封圈。

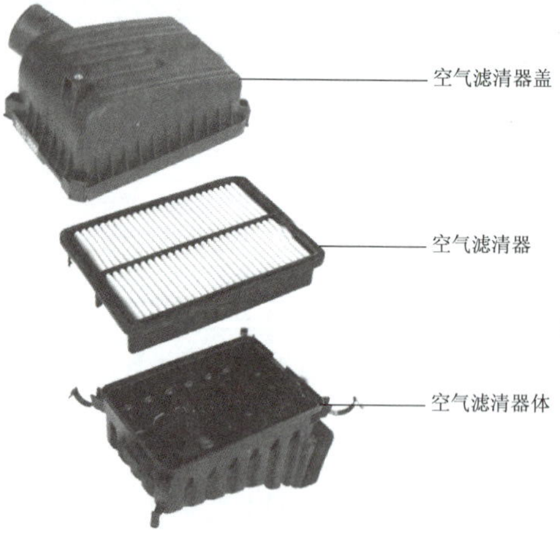

图 3-4-1 空气滤清器总成分解图

图 3-4-2 空气滤清器滤芯

2. 进气管

进气管用于连接节气门体与空气滤清器。当进气管出现破损或连接松动时，将出现漏气现象，导致发动机不能正常工作。

空气流量计(或进气压力传感器)与气缸之间的进气系统零件脱开、松动或裂开时(进气软管破裂、真空管破裂等)，均会因吸入空气而导致发动机失调，造成怠速不稳、易熄火、动力性和加速性能变差。

3. 节气门体总成

节气门体主要由节气门和整体式怠速稳定装置组成。其中，整体式怠速稳定装置主要由怠速电机、齿轮减速机构、应急弹簧、节气门电位计、怠速节气门电位计和怠速开关等构成，如图3-4-3所示。

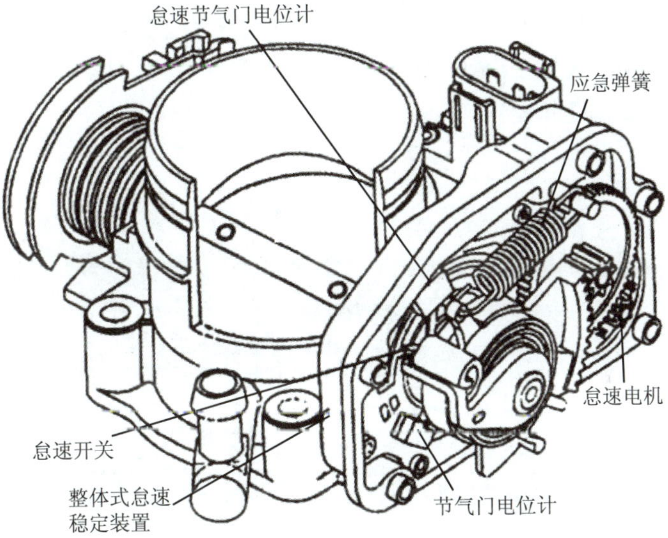

图 3-4-3 节气门体

4. 排气系统

（1）排气系统的作用

排气系统的作用是汇集各气缸的废气，减小排气噪声和消除废气中的火焰和火星，使废气安全地排入大气，并对废气中的有害物质进行排放控制。

（2）排气系统的结构与组成

排气系统指收集并且排放废气的系统，包括排气歧管、排气管、消声器、尾管等，如图3-4-4所示。

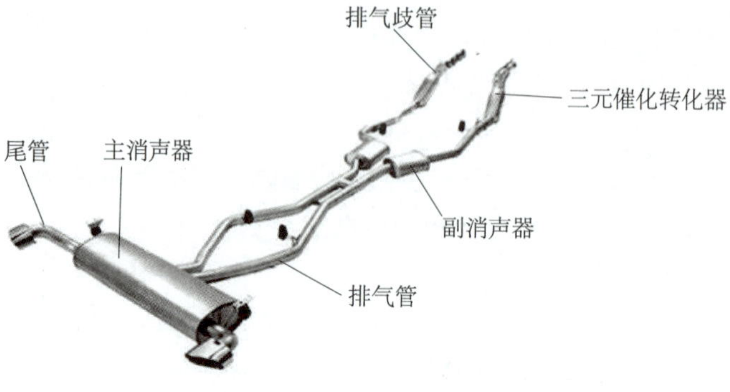

图 3-4-4 排气系统

5. 三元催化转化器

三元催化转化器（如图3-4-5所示）是把排出气体中对大气有害的CO、HC、氮的氧化物等废气转化为对大气无害的CO_2、水、氮气等物质，从而达到排放法规要求的重要部件。

图 3-4-5 三元催化转化器

三元催化转化器堵塞是很普遍的问题，特别是道路拥堵、燃油品质较差的地区。三元催化转化器堵塞不仅造成车辆油耗增加、动力下降、尾气超标，更严重的能让排气管烧红，造成车辆自燃，必要时需要清洗，如图3-4-6所示。

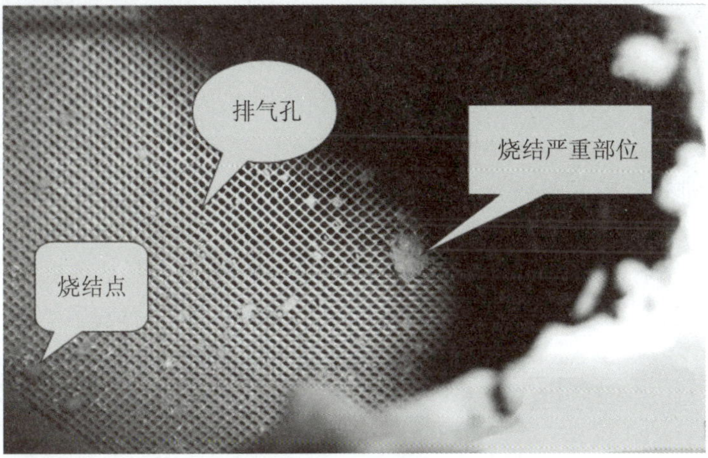

图 3-4-6 三元催化转化器堵塞

6. 曲轴箱通风系统

（1）强制式曲轴箱通风系统

强制式曲轴箱通风系统又称PCV系统。在发动机工作时，会有部分可燃混合气和燃烧产物经活塞环由气缸窜入曲轴箱内。当发动机在低温下运行时，还可能有液态燃油漏入曲轴箱。这些物质如不及时清除，将加速机油变质并使机件受到腐蚀或锈蚀。又因为窜入曲轴箱内的气体中含有HC及其他污染物，所以不允许把这种气体排放到大气中。现代汽车发动机所采用的强制式曲轴箱通风系统就是防止曲轴箱气体排放到大气中的净化装置，如图3-4-7所示。

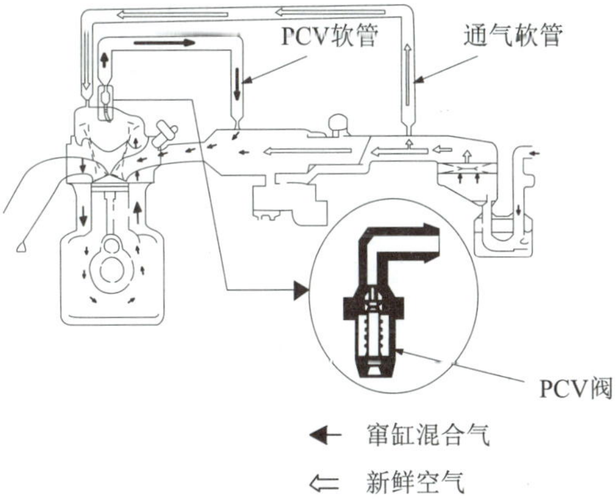

图 3-4-7 强制式曲轴箱通风系统

（2）曲轴箱窜气的后果

①机油变稀，性能变坏。

②形成泡沫，影响供油。

③生成酸类，腐蚀机件。

④油底壳内压力和温度升高，造成密封处渗漏。

⑤加速机油的老化。

7. 燃油蒸发控制系统

（1）燃油蒸发控制系统功用

将燃油系统产生的燃油蒸气收集到活性炭罐中，根据发动机工况适时控制导入进气管，与可燃混合气混合后进入发动机气缸进行燃烧，如图3-4-8所示。目的在于：

①减少环境污染（HC污染）。

②节约能源。

③防止燃油箱损坏。

（2）燃油系统产生燃油蒸气的原因

①热传递——燃油系统回油管中的燃油把发动机的热量传递给燃油箱。

②扰动——汽车行驶时的晃动促使汽油气化。

③温差——昼夜温差促使汽油气化。

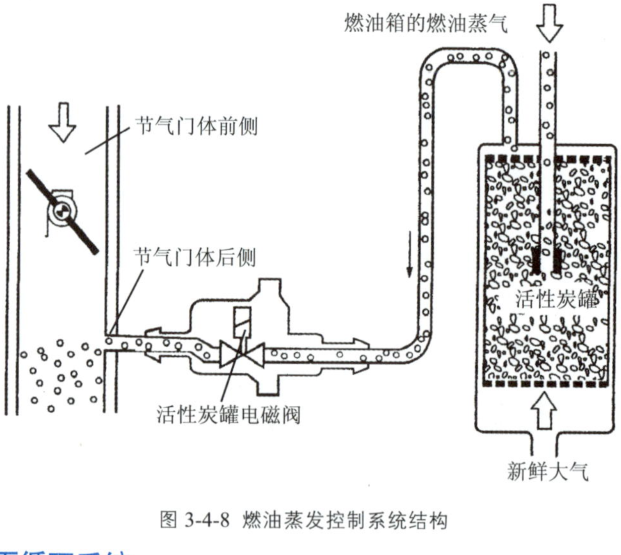

图 3-4-8 燃油蒸发控制系统结构

8. 废气再循环系统

将一部分废气引入进气管，与新鲜混合气一起进入气缸中进行燃烧，以降低混合气中氧的浓度，同时稀释混合气，使燃烧速度变慢，燃烧温度降低，从而达到减少燃烧过程中的NO_X生成的目的，如图3-4-9所示。

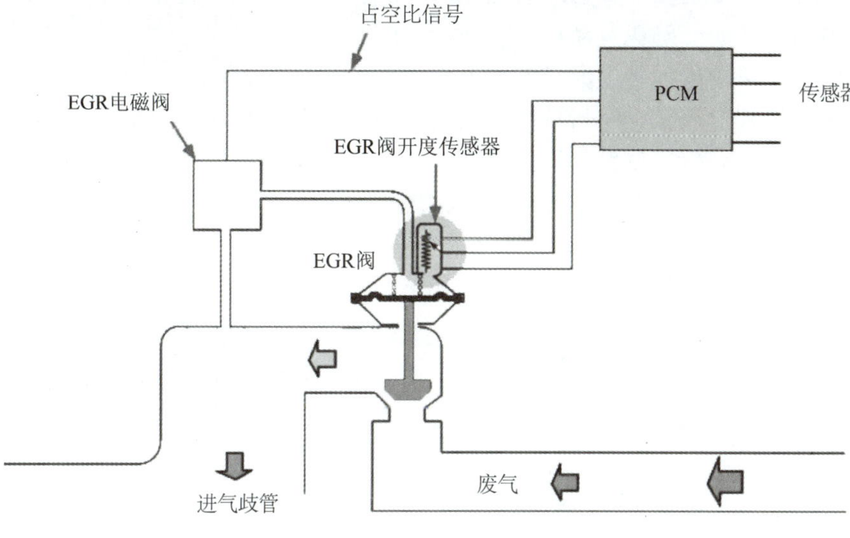

图 3-4-9 废气再循环系统结构

9. 二次空气喷射系统

实践也已证明，空气喷射系统在汽、柴油机车上都能取得良好的效果。它的工作原理是空气泵将新鲜空气送入发动机排气管内，从而使排出气体中的HC和CO进一步氧化和燃烧，即把导入的空气中的氧在排气管内与排出气体中的HC和CO进一步化合形成水蒸气和二氧化碳，从而降低了排出气体中的HC和CO的排放量，结构组成如图3-4-10所示。

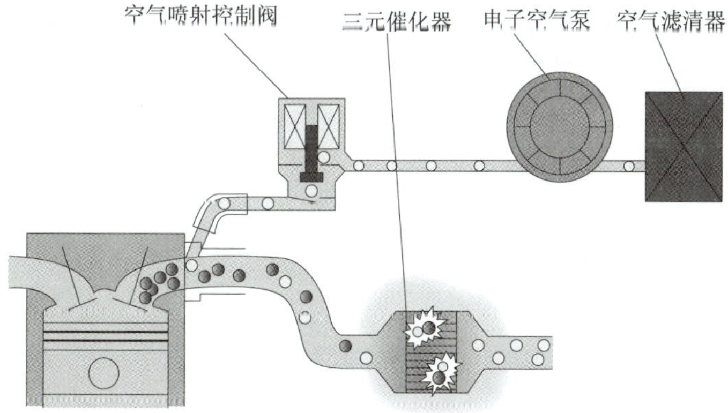

图 3-4-10 二次空气喷射系统结构

10. 配气正时

（1）正时机构

正时齿形带连接曲轴正时齿轮和凸轮轴正时齿轮，传递曲轴动力，带动凸轮轴同步转动，确保发动机具有正确的配气正时和点火正时。随着使用时间的增长，正时齿形带逐渐变长、变松，并出现裂纹、掉齿、齿部脱开及齿带侧面磨损等现象。正时齿形带的松动或掉齿，都会引起发动机配气正时和点火正时发生变化，使发动机无法正常工作，严重时引起活塞连杆组与配气机构的运动干涉，使发动机遭到严重损坏。因此，要按不同车型规定的保养周期，检查、预紧或更换正时齿形带。

（2）气门间隙

①保留适当气门间隙的原因：为了保证气门与气门座圈良好的密封性，避免发动机工作温度升高到正常值后，由于气门传动机构的受热膨胀引起气门与气门座圈的密封性不良，因此，必须保证气门杆尾端与气门传动机构之间有适当的间隙。

②气门间隙过大或过小的维护：气门间隙过大会引起进气门充气量不足，排气门排气不畅，造成发动机工作时，产生气门杆头部与气门摇臂之间的冲击声响。气门间隙过小，发动机工作达到正常的工作温度后，由于气门传动机构的受热膨胀，引起气门与气门座圈的密封性不良，影响发动机的动力性和排放性能。

（3）液压挺柱

气门间隙过大或过小，都会影响配气机构的正常工作。液压挺柱的应用，保证了气门与气门座圈完全处于密封状态时，挺柱内的单向阀打开，压力机油进入，补偿弹簧推动挺杆始终与气门杆头部接触，消除了气门间隙，避免产生机械冲击噪声，同时又不会影响气门与气门座圈的密封性；当气门被顶开时，液压挺柱被凸轮轴推动，挺柱内的单向阀被关闭，机油被封死，液压挺柱成为一个整体，推动气门运动，确保了气门有良好的运动路径，保障气体吸入和排出畅通。

二、进排气系统维护与保养

1. 滤清器维护与保养

（1）定期清洁和更换滤芯

在使用中应按汽车维护规定经常清洁空气滤清器集尘室和滤芯，以免滤芯上黏附灰尘过多而增大进气阻力，降低发动机功率，增加耗油量。按厂家规定的更换周期更换滤芯，如滤芯破损应及时更换，一般5000km应清洁一次滤芯，2万km应更换滤芯。

（2）滤芯安装

检查维护时，滤芯上的密封垫必须确实安装在原位，以防止空气不经滤清器进入气缸。橡胶密封垫圈易脱落、老化变形，空气易从密封垫缝隙流过，把大量灰尘带进气缸。如密封垫老化变形、断裂，应更换新品。纸滤芯抗压能力低，不能装得过紧，否则易把纸滤芯压坏，影响滤清效果，如图3-4-11所示。

图 3-4-11 空气滤清器的正确安装

（3）滤芯的选择

一般可从外包装和外观上识别优质与劣质滤芯，也可在安装后检验。如装上新滤芯后，汽车排放的一氧化碳超标，不装滤芯时排放的一氧化碳达标，表示该滤芯透气性差，是不合格的滤芯。

（4）清洁纸质滤芯

这种滤芯采用微孔滤纸，表面经过树脂处理，在发动机工作时，滤芯周围会黏附一层灰尘，清洁时不能用水或油，以防止油水浸染滤芯。

常用的清洁方法有两种：一是轻拍法（滤清器更换不久），即将滤芯从壳中取出，轻轻拍打纸滤芯端面，使灰尘脱落。但不得敲打滤芯外表面，防止损坏滤纸，降低滤清效果。二是吹洗法（灰尘较多），即用压缩空气从滤芯内部向外吹，将灰尘吹净，如图3-4-12所示。但压缩空气压力不能过高，以防止损坏滤芯。

图 3-4-12 空气滤清器滤芯的吹洗方向

2. 进气管的维护与保养

（1）外观检查

检查进气管是否存在破损和变形。

（2）连接状况检查

①检查进气管连接卡箍是否松动，如图3-4-13所示。

②晃动进气管，检查连接是否可靠。

③在发动机运转状态下，检查连接处是否存在漏气现象。

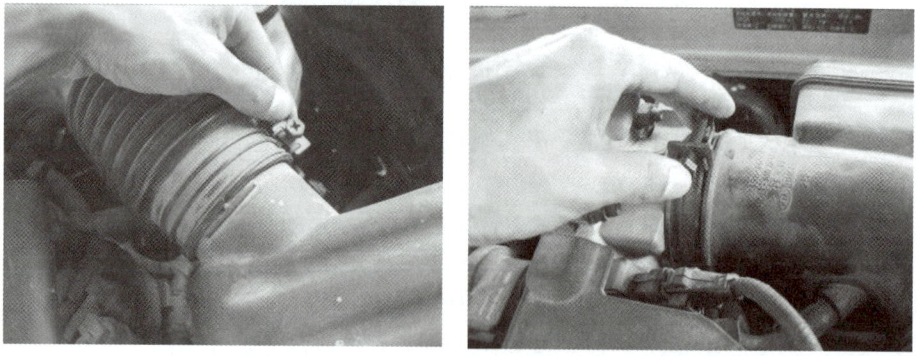

图 3-4-13 检查卡箍连接情况

3. 怠速控制执行器的检查

利用解码器检查怠速控制执行器是否处于正常的工作范围，当发现怠速控制执行器工作情况不良时，需拆卸检查清洗，清洗步骤如下：

（1）首先，关闭点火开关。

（2）分离怠速控制执行器的线束接口。

（3）从进气歧管拆卸怠速控制执行器。

（4）向怠速控制执行器的进气口喷2—3次清洁剂（如图3-4-14所示），注意请在怠速控制执行器直立状态下喷洗清洗剂。

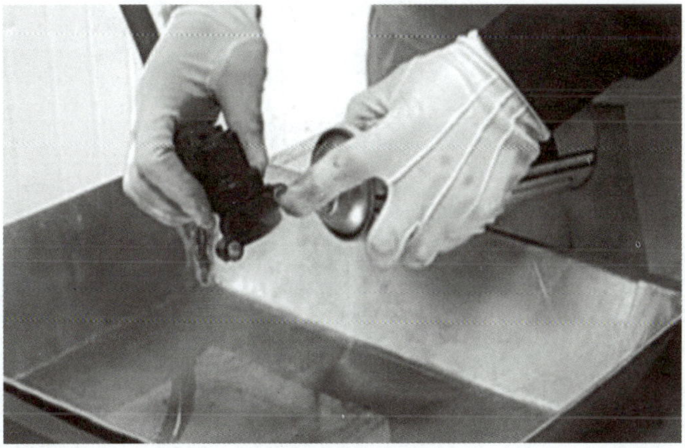

图 3-4-14 清洗怠速执行器

（5）吹气后，用干净的抹布擦拭怠速控制执行器的进气口和出气口。

（6）重新安装怠速控制执行器，注意更换新的密封垫片。

（7）连接怠速控制执行器接口。

（8）打开点火开关（IG ON）。

（9）用解码器调出故障码（DTC）并消除。

（10）启动发动机，在怠速状态确认发动机工作正常。

4. 节气门体的检查

（1）节气门联动功能的检查

①进入驾驶室，在发动机熄火的状态下踩下加速踏板，观察节气门体是否正常动作。

②检查节气门拉索是否连接正常。

（2）检查节气门拉索运动情况

检查节气门动作是否卡滞，如果加速踏板沉重，则先将节气门拉索拆下，若加速踏板仍沉重，说明节气门拉索卡滞，否则为节气门卡滞。

5. 节气门的检查

（1）拆卸节气门体与进气管的连接卡箍，并拆下进气管。

（2）用手转动节气门，观察节气门是否有卡滞或脏堵；如发现节气门存在脏堵现象，需要拆下节气门总成，再利用清洗剂进行清洗。

（3）装复节气门体和进气管，卡箍安装到位，紧固。

6. 节气门体的清洗步骤如下

（1）工具准备。

如图3-4-15所示，自左至右分别为：10"鲤鱼钳（也叫鱼嘴钳，鱼口钳），小的平口改锥，内六角套装，手电筒，化油器清洗剂。

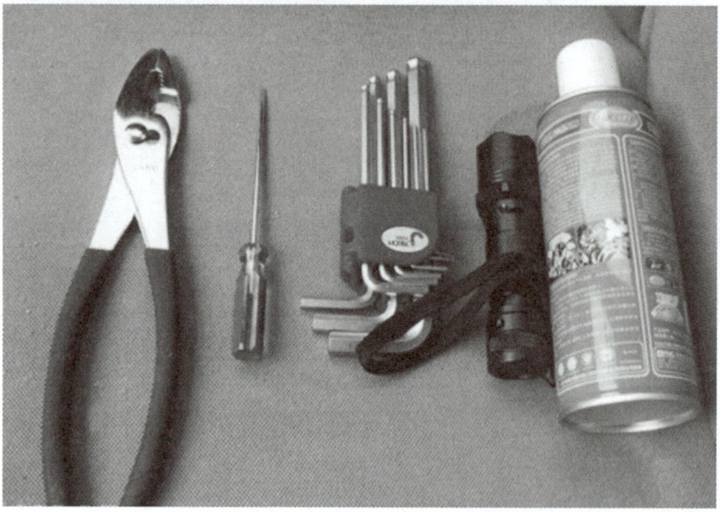

图 3-4-15 节气门体拆装与清洁工具

（2）拆解节气门

①松开节气门端的弹簧卡。一边用力夹，一边向箭头方向拽，直到把卡环卡到向内的进气软管上，如图3-4-16所示。

图 3-4-16 拆卸进气软管

②拆卸节气门体上的附件，如图3-4-17所示，图中分别用不同颜色的圈圈表示出与节气门相连的管子以及电器插头。真空管可以直接拔掉。

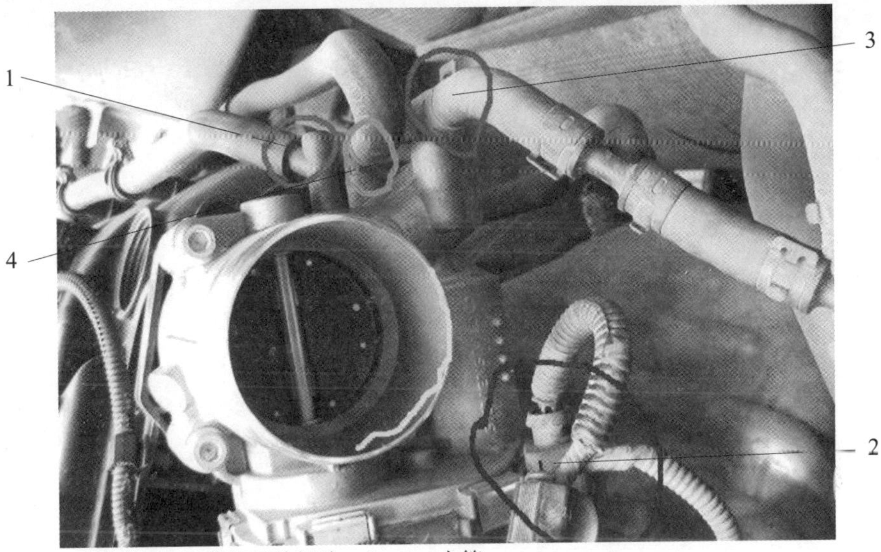

1：真空管；2：节气门体插头；3，4：水管

图 3-4-17 拆卸附件

③拆卸节气门体。用5号内六角扳手拧掉4个节气门固定螺丝。拧最后一个螺丝时，注意不要摔坏节气门体，如图3-4-18所示。

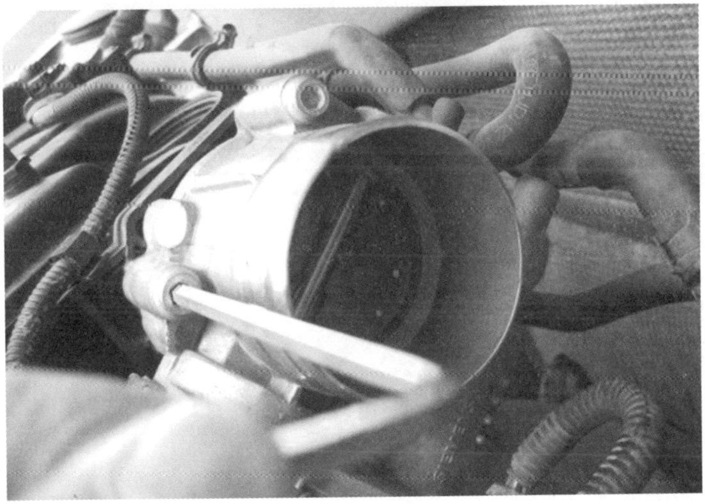

图 3-4-18 拆卸节气门体

④把节气门阀体浸泡在清洗剂内5min。

⑤安装好节气门体及管路，并启动发动机怠速运行1min。

7. 节气门体的基本设定

基本设定功能使发动机ECU记录在点火开关关闭、发动机不运转时，节气门控制部件的停止位置。重新安装节气门控制部件或发动机ECU出故障时，必须重新进行基本设定，完成节气门控制部件与发动机ECU的匹配。

基本设定时，ECU中应无故障码。基本设定可用解码器进行，下面以大众帕萨特为例说明节气门体匹配方法。

（1）连接好解码器，选择“国产大众车型”。

（2）进入“发动机系统”，选择“通道调整匹配”功能并输入调整组号“00”。

（3）按“确定”清除学习值，屏幕显示“学习值已清除”字样。

（4）选择“系统基本调整”功能并输入调整组号“060”。

（5）按“确定”键进入设定过程，节气门控制器经过MIN到MAX点及中间5个位置。控制单元将相应的节气门角度存入存储器，此过程大约需要10s，随后节气门短时间在启动位置，然后关闭。

（6）当屏幕最后一行显示“自适应完成”字样时基本设定完成，按“退出”键完成设定，关闭点火钥匙，再打开，启动发动机，验证匹配效果。

节气门体基本设定过程有可能中断，使匹配不能完成或匹配错误，其原因是：油泥使节气门不能灵活转动；节气门拉索调整不当；节气门体或线束损坏；蓄电池电压太低等。

匹配完成后，输入“02”读取故障码。若有故障应进行排除，最后结束基本设定。

8. 排气管的检查

（1）损坏和安装状况

①检查排气管是否损坏。

②检查消声器是否损坏。

③检查排气管支架上的0形圈是否损坏或者脱离。

④检查垫片是否损坏。

（2）排气管渗漏

通过观察接头周围是否存在任何炭黑，检查排气管连接部分是否渗漏废气。

（3）松动检查

按照维修手册要求力矩拧紧，对消音器进行检查，同时对安装卡箍的情况进行检查。

9. 排气管的保养与维护

应定期清除排气管内部的积炭和胶质，如图3-4-19所示。可用钢丝刷或钝口刮刀刮除积炭及胶质，再用压缩空气吹干净。

排气管如有裂纹、缺口应焊修。检查排气管与气缸盖接合表面的变形情况，不平度不得超过0.10mm，否则应予修磨。

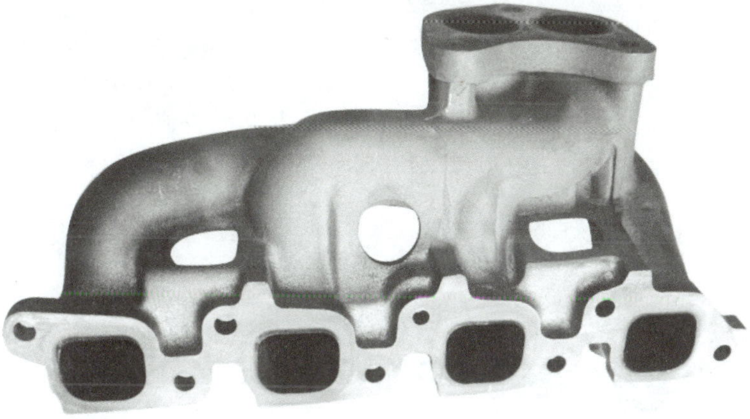

图 3-4-19 排气管积炭

10. 三元催化转化器的维护与保养

（1）外观检查

观察催化转化器表面是否有凹陷，如有明显的凹痕和刮擦，则说明催化转化器的载体可能受到损伤。

观察催化转化器外壳上是否有严重的褪色斑点或略有呈青色或紫色的痕迹，在催化转化器防护罩的中央是否有非常明显的暗灰斑点，如有则说明催化转化器曾处于过热工作状态，需做进一步的检查。

（2）三元催化转化器前后温度的检查

催化转化器在正常工作状态下，会由于氧化反应产生大量的反应热，因此可通过温差对比来判断催化转化器性能的好坏。启动发动机，预热至正常工作温度，将发动机转速维持在2500r/min左右，将车辆举升，用数字式温度计测量催化转化器进口和出口的温度，需尽量靠近催化转化器50mm内。催化转化器出口的温度应至少高于进口温度10%—15%。

（3）氧传感器信号测试法

目前，大部分轿车在三元催化转化器前装一个加热型氧传感器，发动机ECU利用这两个氧传感器的信号来监测三元催化转化器工作性能，如图3-4-20所示。

可以用这两个氧传感器的性能来判断三元催化转换器的工作性能。在发动机正常的工作温度条件下，如果两个氧传感器的信号波形变化基本同步，说明三元催化转换器已经失效，必须进行更换。

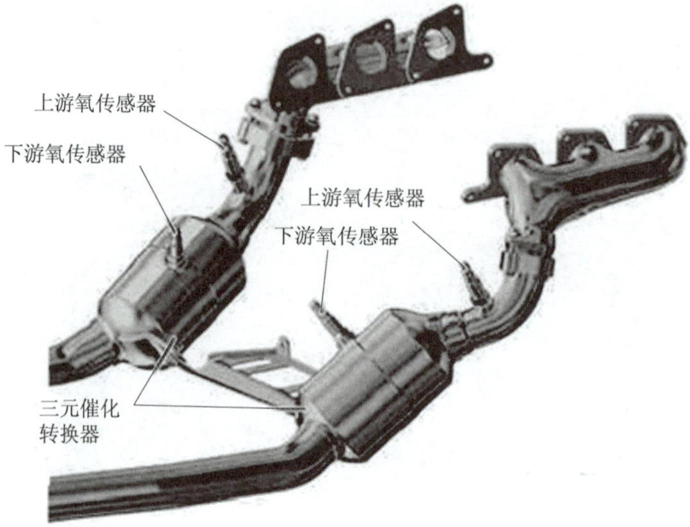

图 3-4-20 奔驰车系三元催化转化器的安装位置

（4）废气分析测试法

三元催化转化器的工作正常与否可以用废气分析仪来测试。把分析仪的探测头插入排气尾管进行快速检测。如果读数在规定范围内，说明催化剂仍在工作，如一个或两个读数超过规定，说明催化剂可能已经失效。

某些汽车在三元催化转化器前的排气系统中，有一个可插入废气分析仪测头的连接装置。这样可通过测量三元催化转化器前、后废气中的有害气体量来判断催化转化器的有效性。如在三元催化转化器前后测得的读数相同，说明催化转化器已失效。

11. 曲轴箱通风装置的维护与保养

要定期检查曲轴箱通风装置的连接软管是否老化或产生裂纹，否则，应在紧固连接处更换软管，如图3-4-21所示。二级维护时要使用煤油彻底清洗PCV阀及油气分离器或更换滤芯，确保发动机通风顺畅，工作正常。

（1）强制式曲轴箱通风系统检查

①从强制式曲轴箱通风阀（PCV阀）上拆下通气软管。

②从摇臂盖上拆下曲轴箱通风阀。

③重新将曲轴箱通风阀与拆下的通气软管连接。

④启动发动机，怠速运转。

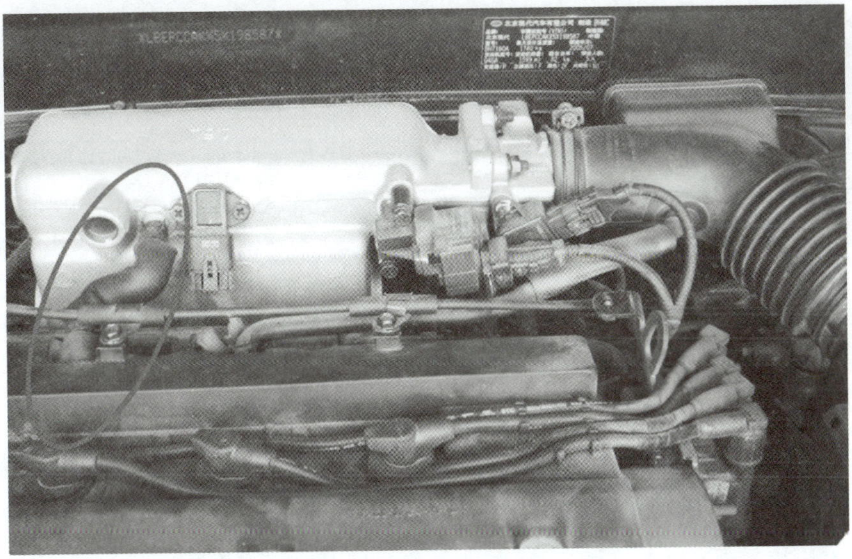

图 3-4-21 曲轴箱通风装置

⑤将手指压在曲轴箱通风阀开口，感觉并确认进气歧管真空度（手指是否感受到吸力）。此时曲轴箱通风阀的柱塞会前后移动。

⑥如果未感觉到真空，则须清洁或更换曲轴箱通风阀。

（2）强制式曲轴箱通风阀（PCV阀）的检查

①从摇臂盖安装侧的位置插入细棒到PCV阀，前后移动细棒以检查柱塞的移动状况，如图3-4-22所示。

②如果柱塞未移动，则表示PCV有阻塞，须清洁或更换PCV阀。

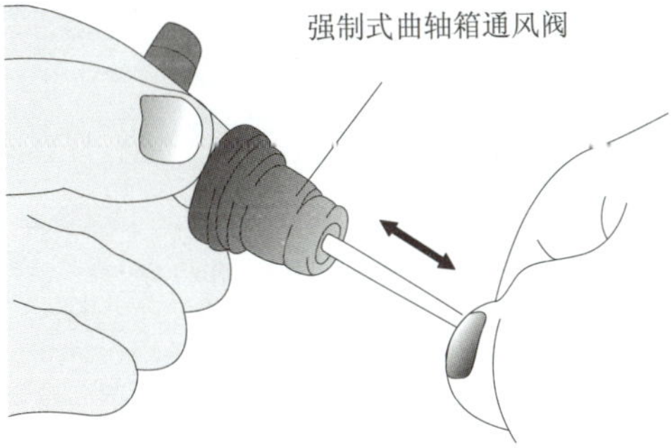

图 3-4-22 检查通风阀

12. 燃油蒸发控制系统维护与保养

（1）经常检查管路是否漏气，滤芯是否堵塞。

（2）电磁阀的检查：拆下电磁阀进气管一侧的软管，用手动真空泵由软管接头给控制电磁阀施加一真空度，电磁阀不通电时应能保持真空度；若电磁阀通以蓄电池电压，真空度应释放。

（3）电磁阀电阻的检查：电阻为36—44Ω（大众车系）。

（4）目视检查活性炭罐是否有裂缝或泄漏，检查蒸气软管/管路的连接处是否松动、扭曲或损坏。当发现活性炭罐出现损坏或已经到了更换期限，应更换活性炭罐。

13. 废气再循环系统维护与保养

（1）工作情况检查

怠速时，拆下EGR阀上的真空软管，发动机转速应无变化，用手试触真空管口应无吸力；转速达2500r/min以上时，同样拆下此真空软管，发动机转速应明显升高（中断了废气再循环），如图3-4-23所示。

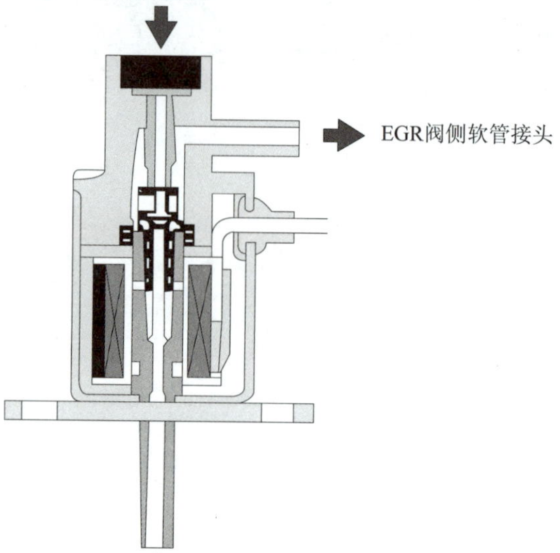

图 3-4-23 废气再循环系统工作情况检查

（2）EGR电磁阀的检查

①测量电阻值，应为33—39Ω（大众车系）。

②不通电时，从通进气管侧接头吹入空气应畅通，从通大气的滤网处吹入空气应不通。

③通电时，与上述刚好相反。

（3）EGR阀的检查

给EGR阀施加15kPa的真空，EGR阀应能开启；不施加真空时，EGR阀应能完全关闭，如图3-4-24所示。

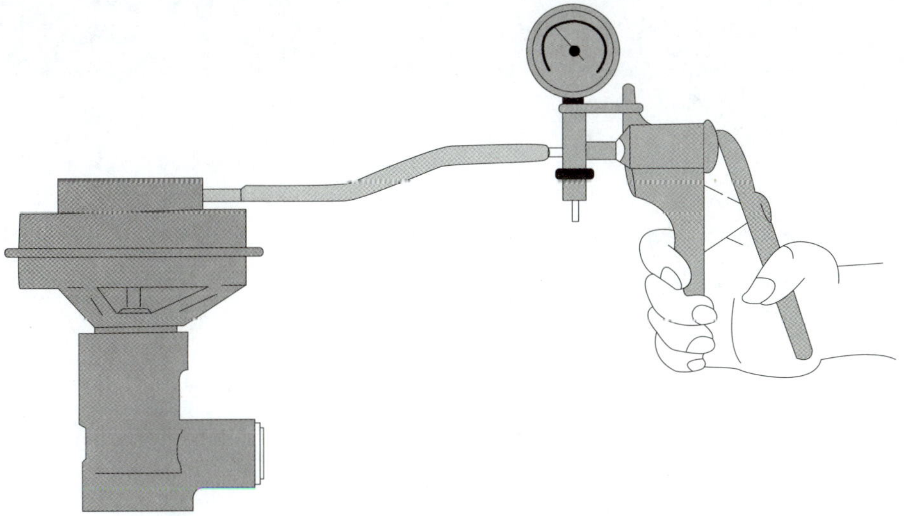

图 3-4-24 废气再循环系统EGR阀检查

14. 二次空气喷射系统维护与保养

（1）低温启动发动机后，拆下空气滤清器盖，应听到舌簧阀发出的“嗡、嗡”声。

（2）拆下二次空气供给软管，用手指盖住软管口检查，发动机温度在18—63℃范围内怠速运转时，应有真空吸力；温度在63℃以上，启动后70s内应有真空吸力，启动70s后应无真空吸力；发动机转速从4000r/min急减速时，应有真空吸力。

（3）拆下二次空气阀，从空气滤清器侧软管接头吹入空气应不漏气。

（4）电磁阀的检查，阻值应为36—44Ω（大众车系）。

15. 正时机构的维护与保养

（1）正时齿形带的检查与预紧度调整

正时齿形带检查周期一般为2万km。正时齿形带更换周期一般为10万km。正时齿形带张紧力一般为20—30N。正时齿形带的检查、预紧度调整、更换周期，按照该车型维修手册上规定的维护与保养周期进行。维护与保养操作步骤如下。

①拆下齿形带保护盖。

②观察齿形带，判断是否有齿带背面裂纹、掉齿、齿部脱开或有裂纹及齿带侧面磨损等现象，如图3-4-25所示，如出现上述情况，都应该更换齿形带。

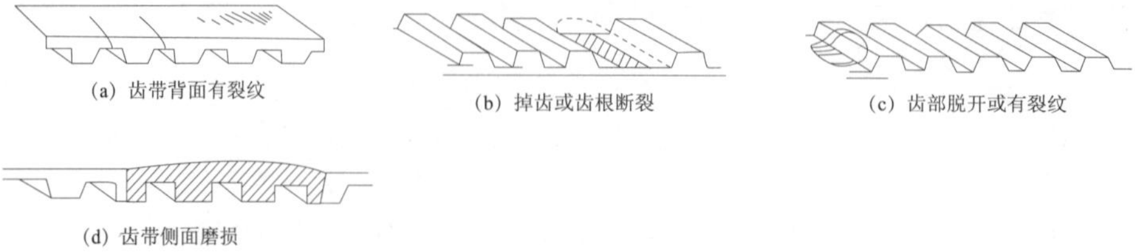

图 3-4-25 齿形带的检验

③齿形带的预紧度调整：用拇指和食指捏住凸轮轴齿轮和中间轴齿轮之间的齿形带的中间位置，以刚好转动90°为适宜，否则应进行预紧度调整，如图3-4-26所示。

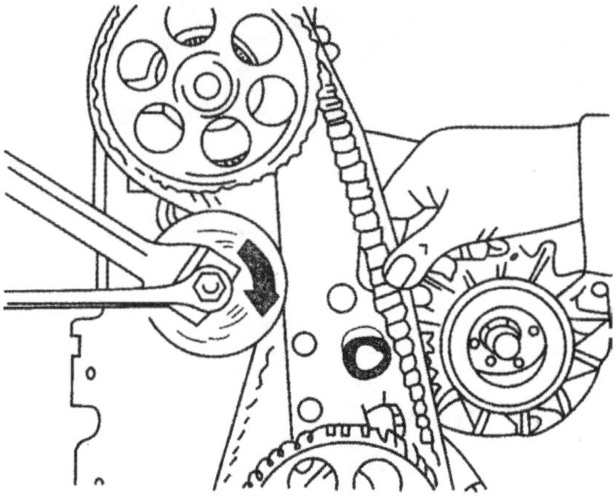

图 3-4-26 齿形带预紧度的调整

④固定好调整锁紧装置，然后把齿形带保护盖上好。

（2）齿形带的更换

①拆下齿形带保护盖。

②找到第一缸压缩上止点记号和凸轮轴配气正时记号。

③松开齿形带预紧装置，取下旧的齿形带。

④换上新齿形带，并且按标准调整好齿形带预紧度。

⑤固定好调整锁紧装置，然后把齿形带保护盖上好。

（3）气门间隙的检查与调整

进气门气门间隙一般为0.20—0.25mm。排气门气门间隙一般为0.25—0.30mm。气门间隙调整时，冷态气门间隙值大于热态气门间隙值。气门间隙调整完毕后，一定要把气门间隙调整锁紧螺母按规定力矩锁紧。

①气门间隙的检查

a. 转动曲轴，使被检查气缸的进气门、排气门处于完全关闭状态，挺柱必须位于凸轮的基圆段上。

b. 将符合气门间隙值厚度的塞尺插入气门杆尾部与气门摇臂头部之间，来回抽动塞尺检查，以抽动稍有阻力为宜，如图3-4-27所示。一般冷态进气门间隙为0.20—0.25mm，排气门间隙为0.25—0.30mm。

图 3-4-27 气门间隙的测量与调整

②气门间隙的调整方法

气门间隙的调整方法主要有“逐缸调整法”和“两次调整法”，生产中我们以“两次调整法”较多，方法如下：

a. 找到第1缸的压缩上止点。

b. 按照“双排不进”的原则，调整一半气门的气门间隙。即调整第1缸的进、排气门，第2缸的进气门，第3缸的排气门，第4缸不调整。

c. 将曲轴转动1周，调整余下所有气门的气门间隙。即第1缸不调整，调整第3缸的进气门，第4缸的进、排气门，第2缸的排气门。

（4）液压挺柱的清洗和内部空气排气

①取出液压挺柱，放入油盆中清洗，检验挺柱外侧是否有损伤，测量其磨损量，如图3-4-28所

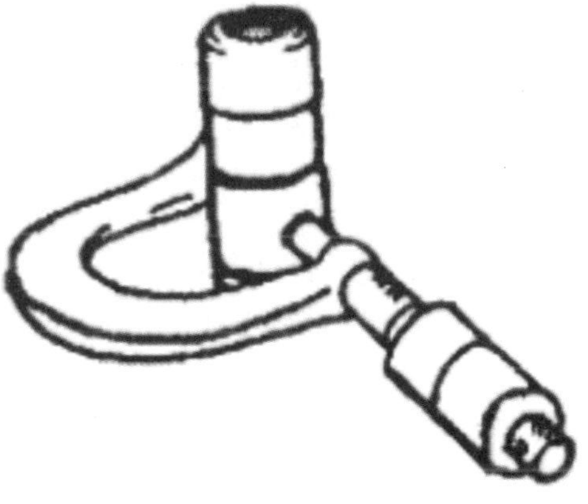

图 3-4-28 液压挺柱磨损量的检测

示。

②将测量完毕后的液压挺柱放入机油中浸泡30min以上，在机油内用手上下按压挺柱，吸入机油，并将挺柱内的空气排出，然后取出，用手压住挺柱，感觉挺柱的密封性，如图3-4-29所示。

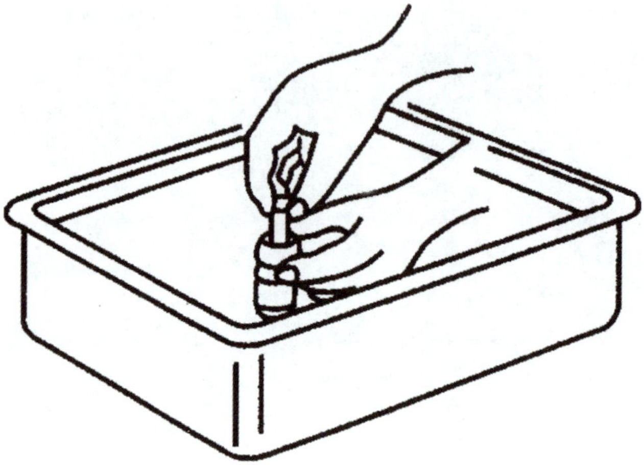

图 3-4-29 液压挺柱内空气的排放

16. 进气系统的清洗

进气系统是发动机的一个很重要的系统。它直接关系到混合气进气的质量，影响着混合气的空燃比。受电喷发动机控制特点的决定，气缸每次工作的时候都是先喷油再点火，当我们熄灭发动机的一瞬间，点火被马上切断，但是这次工作循环所喷出的汽油却无法被回收，只能贴附在进气门和燃烧室壁上，汽油很容易挥发，但汽油中的蜡和胶质物却留了下来，长此以往汽油中的蜡和胶质物越积越厚，反复受热后变硬就形成了积炭。如果发动机烧机油，或是加注的汽油质量低劣杂质较多，那么气门积炭会更严重且形成的速度也更快。

进气系统清洗的操作流程及注意事项如下。

使用工具：进气清洗设备如图3-4-30所示 。

使用产品：进气系统清洗剂如图3-4-31所示。

在使用清洗设备时，为了杜绝在清洗过程中给车辆和操作技师造成安全隐患，必须遵循以下操作步骤。

（1）在清洗进气系统前，应当把燃油系统强化清洗剂加入油箱内后盖好油箱盖。如单独进行进气系统清洗则不进行此项工作。

（2）启动发动机运转至正常温度一熄火。

（3）将储液瓶旋下，将进气清洗剂加入，把储液瓶装复旋紧。（注意：

在加注药液时，检查连接是否可靠，设备是否完好。）

图 3-4-30 进气清洗器

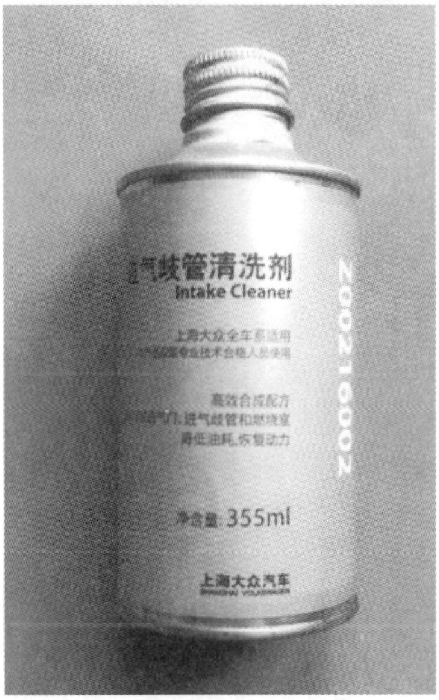

图 3-4-31 进气歧管清洗剂

（4）打开发动机盖，将设备悬挂在机盖上。关闭设备液流控制阀，如图3-4-32所示。

（5）排出进气歧管内的高温高浓混合气。

（6）把设备接口连接在尽可能接近发动机节流阀体后的真空管，如图3-4-33所示。

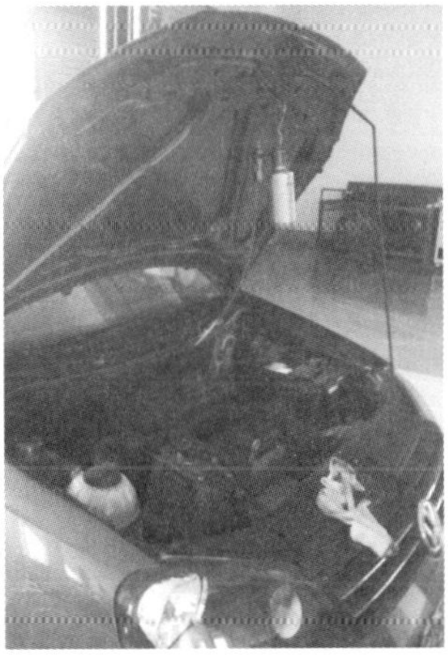

图 3-4-32 安装清洗剂

图 3-4-33 连接设备至真空源

（7）启动发动机，用油门定位器将发动机的转速设定在1800—2000r/min。

（8）缓慢打开设备液流开关，必须使清洗剂呈滴状供给（4、6缸的发动机应控制在每秒2—3滴），如图3-4-34所示。清洗进气系统过程最少不得少于25—30min（发动机越小，进液要越慢）。

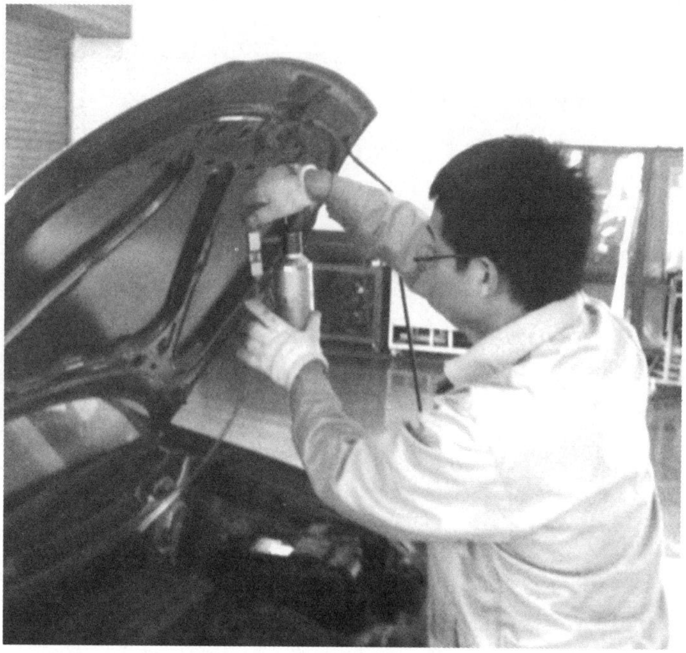

图 3-4-34 调节清洗剂流量

（9）清洗过程中须将转速提高3—5次，发动机转速不得超过3000r/min。

（10）清洗过程中如需关闭设备，先关闭液流阀。

（11）清洗结束后关闭液流阀，将设备的接头取下，将真空管还原，检查即可。

注意事项：

（1）在清洗前，先用检测设备检测发动机是否有故障，节气门是否损坏，是否排出进气歧管内的高温高浓混合气。如有故障应当先排除故障，再进行操作。

（2）清洗时一定要控制好清洗剂的流速即每秒2—3滴、时间控制在25—30min，使发动机的转速保持在1800—2000r/min之间。若熄火，应立即关闭液流阀。

（3）清洗液用完后继续运转发动机3—5min。排出系统内的沉积物，发动机的转速在1000—3000r/min之间变换，最后2分钟稳定在3000r/min。

（4）不可使药液流速过快，如果过快会造成发动机损坏。

（5）工作场地尽量选在较通风处，或将清洗车辆接好尾气抽排装置以免将尾气吸入体内。

（7）清洗时，如果设备和接口处有渗漏现象，应停止清洗。修复好后再进行清洗操作。工作场地必须有灭火器和防火设备。

（8）清洗结束后务必对火花塞进行更换或清洁。

（9）本设备严禁使用其他品牌清洗剂，以免造成设备的损坏及影响清洗效果。

（10）请详细阅读和了解本设备的操作流程后再使用，以期达到设备的最佳状态，避免事故发生。

第五节 点火系统的维护与保养

一、发动机点火系统

点火系统的性能对发动机的工作有十分重要的影响，为此要求点火系统必须在发动机各种工况下，都能及时、可靠地点火。ECU控制的点火系统，可考虑更多的点火提前角的影响因素，使发动机在各种工况下均能达到最佳点火时刻，从而提高发动机的动力性、经济性，改善排放指标。ECU控制的点火系统是随着电子技术的进步而发展起来的一门新技术，也是汽车电子化的必然趋势。

1. 发动机点火系统的作用

点火系统的基本功用是产生电火花点燃气缸内的混合气。在汽油发动机中，气缸内的混合气是由高压电火花点燃的，而产生电火花的功能是由点火系统来完成的。点火系统将电源的低电压变成高电压，再按照发动机点火顺序轮流送至各气缸，点燃压缩混合气；并能适应发动机工况和使用条件的变化，自动调节点火时刻，实现可靠而准确的点火。

汽油机工作中，点火系统点燃混合气的时间一般用点火提前角表示。点火提前角是指气缸的火花塞跳火到该气缸活塞运动至压缩上止点时曲轴转过的角度。实践证明，燃烧最大压力出现在上止点后10° 左右，发动机的输出功率最大，此时所对应的点火提前角为最佳点火提前角。

2. 发动机点火系统的组成

ECU控制的点火系统主要有点火系统主要由电源、点火开关、传感器、ECU、点火器、点火线圈、分电器（有发电器电控点火系统）、火花塞等组成，原理如图3-5-1所示。

（1）电源和点火开关

电源为蓄电池或发电机，其功用是给点火系统提供所需的电能。点火开关用来接通或断开电源电路。

（2）传感器

电控点火系统中的传感器主要用于检测发动机各种运行参数的变化，为ECU提供点火控制所需的信号，主要传感器有凸轮轴位置传感器、曲轴位置传感器、爆燃传感器、空气流量计（或进气管绝对压力传感器）、节气门位置传感器和冷却液温度传感器等。

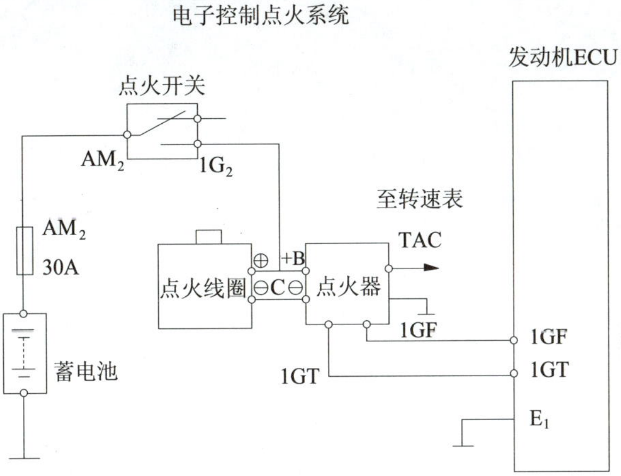

图 3-5-1　点火系统的组成

（3）ECU

ECU是电控点火系统的中枢。在发动机工作时，ECU不断地接收各传感器输送来的信号，并按内存的程序对接收到的信号进行运算、存储和分析处理，最后向点火器发出控制信号，以完成对点火提前角、通电时间和爆燃的控制。

（4）点火线圈

点火线圈的功用是在不需要点火时，以磁场能的形式贮存点火所需的能量；在需要点火时，释放点火能量，并将电源提供的低压电转变为足以在火花塞电极间击穿点火的高压电。

（5）火花塞

火花塞的功用是利用点火线圈产生的高压电产生电火花，点燃气缸内的混合气。

二、发动机点火系统的维护与保养

1. 高压导线的保养与维护

从火花塞上脱开高压线时应捏住橡胶护套，小心地从火花塞上拆下高压线。注意不要抽拉或弯曲高压线，以避免损坏内部的导线。

目视检查高压线表面有无龟裂、破损，如有则需更换所有高压线。

用欧姆表测量高压线电阻，如图3-5-2所示。大众车系最大电阻为25kΩ（每根高压线）。如果电阻大于最大值，则更换所有高压线。

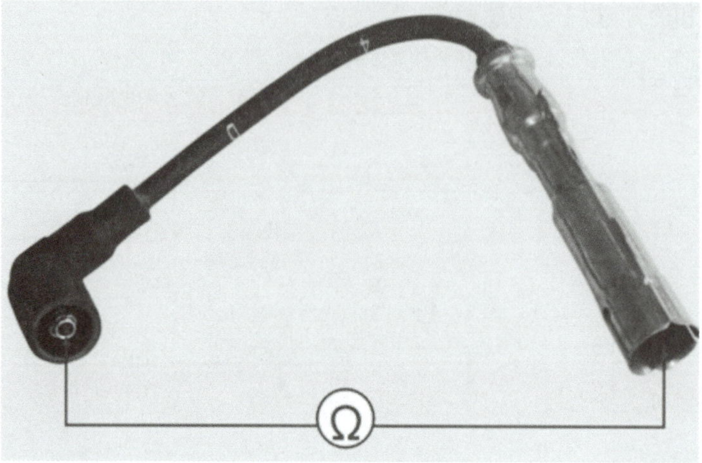

图 3-5-2 高压线电阻测量

2. 点火线圈的检测与维护

用欧姆表测量点火线圈的初级及次级线圈电阻，如测量结果不符合标准值，则应更换点火线圈。拔下点火线圈高压线，打开线圈端子护盖，按如图3-5-3所示用万用表测量：1#端子与15#端子之间（即点火线圈一次侧）的电阻值，应为0.55Ω±0.05Ω；4#端子与15#端子之间（即点火线圈二次侧）的电阻值，应为3.3Ω±0.033Ω。

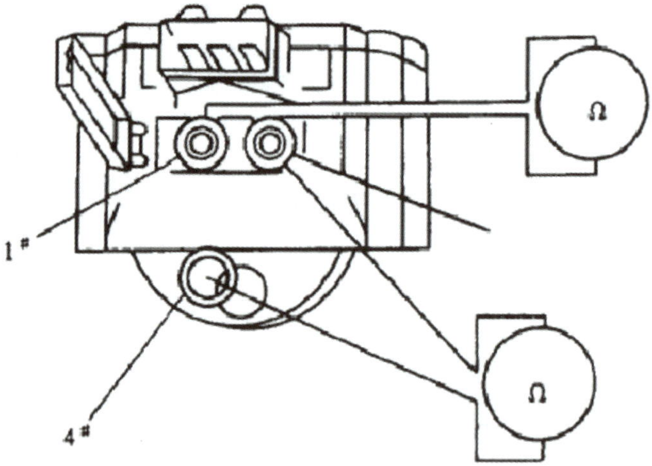

图 3-5-3 点火线圈的检测

3. 火花塞保养维护

（1）火花塞拆卸与外观检查

火花塞的检查、更换间隔期：每1万km或者1年检查一次；每2万km或2年更换一次。铂金头火花塞和铱金头火花塞间隙是不用调整的，但是在运行10万—15万km后需要更换。

①除去火花塞周围气缸盖上的灰尘。

②断开火花塞上的高压线。注意只能用力拉火花塞盖。

③使用专用工具，拧松火花塞并取出。

图 3-5-4 火花塞的拆卸

④检查绝缘体是否有裂纹、端子腐蚀和被损坏的螺纹，检查火花塞电极边缘是否被完全磨掉或者变圆，如图3-5-4所示。

⑤检查火花塞电极。

常见的火花塞电极状况：炭污、油污、过热。

⑥清洁火花塞。

注意：不能使用火花塞清洁剂清洁镶铂或者镶铱的火花塞。

（2）检查和调整火花塞间隙

①检查火花塞间隙

使用火花塞间隙量规测量火花塞间隙，将火花塞的电极放入火花塞间隙量规的缺口部分，如果未在规定值以内，应调整火花塞间隙。

②调整火花塞间隙

将调整板的缺口部分放在火花塞的接地电极上，然后弯曲电极以调整，如图3-5-5所示。注意不要碰触到绝缘体和中心电极。

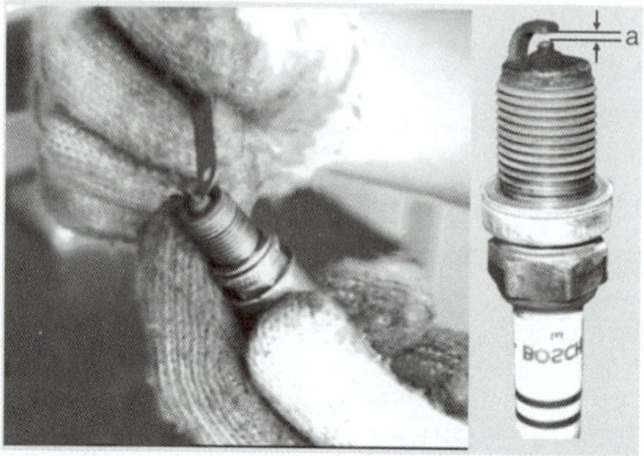

图 3-5-5 火花塞间隙调整

（3）安装新火花塞

确保使用规定受热程度和尺寸的新火花塞。

（4）接上火花塞高压线

接线时注意不能推高压线，只能推保护罩。

4. 点火正时的检查

（1）启动发动机并暖机至正常工作温度。

（2）使发动机转速保持在怠速。

（3）以大众车系为例，将正时灯接到1号高压线上，如图3-5-6所示。用正时灯检查点火提前角，怠速时应为上止点前8°—12°角，如图3-5-7所示。

图 3-5-6 正时灯

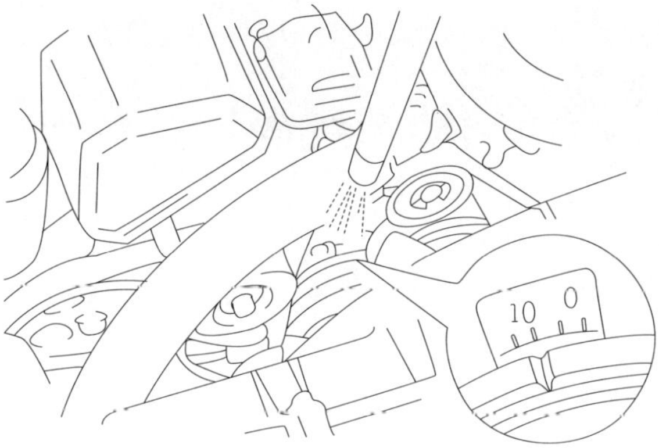

图 3-5-7 点火提前角检测

注意：安装火花塞，首先用手拧上，然后再上紧到规定扭矩。火花塞打开期间不要让外物进入燃烧室。

第六节　启动系统的维护与保养

一、启动系统

1. 启动系统作用

要使发动机由静止状态过渡到工作状态，必须先用外力转动发动机的曲轴，使活塞做往复运动，气缸内的可燃混合气燃烧膨胀做功，推动活塞向下运动使曲轴旋转。发动机才能自行运转，工作循环才能自动进行。因此，曲轴在外力作用下开始转动到发动机开始自动地怠速运转的全过程，称为发动机的启动。完成启动过程所需的系统，称为发动机的启动系统。

2. 启动系统组成

启动系统由蓄电池、点火开关、启动继电器、起动机等组成。启动系统的功用是通过起动机将蓄电池的电能转化成机械能，启动发动机运转。

起动机又叫马达，它由直流电动机产生动力，经启动齿轮传递动力给飞轮齿圈，带动飞轮和曲轴转动而启动发动机，如图3-6-1所示。

为了防止蓄电池出现过流或损坏的现象，启动时间不应超过5s；冬季容易出现启动困难的现象，多次启动时每次启动时间不宜过长，各次启动间也应留有适当间隔。

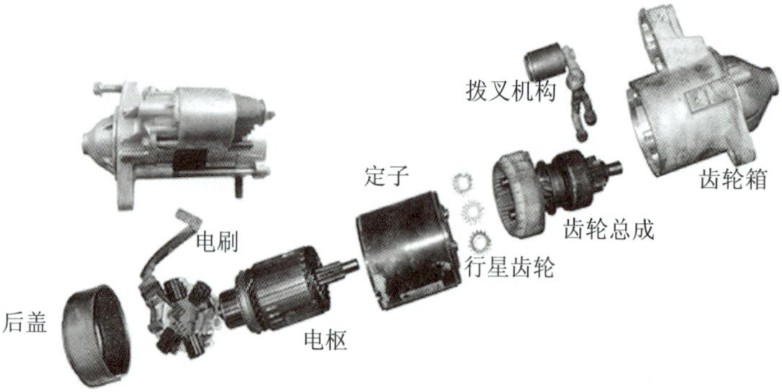

图 3-6-1 起动机总成及解构图

二、汽车启动系统的维护与保养

起动机在使用过程中，起动机固定螺丝、电磁开关固定螺丝以及连接导线等会出现松动现象，影响起动机的使用性能，因此应定期检查与维护。

1. 启动系统的定期检查与维护

（1）经常检查起动机各导线的连接情况，保证连接可靠牢固。

（2）及时清除导线、接线柱的氧化物及起动机外部灰尘和油污，保持干净。

（3）在低温或严寒季节启动时，应使蓄电池处于充足电的状态，必要时还需预热发动机。

（4）起动机每次启动时间不能超过5s；若一次启动不着，应间隔1—2min后再启动；若连续3次启动不着，应进行必要的检查，待故障排除后再启动。

（5）发动机启动后，应立即松开启动开关，以免发动机反带起动机空转，损坏起动机。

（6）定期检查、清洁换向器。

（7）定期检查电刷的磨损程度及电刷弹簧的弹力。

2. 外部检查内容：

（1）检查起动机前、后端盖有无破裂。

（2）检查各接线柱有无松脱。

（3）用手转动起动机驱动齿轮，正转时应灵活自如，不应有卡滞和异响，反转应转不动。

3. 起动机工作性能检查

（1）直流电动机性能检查

将蓄电池的“+”极与起动机的“起动机开关”接线柱（C端子，靠近磁场绕组）连接，将蓄电池的“－”极引出导线快速搭靠起动机壳体，起动机应快速、有力地运转。否则，说明直流电动机有故障。

（2）电磁开关性能检查

将蓄电池的“+”极与起动机的“电磁开关”接线柱（50端子）连接，将蓄电池的“　”极引出导线快速搭靠起动机壳体，应听到触盘吸合的“咔嚓”声。否则，说明起动机的电磁开关有故障。

（3）起动机工作性能检查

将蓄电池的“+”极与起动机的“起动机火线”接线柱连接，另用一根导线连接蓄电池的“+”极与起动机的“电磁开关”接线柱，将蓄电池的“－”极引出导线快速搭靠起动机壳体，起动机应快速、有力地运转。否则，说明起动机的电磁开关有故障。

4. 起动机的试验

（1）起动机的空载试验

空载试验（如图3-6-2所示）目的：诊断起动机内部电路故障和机械故障。

①如果空载电流符合标准值，转速低，是机械故障；

②如果空载电流大于标准值，是磁场或电枢短路；

③如果空载电流小，转速低，则是起动机内部电路接触不良（换向器与碳刷）、电磁开关触点烧蚀。

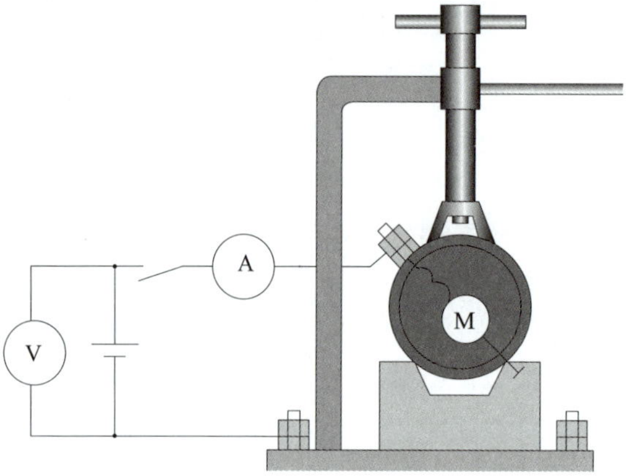

图 3-6-2 空载试验

（2）起动机的全制动试验

全制动试验（如图3-6-3所示）目的：诊断起动机的启动能力。

①制动电流符合标准值，力矩小，是机械故障；

②制动电流大于标准值，力矩小于标准值，是磁场或电枢有短路；

③制动电流和力矩都小于标准值，则电流回路接触不良（碳刷与换向器接触不良）、弹簧弱、电磁开关触点烧蚀）。

④若驱动齿轮锁止，而电枢轴缓转，是离合器打滑。

三、汽油缸内直喷技术

对于一台汽油发动机来说，将汽油送入气缸，并与空气混合，再使油气混合物充分燃烧才能获得强大的动力，因此油气混合技术也是发动机的关键之一。在经历了化油器、单点电喷、多点电喷技术阶段之后，油气混合技术终于进入了直喷时代，越来越多的车型开始采用直喷发动机。

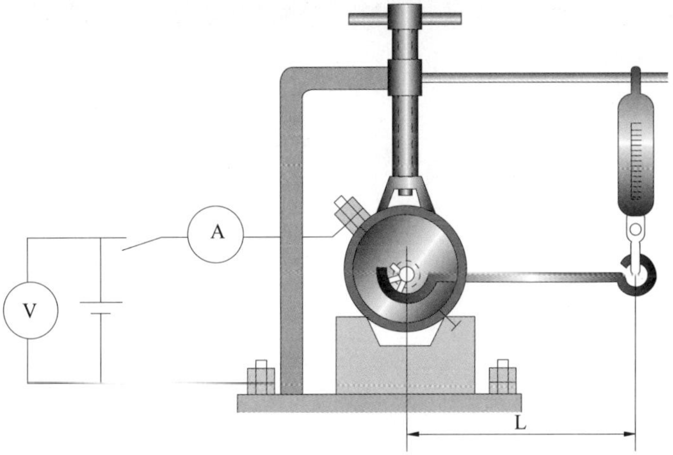

图 3-6-3 全制动试验

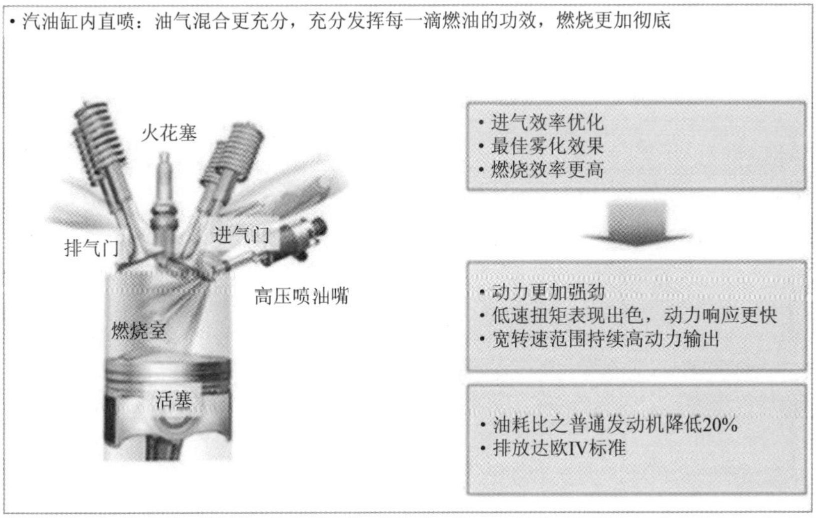

缸内直喷发动机燃油喷嘴安装于气缸内，直接将燃油喷入气缸内与进气混合。喷射压力也进一步提高，使燃油雾化更加细致，真正实现了精准地按比例控制喷油并与进气混合，并且消除了缸外喷射的缺点。同时，喷嘴位置、喷雾形状、进气气流控制，以及活塞顶形状等特别的设计，使油气能够在整个气缸内充分、均匀地混合，从而使燃油充分燃烧，能量转化效率更高。

从燃油喷射技术发展的轨迹可以看出，燃油喷射与进气混合的位置离气缸越来越近，最终发展到在气缸内进行。由于燃油喷射雾化的形成与油气的混合就在气缸内进行，对供油量与油气均匀混合的控制精度得以提高，并且可实现精确点火，因而，燃烧更加迅速、充分，动力的爆发就会更为猛烈，动态响应更佳，功率与扭矩同时增加，燃油消耗明显降低，排放也更低。

第四章
汽车底盘的维护与保养

第一节 传动系统的维护与保养

传动系统一般由离合器、变速器、万向传动装置、主减速器、差速器和半轴等组成。其基本功用是将发动机的动力传给汽车的驱动车轮，产生驱动力，使汽车能在一定速度上行驶。

一、汽车传动系统

1. 离合器

离合器是汽车传动系统中的重要组成部分，安装在发动机与变速器之间，作用主要有以下3点。

（1）使发动机与传动系统逐渐接合，保证汽车平稳起步。

（2）暂时切断发动机的动力传递，保证变速器换挡平顺。

（3）限制所传递的转矩，防止传动系统过载。

离合器在正常接合状态下，为保证摩擦片在正常磨损过程中离合器仍能完全接合，分离杠杆内端与分离轴承之间应留有一个间隙，一般为几个毫米，这个间隙称为离合器的自由间隙，如图4-1-1所示。由于上述自由间隙的存在，驾驶员在踩下离合踏板后，先要消除这一间隙，然后才能分离离合器。为消除这一间隙所需的离合器踏板行程，称为离合器踏板的自由行程。

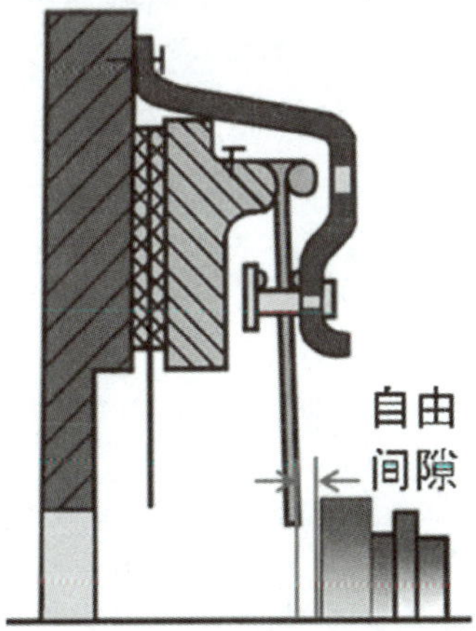

图 4-1-1 离合器的自由间隙

离合器自由行程大，会导致在踩下离合器踏板后，离合器并未完全分离，即“分离不彻底”，不仅使换挡困难，有冲击，起步困难，而且影响离合器的使用寿命；离合器自由行程小，在松开离合器踏板时，离合器并未完全压紧，离合器压盘处于半分离状态，动力不能完全传递，即“离合器打滑”，使汽车起步困难，加速无力，并使从动盘迅速磨损失效。

2. 变速器

变速器的功用主要有变速变矩、倒车、中断动力传动，如图4-1-2所示。按变速器操纵方式可分为手动变速器、自动变速器和手动自动一体变速器3种。

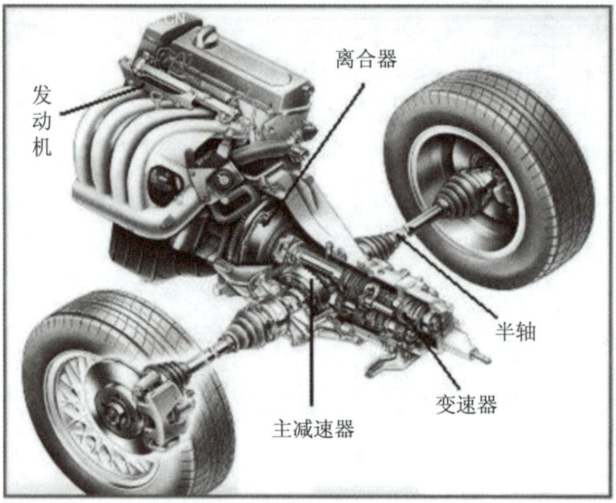

图 4-1-2 变速器

变速器在车辆的使用过程中，各挡位挂入、退出是否顺畅，变速器有无渗漏齿轮油和传递噪声大小等指标，是变速器使用性能的综合体现。车辆路试时，挡位挂入退出应灵活，各挡位手感良好；变速器通气阀的状况，是引起变速器渗漏齿轮油的主要原因，应注意定期检查；变速器齿轮油保障了变速器内齿轮、轴承的润滑和零件的冷却散热，在使用过程中，变速器齿轮油润滑性能会逐渐降低，出现浑浊、掺杂其他杂质和颜色逐渐变深等现象。因此，应按照维修手册上的定期检查周期，对润滑油油量和质量进行检查。

3. 万向传动装置

万向传动装置由传动轴、万向节和中间支承组成，如图4-1-3所示。前驱式传动半轴连接差速器和驱动轮，由于前桥是转向驱动桥，差速器和驱动轮之间的轴线位置在汽车行驶中不断变化，传动轴两端要装配等速万向节，等速万向节需要润滑脂润滑、防护套保护，其完整性对传动半轴的使用非常关键。所以，定期对传动轴的防护罩进行检查是十分必要的。

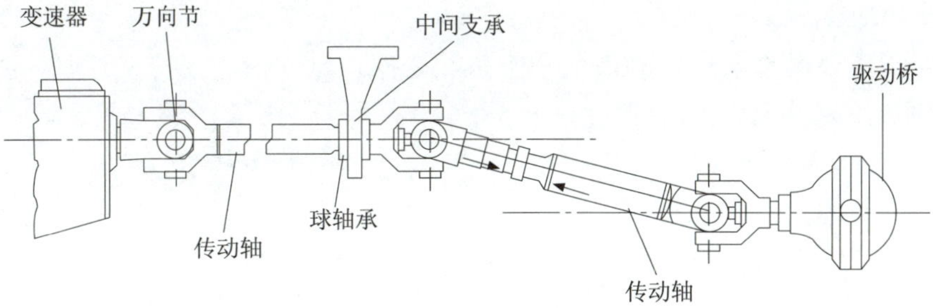

图 4-1-3 万向传动装置组成

4. 驱动桥

驱动桥的功用是将由万向传动装置传来的发动机转矩传给驱动车轮，经降速增矩、改变动力传递方向后使汽车行驶，且允许左右驱动车轮能以不同的转速旋转。驱动桥一般由主减速器、差速器、半轴和桥壳等组成，如图4-1-4所示。

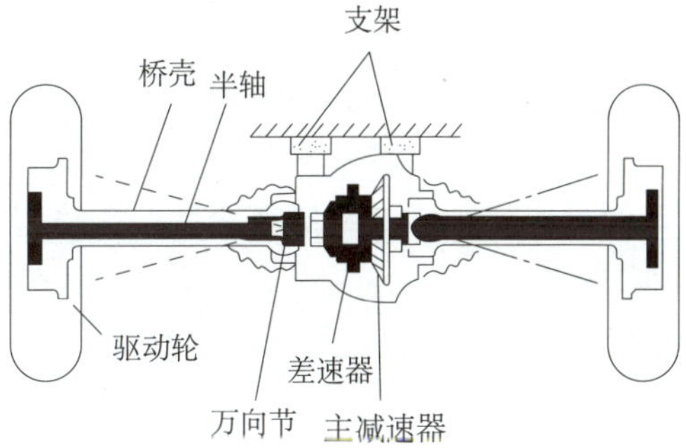

图 4-1-4 断开式驱动桥

驱动桥的作用主要通过内部齿轮之间的传动来实现，所以对主减速器、差速器轴承和啮合齿轮的润滑、散热是非常重要的。驱动桥齿轮油在使用过程中，齿轮油的润滑性能逐渐降低，出现浑浊、掺杂其他杂质和颜色逐渐变深等现象。因此，应按维修手册的要求，定期检查与更换齿轮油。

二、传动系统维护与保养

1. 离合器的维护与保养

（1）液压式离合器总泵的检查

液压式离合器总泵的检查主要包括离合器总泵的外观检查和总泵油液液面及油液质量的检查。

①检查离合器总泵管路有无渗漏，输液胶管有无破损、渗漏、老化和接头

有无松动等。

②离合器总泵储液罐液面在上下线之间，制动液不足时应添加，如图4-1-5所示。

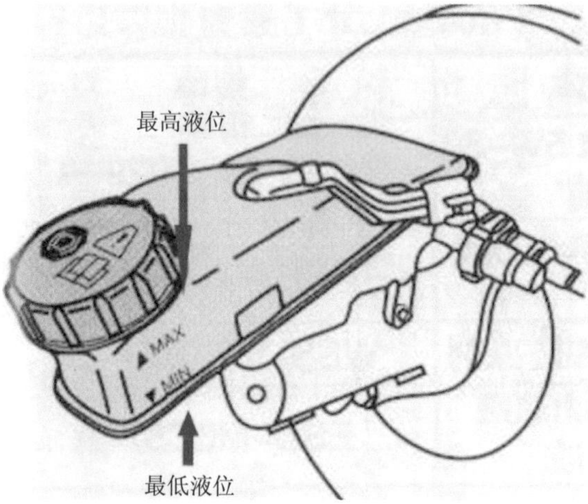

图 4-1-5 离合器总泵液面的检查

③检查储液罐盖上通气孔的状况。

④检查离合器储液罐内制动液是否出现变色、浑浊和混有气泡的现象，否则应及时更换制动液。

注意：需添加制动液时，应与原车规定制动液型号相同。

（2）液压式离合器油液的更换

离合器液压操纵系统在经过检修之后，管路内可能进入空气，在添加制动液时也可能使液压系统中进入空气。空气进入后，由于缩短了主缸推杆行程即踏板工作行程，从而使离合器分离不彻底。因此，液压系统检修后或怀疑液压系统进入空气时，就要排除液压系统中的空气。因此，应该按照维修手册上的要求，定期对离合器储液罐内的制动液进行更换和排气操作。

①拧下离合器工作缸的放油螺栓，然后踩踏离合器踏板，将液压油完全放出后拧上放油螺栓；将主缸贮液罐中的制动液加至规定高度，举升汽车，如图4-1-6及4-1-7所示。

②在工作缸的放气螺栓（如图4-1-8所示）上安装一软管，接到一个盛有制动液的容器内。

③排空气需要两个人配合工作，一人慢慢地踏离合器踏板数次，感到有阻力时踏住不动，另一人拧松放气阀直至制动液开始流出，然后再拧紧放气阀。

④连续按上述方法操作5—6次，直到有新制动液被排出，且排出的制动

液中没有气泡，则停止排放。

⑤调整储液罐内制动液的液面，达到规定的液面位置，拧紧储液罐上的加液盖。

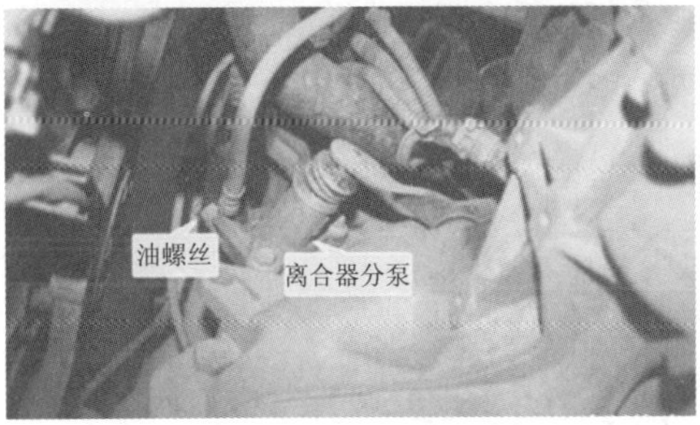

图 4-1-6 离合器分泵

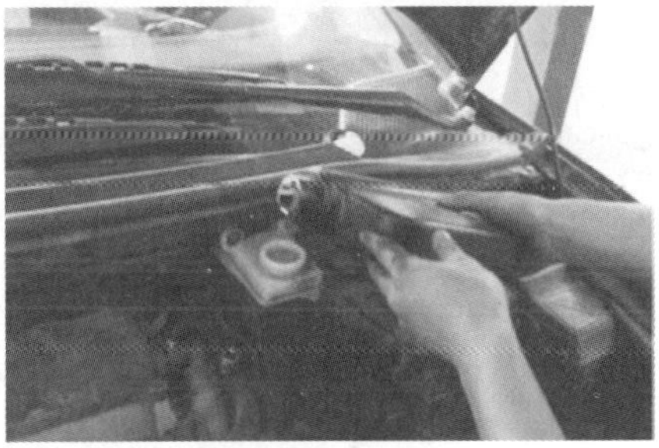

图 4-1-7 加注离合器油液（制动液）

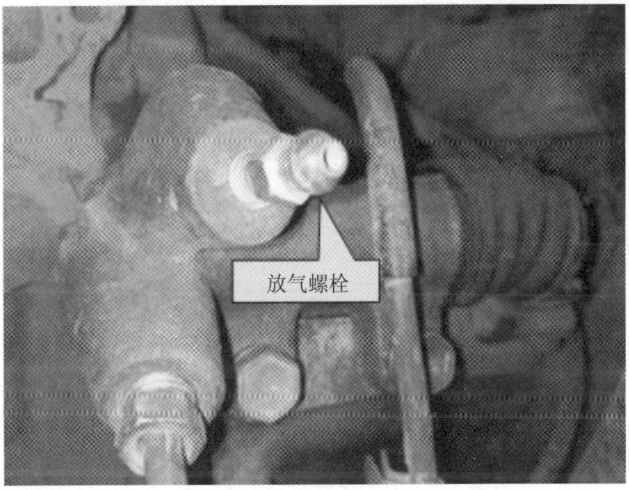

图 4-1-8 放气螺栓

注意：

①离合器液压油的更换周期一般为4万—6万km。

②操作过程中及时检查储液罐内制动液的液面，严防制动液液面过低而使油液系统中混入空气。

（3）液压式离合器踏板自由行程的检查与调整

离合器分离轴承与分离杠杆之间的间隙为2—3㎜，反映在离合器踏板上的自由行程为20—30㎜。液压式离合器踏板自由行程过大或过小都会产生一定的故障现象。因此，应按照维修手册的要求，定期对离合器踏板自由行程进行检查和调整。

①液压式离合器踏板自由行程的检查

a. 用直尺支在驾驶室底板上，其倾斜度以直尺与踏板踩下时的弧线相切为准。

b. 测出踏板完全放松时距驾驶室底面的高度。

c. 用手轻推离合器踏板，感觉到阻力增大时(分离轴承与分离杠杆刚刚接触时刻)，停止压下离合器踏板，测出踏板距驾驶室底面的高度。

d. 此时，两高度之差即为离合器踏板的自由行程。

②离合器踏板分离状况的检查

a. 将离合器踏板踩到底，然后松开离合器踏板，踩的过程轻便、无阻滞，松开时回位良好。

b. 启动车辆，将离合器踩到底，挂挡无打齿，起步平顺。

c. 离合器踏板无过高或过低的感觉。

③液压式离合器踏板自由行程的调整

踏板自由行程的调整如图4-1-9所示，液压式操纵机构一般是调整主缸推杆的长度，先将主缸推杆锁紧螺母旋松，然后转动主缸推杆，从而调整踏板自由行程，调整后应将锁紧螺母旋紧。

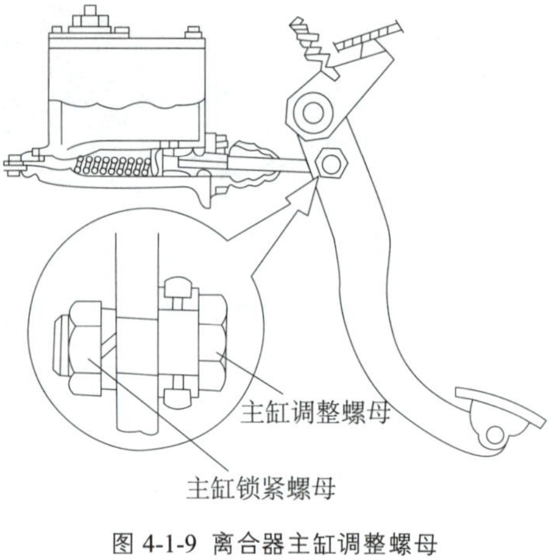

图 4-1-9 离合器主缸调整螺母

有些车辆的操纵机构具有自调装置，如捷达乘用车，可以免除离合器踏板自由行程的调整。

2. 变速器的维护与保养

(1)手动变速器的使用检查

①车辆路试过程中，各挡位挂入、退出顺畅，各挡位置深浅一致。

②车辆运行中，注意变速器各挡位运行是否有噪声和异响。

③车辆停止路试，在举升机上将车辆升到最高位置，检查是否有齿轮油渗漏。

④定期进行变速器通气阀的检查和清洗，保障通气孔的畅通，维持变速器内外气压平衡。

(2) 手动变速器的齿轮油的检查与更换

①手动变速器的齿轮油的检查

a. 将车辆用提升机提升到最高位置。

b. 清除加油塞周围的油污，拧下加油塞，要求变速器内齿轮油的油面与加油口下边缘齐平或将手指插入加油口，以能探到油面为准，或者油面在变速器注油螺塞开口下0—5mm，如图4-1-10及4-1-11所示。

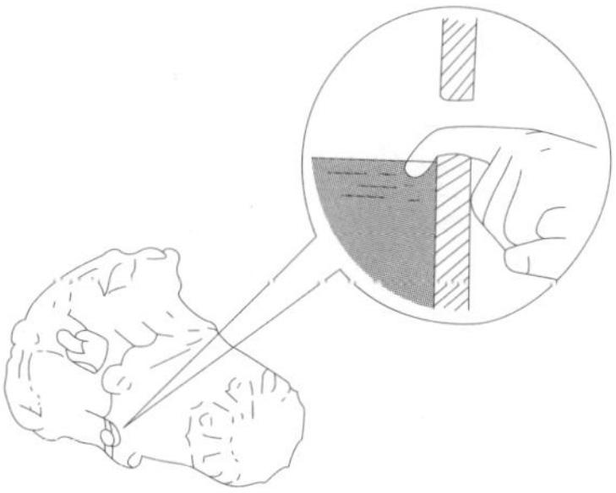

图 4-1-10 变速器齿轮油的检查1

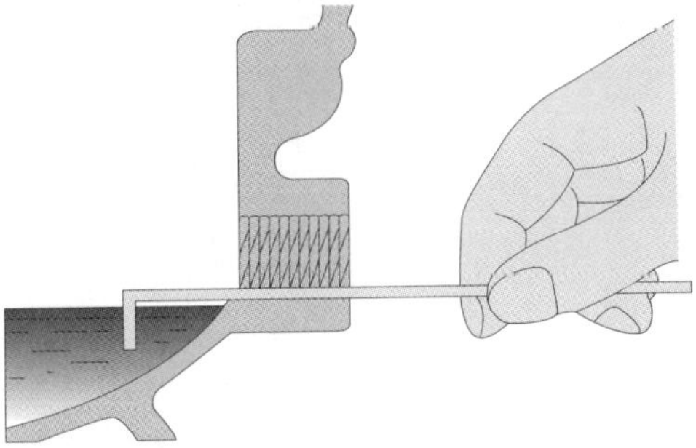

图 4-1-11 变速器齿轮油的检查2

c. 取出少许齿轮油，观察颜色，齿轮油不允许有颜色变深、结块、浑浊和金属屑脱落等现象出现。

d. 闻齿轮油气味，齿轮油不得有烧焦的异味。

e. 按规定力矩拧紧加油塞。

②手动变速器的齿轮油的更换

a. 车辆行驶一段路程后，变速器油温升高，将车辆举升到最高位置，先拧开变速器上的加液盖，再拧下变速器的放油螺塞，如图4-1-12所示。将齿轮油放出，如图4-1-13所示。

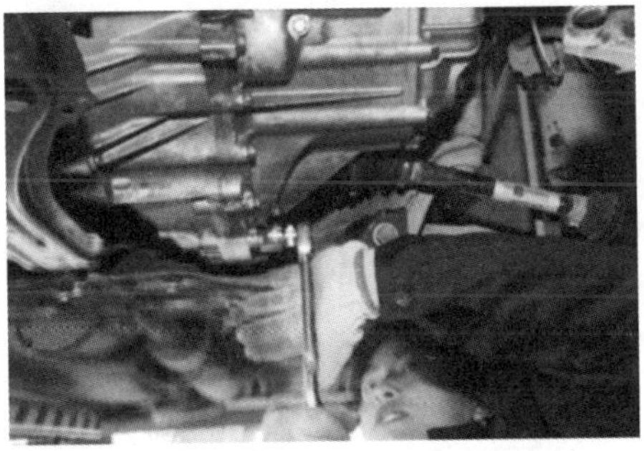

图 4-1-12 拧下变速器的放油螺塞

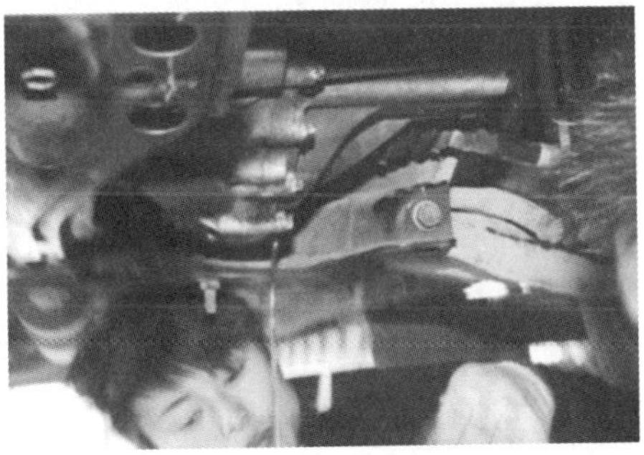

图 4-1-13 放出变速器齿轮油

b. 待油液放完后，清除放油螺塞磁性材料上吸附的杂质和金属屑，根据放油螺塞上吸附的金属屑的多少，判断齿轮、轴承的磨损状况。

c. 更换放油螺塞上的O形密封垫圈，按规定力矩将变速器放油螺塞拧紧。

d. 用专用的齿轮油加注器（如图4-1-14所示）将齿轮油加入变速器，直到液面与加油口齐平，停止加油，如图4-1-15所示。

图 4-1-14 齿轮油加注器

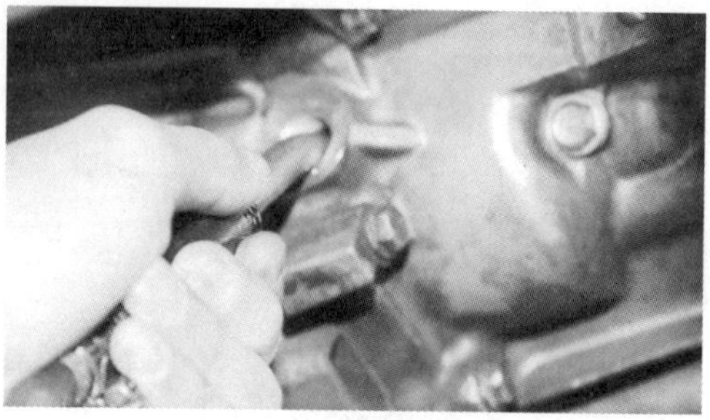

图 4-1-15 变速器齿轮油的加注

e. 拧上加油螺塞，放下车辆。

f. 启动发动机，挂入每个挡位运行一段时间，检查变速器是否漏油。

(3) 自动变速器油的检查及更换

自动变速器油具有润滑、降温、传递扭矩的作用。自动变速器经过长时间的使用，若不能及时更换自动变速器油，容易造成ATF油污染、颗粒增大、产生碎屑、变质和降低黏度、加大摩擦片间的磨损，从而产生油路阻塞、拉伤阀体、阻塞柱塞、换挡冲击、增加油耗等工作异常，甚至损坏自动变速器。为保证自动变速器正常工作，应检查与及时更换自动变速器油。

自动变速器油的更换周期以行驶公里数或使用时间为准，若在车辆使用手册中同时给出了这两个指标，则哪一项指标先到就先执行。如果车辆使用手册未标明自动变速器的换油时间，则按照4万—6万km的里程来更换。

①自动变速器油的检查

下面以丰田卡罗拉为例说明油液的检查方法。驾驶车辆，使发动机和自动变速器处于正常工作温度下，油液温度70℃—80℃。

a. 将车辆停放在水平地面上，并驻车。

b. 在发动机怠速且制动踏板踩下的情况下，将换挡杆换到从P位置到L位置的所有位置，然后回到P位置。

c. 拉出机油尺，并将其擦干净。

d. 将机油尺推回油管中。

e. 再次拉出机油尺，并检查液位是否在HOT范围内，如果液位低于HOT范围，加注新油并重新检查液位；如果液位超过HOT范围，排放一次，添加适量的新油并重新检查液位。

②自动变速器油的更换

下面以丰田卡罗拉为例说明自动变速器油的更换方法。

a. 拆汽车底板，如图4-1-16所示。

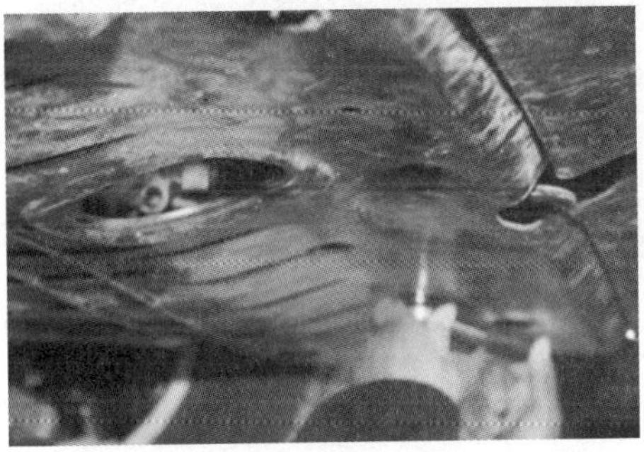

图 4-1-16 汽车底板的拆卸

图 4-1-17 变速器放油螺栓

b. 取下放油螺栓，如图4-1-17所示。放出ATF，如图4-1-18所示。更换新衬垫后装回拧紧。

c. 加注自动变速器油，如图4-1-19所示。丰田原厂自动变速器油规格为ATFWS，容量为2.9L。

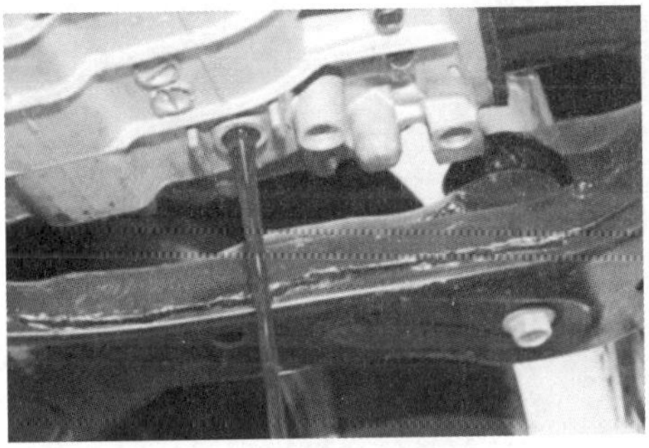

图 4-1-18 变速器油的放出

图 4-1-19 变速器齿轮油的加注

d. 启动发动机，在发动机怠速运转的情况下，移动选挡杆经所有的挡位后回到P挡位，如图4-1-20所示；然后再加油至规定的标准。安装放油螺塞，放油螺塞扭矩为49N·m，安装新衬垫。

图 4-1-20 自动变速器挡位的切换

e. 检查自动变速器液位，液位应在HOT范围内，启动发动机检查自动变速器油液是否渗漏。

f. 装上汽车底板，并整理工位。

3. 万向传动装置的维护与保养

（1）发动机前置前驱式半轴防护罩的检查

①松开手制动，变速器置于空挡位置，将车辆提升到最高位置。

②用手搬动轮胎至转向轮极限位置，然后转动轮胎一圈，观察传动轴防护套是否有裂纹、老化和油脂渗漏现象。

③检查防护套卡箍，确保安装到位，且紧固良好，如图4-1-21所示。

图 4-1-21 传动半轴防护套和卡箍的检查和紧固

④用同样的方法检查另外一侧传动半轴防护套的状况。

（2）发动机前置后驱式传动轴的检查

在后驱式车辆中，万向传动装置将变速箱和主减速器连接在一起，并传递发动机的动力，万向传动装置传动轴总成的弯曲、中间支承的松旷和十字轴万向节的磨损等原因，都会引起传动系统的振动噪声和异响，必要时拆下万向传动装置进行检查。

①目测传动轴应无明显的变形、裂纹和弯曲等损伤，否则应更换。

②传动轴防护套无老化、裂纹和破损，万向节黄油嘴齐全，且都指向传动轴一方，油嘴方向一致。

③检查传动轴两端万向节的凸缘叉，要求万向节的两凸缘叉在同一平面内，如图4-1-22所示。

④检查传动轴上是否有平衡块的脱落，如图4-1-23所示。

图 4-1-22 万向节两凸缘叉位置的检查

图 4-1-23 传动轴平衡块的检查

⑤必要时对传动轴总成进行动平衡检查与调整。

4. 驱动桥的维护与保养

前置前驱式车辆驱动桥各组成和变速器的各挡位齿轮装配在一个箱体内部，如图4-1-24所示。所以齿轮油是共用的，其齿轮油的检查和更换前面已叙述，下面主要对后驱车辆的驱动桥齿轮油的更换进行讲解。

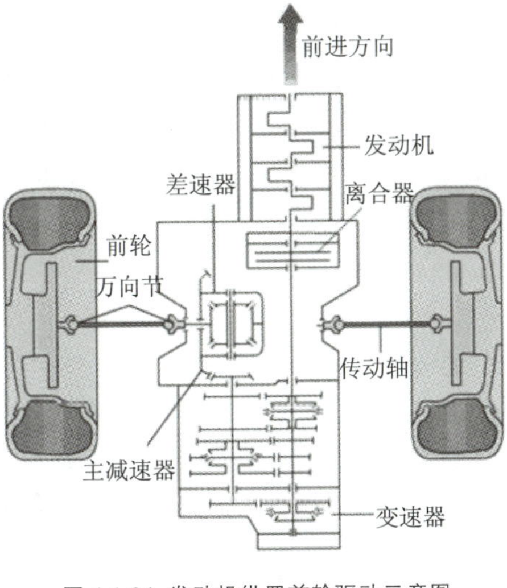

图 4-1-24 发动机纵置前轮驱动示意图

(1)车辆行驶一段时间，待油温升高后，将车辆举升到最高位置，先拧开上加液盖，再拧下放油螺塞，将齿轮油放出。

(2)油液放完后，将放油螺塞磁性材料上吸附的杂质和金属屑清除干净，按规定力矩拧紧放油螺塞。

(3)用专用的齿轮油加注器将齿轮油加入驱动桥，直到液面与加液口齐平，停止加油。

(4)拧上加油螺塞，放下车辆，操作完毕。

注意：后轮驱动轿车的驱动桥齿轮油和变速器油是不同的。

第二节 行驶系统的维护与保养

汽车行驶系统由车身、车桥、车轮和悬架组成。车轮分别支承在各车桥(前桥、后桥)上，为了减少汽车在不平路面上行驶时受到的震动，车桥又通过弹性悬架与车身连接。

汽车行驶系统的主要作用是将整个汽车连接成一整体，并支持全车质量，接受传动系统传来的转矩，并通过驱动车轮与路面的附着作用，产生路面对汽车的牵引力，传递并承受路面作用于车轮上的各种反力及形成的力矩，缓和不平路面对车造成的冲击以及减少车身震动。

一、汽车行驶系统

1. 悬架

悬架是汽车的车架与车桥或车轮之间的一切传力连接装置的总称，其作用是传递作用在车轮和车架之间的力和扭矩，并且缓冲由不平路面传给车架或车身的冲击力，并衰减由此引起的震动，以保证汽车能平顺地行驶。

典型的悬架结构由弹性元件、导向机构以及减振器等组成，个别结构则还有缓冲块、横向稳定杆等，如图4-2-1所示。

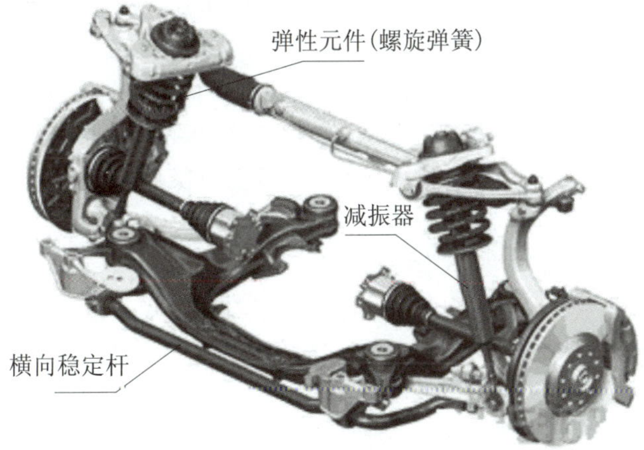

图 4-2-1 轿车悬架结构

根据汽车导向机构不同，汽车的悬架系统分为独立悬架和非独立悬架两种，独立悬架的车轴分成两段，每只车轮由螺旋弹簧独立安装在车架下面，当一边车轮发生跳动时，另一边车轮不受影响，两边的车轮可以独立运动，提高了汽车的平稳性和舒适性；非独立悬架的车轮装在一根整体车轴的两端，当一边车轮跳动时，另一边车轮也相应跳动，使整个车身震动或倾斜。

2. 轮胎

轮胎安装在轮辋上，直接与路面接触，其作用如下。

⑴和汽车悬架共同来缓和汽车行驶时所受到的冲击，并衰减由此而产生的震动，以保证汽车有良好的乘坐舒适性和行驶平顺性。

⑵保证车轮和路面有良好的附着性，以提高汽车的牵引性、制动性和通过性。

⑶承受汽车的重力，并传递其他方向的力和力矩。

因此，轮胎必须有适宜的弹性和承受载荷的能力。同时，在其与路面直接接触的胎面部分，应具有用以增强附着作用的花纹。目前，轿车、货车几乎全都采用低压胎，而且应用最广泛的是子午线轮胎和普通斜交轮胎。低压胎弹性好，断面宽，与道路接触面大，壁薄而散热性良好，这些特点提高了汽车行驶平顺性、转向操纵的稳定性，但是车辆在使用过程中，轮胎表面常出现异物嵌入、胎面异常磨损、气门嘴漏气、轮圈和轮盘腐蚀变形等现象，由于轮胎的使用状况直接关系到汽车的安全性能，因此，定期对轮胎进行维护与保养非常必要。

二、行驶系统的维护与保养

1. 悬架的维护与保养

当悬架系统各总成部件磨损、变形或者使用性能下降之后，会引起悬架系统定位角度变化，配合间隙增大，引起汽车行驶出现悬架异响、抖动、轮胎异常磨损和车辆跑偏等现象，因此，为确保悬架系统发挥良好的作用，应定期对悬架系统进行检查及零部件紧固。

（1）轿车独立前悬架的维护与保养

独立式前悬架应用最多的是麦弗逊式和双横向摆臂式，同非独立式悬架相比，使用了螺旋弹簧，连接处采用了耐磨橡胶套，并加装了横向稳定杆。

①减振器上座固定螺栓的紧固和上胶套的检查，如图4-2-2所示。

②车辆提升到最高位置，扳动车轮，检查转向节处前悬架部件的性能，如图4-2-3所示。

图 4-2-2 减振器固定螺栓的紧固

图 4-2-3 转向节处前悬架部件的检查

③检查螺旋弹簧上、下座情况，缓冲块状况，螺旋弹簧有无变形和折断等损伤，如图4-2-4所示。

④检查双横向摆臂式上、下臂有无变形，上、下衬套有无磨损，如图4-2-5所示。

图 4-2-4 螺旋弹簧上下座的检查

图 4-2-5 双横向摆臂状况的检查

⑤检查横向稳定杆有无变形，横向稳定杆衬套有无磨损，如图4-2-6所示。

⑥检查车桥和托臂有无变形，车桥与托架的紧固状况，如图4-2-7所示。

图 4-2-6 横向稳定杆的检查

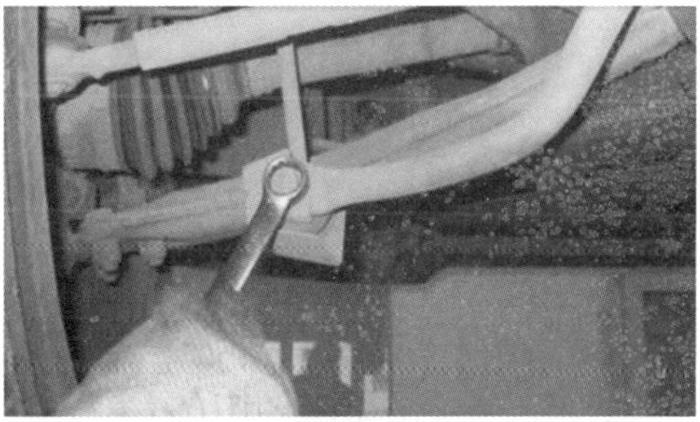

图 4-2-7 车桥和托臂的检查与固定螺栓的紧固

⑦按照力矩要求紧固车辆底部的前悬架固定螺母。

（2）轿车后悬架的维护与保养

①检查后悬架部件是否有裂纹和变形。

②检查后减振器是否漏油，减振器上、下连接处衬套状况，并紧固减振器上、下连接螺丝，如图4-2-8所示。

③检查弹簧组件，确保弹簧无裂纹、上下衬套垫无磨损和老化。

④检查后稳定杆有无变形，连接固定衬套有无磨损，并按照力矩要求紧固稳定杆固定螺丝，如图4-2-9所示。

⑤检查后托臂和桥梁有无变形，连接情况是否良好。

⑥按照车型的力矩要求，紧固车辆底部的后悬架固定螺丝。

图 4-2-8 后减振器的维护

图 4-2-9 后稳定杆的检查

（3）减振器性能的检查

减振器和弹性组件决定了车辆悬架的阻尼性能，确保了汽车行驶的舒适性。在使用过程中，会出现减振器上下两端固定螺丝松动或衬套磨损，减振器漏油以及内部单向阀失效等故障，直接影响到悬架的使用性能。因此，要定期对减振器进行检查。

①将车辆安全举升到最高位置。

②观察四轮处减振器是否有油液泄漏，若有，应该更换减振器总成。

③必要时拆下减振器，如图4-2-10所示，进行检查操作，上拉阻力较大，下压阻力较小，且上行或下落运动中无阻力忽大忽小的情况出现，表明减振器性能良好。

④检查减振器上下连接衬套状况，安装和紧固减振器上下连接螺丝。

（4）悬架阻尼性能的检查

车辆悬架阻尼性能由弹簧组件和减振器性能决定，要求车辆左右两侧阻尼性相同，否则就会出现车辆两侧减振状况不一致和车辆两侧高度不一致等状况，因此，要定期检查车辆悬架阻尼性能。

图 4-2-10 减振器性能的检查

①车辆停放在坚实的水平路面上，在车辆前端左侧车轮之上的车体处，连续几次压动车体并放松，感觉车辆悬架软硬和减振情况。

②同理，在车辆前端右侧车轮之上的车体处，连续几次压动车体并放松，感觉车辆悬架软硬和减振情况。

③用同样的方法检查车辆后端左右两侧悬架的阻尼状况，如图4-2-11所示。

④在车辆的前端，目测车辆前端两侧高度是否相等。

图 4-2-11 悬架阻尼性能的检查

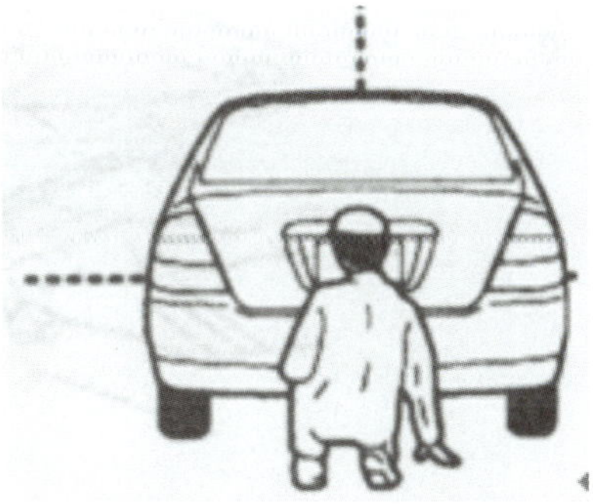

图 4-2-12 后端两侧悬架高度的检查

⑤在车辆的后端，目测车辆后端两侧高度是否相等，如图4-2-12所示。

2. 轮胎的维护与保养

（1）轮胎的检查

①检查轮胎胎面和胎壁，观察是否有裂纹、刮痕或其他损伤。

②清除镶嵌在轮胎花纹内部的石子、金属粒或其他异物，如图4-2-13所

示。

③测量轮胎胎面深度，判断是否超过了使用的极限值，如图4-2-14所示。

图 4-2-13 轮胎表面异物的清除

图 4-2-14 轮胎胎面深度的检查

④检查并调整轮胎气压，如图4-2-15所示。

⑤用肥皂水检查气门嘴是否漏气，如图4-2-16所示。

图 4-2-15 轮胎气压的检查与调整

图 4-2-16 轮胎气门嘴漏气状况的检查

⑥检查轮圈和轮盘是否存在变形、腐蚀和损坏情况，如图4-2-17所示。

图 4-2-17 轮圈和轮盘的检查

⑦检查轮胎胎面的磨损状况，根据磨损表现，确定是否对车辆进行维修，如图4-2-18所示。

(a)气压常常太高；(b)气压常常太低；(c)车轮运转不平稳；(d)悬架失效或定位参数不对

(e)车轮发卡后的强制动

图 4-2-18 轮胎的几种磨损状况分析

（2）轮毂轴承的检查与保养

轮毂轴承是汽车重要的行走机件。轮毂轴承担负着降低底盘运转时的摩擦阻力，维持汽车正常行驶的重任。如果轮毂轴承出了故障，可能会引起噪声、轴承发热等现象，特别是前轮更为明显，容易导致方向失控等危险现象。因此，轮毂轴承必须按期进行维护。

目前的轿车的轮毂大部分都是免润滑维护的，所以只进行轮毂轴承间隙的检查即可。

①将车轮支起，轮胎转动灵活，将一只手放在轮胎上方，另一只手放在轮胎下方，上下扳动轮胎，检查轮毂有无轴向摆动。

②若轮毂轴向摆动量过大，用力踏住制动踏板不动，上下扳动轮胎，确认此摆动量是否由主销或悬架引起，确认轮毂轴承间隙过大后，应更换轮毂轴承总成。

可拆卸润滑式轮毂的保养可以按照以下操作进行。

①拆下轮毂轴头的装饰盖、防尘罩。

②拆下轮胎螺母和轮胎，注意不要碰伤轮胎螺栓的螺纹。如果是盘式制动器，应拆下制动器，再用手钳拆下锁圈或锁销。

③用专用工具拆下轮毂。

④刮去轴承、轴颈及轮毂腔内的旧润滑脂，用清洗剂清洗轮毂轴承和轴

颈并用布擦干，最后用布擦净轮毂内腔。

⑤检查轮毂轴承与轴承座圈，发现有裂纹、疲劳剥落和轴承滚子松散等现象，应更换轴承。如果发现轴承座圈上有麻点，也应更换轴承。

⑥检查轴承内径与轴颈的配合情况，配合间隙应不大于0.10mm。测量轴颈时，应在垂直地面的上下两个部位(该处为最大的磨损部位)测量。如果配合间隙超过规定的使用限度，应更换轴承，使之恢复正常的配合间隙。不允许在轴颈上打毛刺、麻点来缩小间隙。

⑦待所有零件都符合要求后，将内轴承涂抹润滑脂后放入轮毂中。

⑧将轴承内腔涂抹润滑脂时应注意，应将润滑脂挤进轴承内直至润滑脂从轴承的另一侧冒出来为止。在轮毂腔内和轴头盖内涂抹薄薄一层润滑脂，使之起到防锈的作用。注意轮毂腔内的润滑脂不要涂抹得太多，否则会影响散热和制动。

⑨将轮毂及外轴承装回轴颈，用手将轴头调整螺母拧上，然后用轴头扳手按规定扭矩拧紧调整螺母。拧紧螺母后，应左右转动轮毂几圈，看看轴承安装情况；另一方面，通过转动使轴承与座圈正确配合。此时轴承紧度适当，车轮自由转动而感觉不出轴向间隙。

⑩最后依次安装锁片、固定螺母、轮胎、防尘罩和装饰盖等零件。

轮毂轴承调整好后，行驶一段里程(1万km左右)，停车检查，用手拭摸轮毂的温度，如果发热，为轴承调整过紧所致，应重新调整，适当放松轴承紧度。

（3）轮胎的换位

车辆在运行过程中，由于道路状况和车辆定位等因素的影响，使得同轴间两侧轮胎磨损状况不一致，为了确保轮胎磨损均匀，延长轮胎的使用寿命，根据驾驶者不同的驾驶习惯和驾驶路线，应参照汽车自带的保养手册定期进行轮胎换位。轮胎换位间隔一般新车为1万km，以后每行驶5000km至1万km进行一次轮胎换位。

轮胎换位方法常用的有交叉换位法和单边换位法。斜交线轮胎可采用交叉换位法；子午线轮胎宜用单边换位法，子午线轮胎的旋转方向应始终不变。若轿车的备胎和4条常用胎规格完全一样，可以将备胎也加入换位的行列中，换位方法如图4-2-19、图4-2-20所示；若备胎的尺寸比正常装车的轮胎的尺寸小，则备胎只能应急而不能长期使用，所以小尺寸备胎一般是不参与换位的，轮胎的换位方法如图4-2-21、图4-2-22所示。

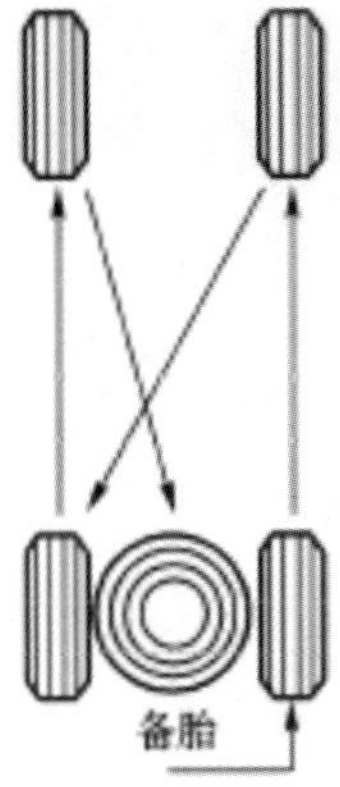

图 4-2-19 斜交轮胎五轮换位法

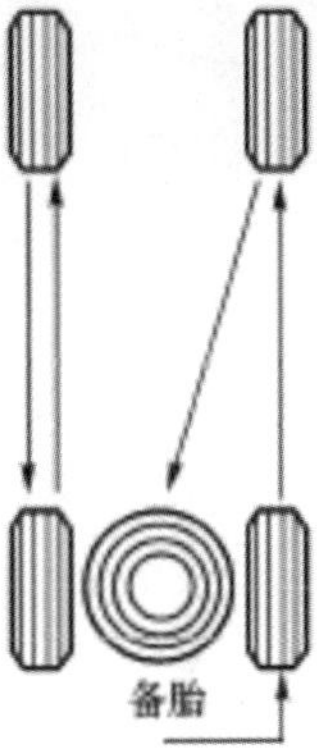

图 4-2-20 子午线轮胎五轮换位法

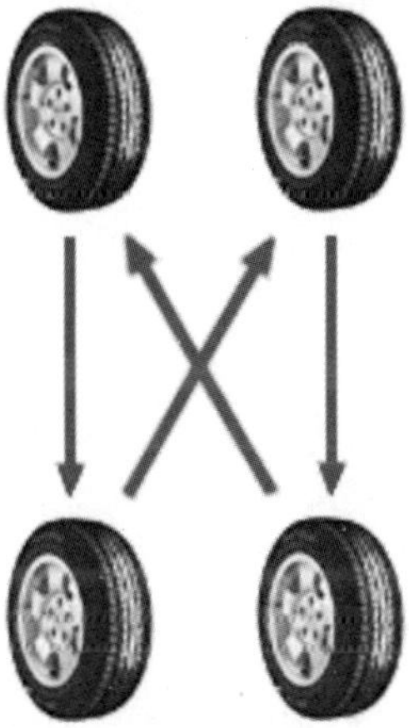

图 4-2-21 斜交轮胎四轮换位

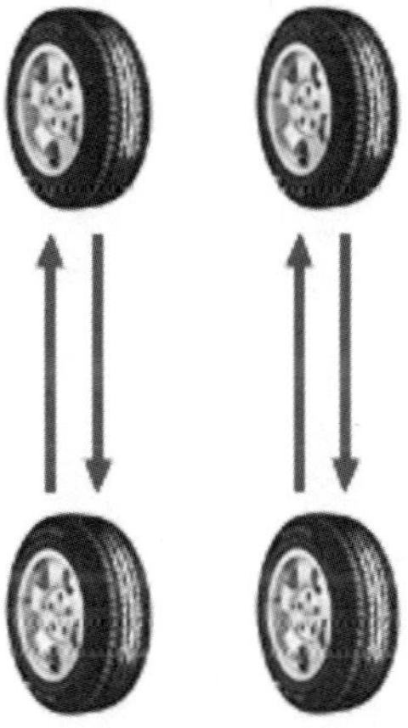

图 4-2-22 子午线轮胎四轮换位

（4）轮胎的动平衡

汽车的车轮是由轮胎、轮毂组成的一个整体。但由于制造上的原因，整体各部分的质量分布不可能非常均匀。当汽车车轮高速旋转起来后，就会形成动不平衡状态，造成车辆在行驶中车轮抖动、方向盘震动的现象。为了避免或消除这种现象，就要使车轮在动态情况下通过增加配重的方法，校正车轮各边缘部分的平衡。这个校正过程就是轮胎的动平衡。

目前广泛采用的是离车式车轮动平衡的检测方法，即对车轮进行动平衡检测时，需将车轮从车上拆下。采用的动平衡检测设备，如图4-2-23所示。检测时，分别输入车轮的轮辋直径、轮辋宽度和轮辋边缘到动平衡机机箱之间的距离。按下启动键，显示器即可显示出应该加于轮辋边缘的不平衡质量和相位。

图 4-2-23 轮胎动平衡机

①轮胎准备工作：清除轮胎表面的泥土和其他附着物，拆除原来的旧平衡块，将轮胎充至规定气压。

②将车轮固定在动平衡机主轴上，如图4-2-24所示。

③打开动平衡机电源，预热主机并检查动平衡机指示装置是否正常。

④按如图4-2-25、图4-2-26所示的方法测量轮辋距动平衡机的距离和轮辋宽度，并按要求输入动平衡机。

图 4-2-24 轮胎在动平衡机上的安装

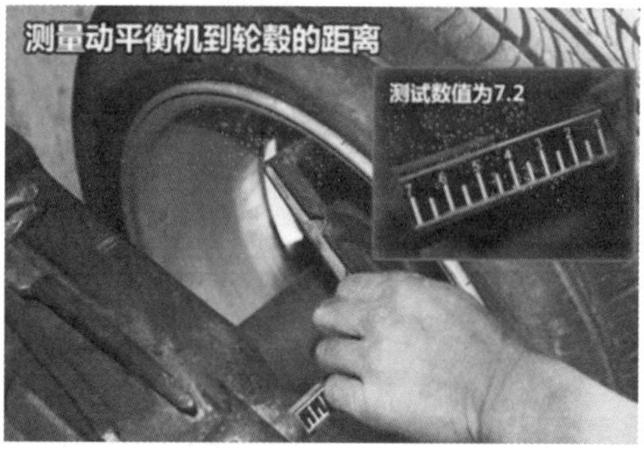

图 4-2-25 轮辋距动平衡机距离的测量

⑤放下车轮防护罩，按下运行键，进行动平衡测量。

⑥当车轮慢慢停下来后，从指示装置上读出车轮内、外动不平衡量，并慢慢转动车轮，找出内、外不平衡处的位置。

⑦在相应的位置按标准施加平衡块。

⑧重新启动动平衡机进行动平衡试验，直到动不平衡量小于5g，动平衡机显示动不平衡量合格为止。

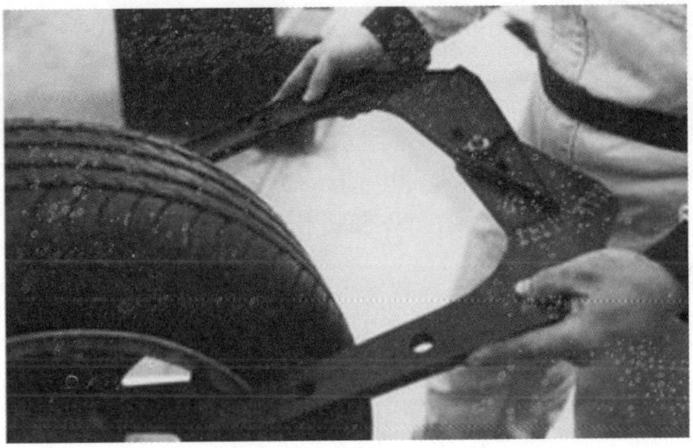

图 4-2-26 轮辋宽度的测量

⑨打开防护罩，取下车轮，关闭电源，轮胎动平衡检测完毕。

（5）四轮定位

“四轮定位”，是汽车4个车轮的定位状态。它是汽车保养的重要内容和检测项目之一。

四轮定位主要包括：前轮前束、前轮外倾、主销内倾、主销后倾以及后轮前束、后轮外倾角和推进角、退缩角等主要定位角度。车型不一，其实际的测试项目、技术数据也不相同。

①主销后倾角(γ=2º—3º)

主销轴线在纵向垂直平面上的投影与垂线间的夹角称主销后倾角，如图4-2-27所示。当汽车直线行驶，因偶受外力而发生偏离时，即能产生相应的稳定力矩，使汽车转向轮自动回正，保证汽车稳定直线行驶。

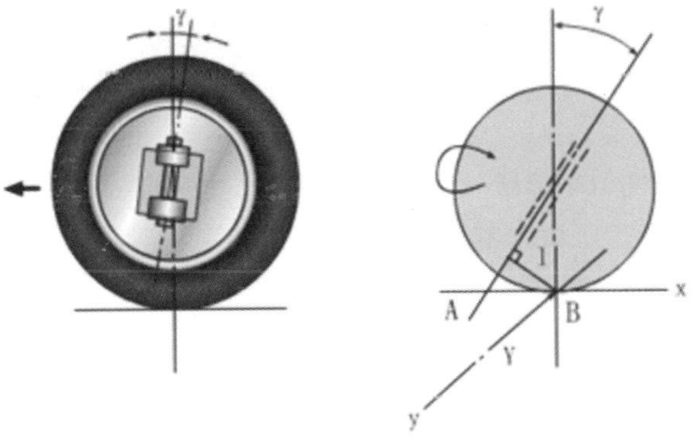

图 4-2-27 主销后倾角

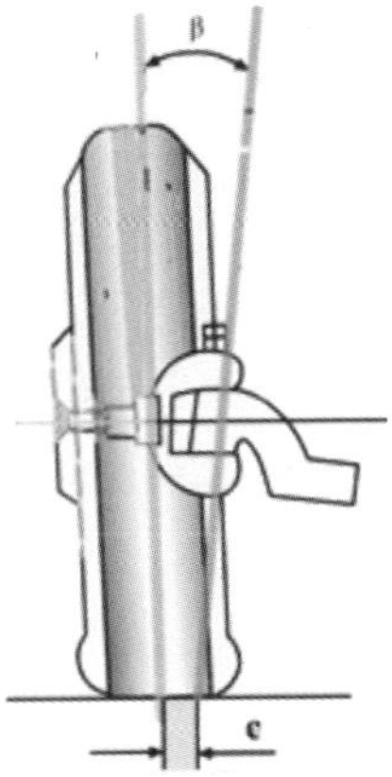

图 4-2-28 主销内倾角

②主销内倾角(β=5º—8º)

主销轴线在横向垂直平面内的投影与垂线间的夹角称为主销内倾角，如

图4-2-28所示。作用是使车轮转向后能自动回正，保证汽车直线行驶。使转向操纵轻便，省力。

③前轮外倾角($\alpha=1^{\circ}$)

前轮的旋转平面与纵向垂直平面间形成的夹角，如图4-2-29所示。作用是当车空载时，轮胎外缘与路面接触，当车载货时，在车重的作用下车轮垂直于路面，使轮胎能够均匀磨损。

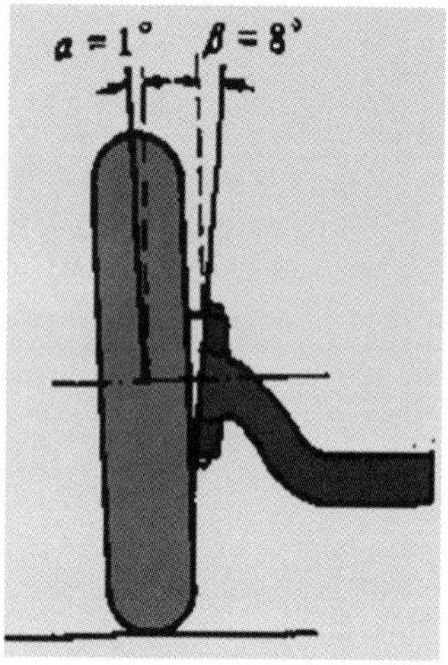

图 4-2-29 前轮外倾角

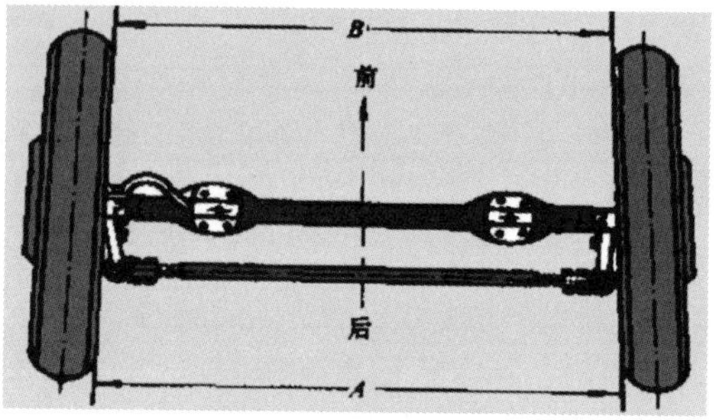

图 4-2-30 前轮前束

④前轮前束(A−B=0—12mm)

安装前轮时，在同一轴上的两端车轮旋转平面不平行，前端略向内束，如图4-2-30所示。作用是为了消除前轮外倾而增加轮胎磨损的不良后果。

⑤后轮前束、后轮外倾角

后轮定位值与前轮定位值的含义相似，不再做解释。目前大多数轿车的后轮定位是不可调的。

⑥推进角

定义为由车后轮总前束的夹角平分线(推进线)与车辆几何中心线所成的角度，如图4-2-31所示。大小为右、左后轮单独前束差值的一半。

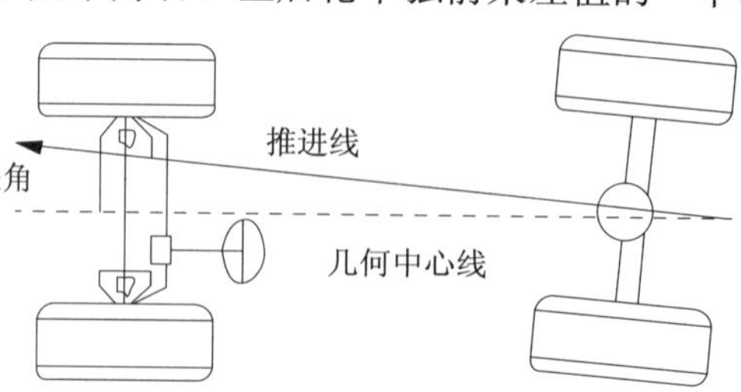

图 4-2-31 推进角

车辆在行驶过程中，减振器以及关节部件的磨损、各部分机件在剧烈颠簸中松旷、变形或底盘在受到碰撞后变形，都会导致车辆在出厂时设定的四轮定位参数发生变化。四轮定位的作用就是将已经偏离的定位参数调整回到标准参数范围内，并且将左右两个车轮的定位参数的数值差距调到最小的程度。这样可以有效减少轮胎的损耗以及悬挂系统的磨损，另外可以增加车辆行驶中的安全性，直行时能够保持方向盘的正直，维持直线行车，转向后方向盘能够自动回正。

一般新车在驾驶3个月后就应做四轮定位，以后每行驶1万km或6个月后需要四轮定位。车辆在行驶过程中出现车辆跑偏、方向盘位置不正、感觉车身发飘或有轻微摇摆的状况、前后轮胎磨损异常等情况的时候也要对四轮定位进行检测。另外，比如更换轮胎或减振器以及转向机构的部件、发生碰撞后都应及时做四轮定位。四轮定位仪如图4-2-32所示。

目前常用的四轮定位仪有电脑拉线式、电脑激光式、电脑红外线式、电脑蓝牙式等等，它们各自采用的测量方法（或使用的传感器的类型）及数据记录与传输的方式各不相同，但测量原理都是一致的。

①测量前的准备

a. 举升机检查：检查举升机的转角盘、侧滑板是否转动或者滑动灵活，并锁定转角盘及侧滑板。

图 4-2-32 四轮定位仪

b. 车子上举升机后：车身要正，方向盘要在中立位置，车轮中心平面与转角盘零刻度线要尽量垂直，用力弹压车身前部和后部，要使车轮处于自由状态。

c. 轮胎检查：检查左右车轮轮胎气压是否均衡，按汽车使用说明书的规定调整轮胎气压；左右轮胎胎纹是否一致、胎纹的磨损程度是否一致。

d. 汽车底盘检查：升起车辆检查前轮各球头的间隙，检查横拉杆胶套是否磨损，按“目视检测”项目逐项检查（底座及其部件、悬架装置和轮轴、转向系统、车轮和车胎），如果检查中发现有明显影响四轮定位的问题，则应先进行必要的维修。

e. 安装夹具：安装夹具时要将夹具调整手柄向上，尽量垂直于水平面安装，夹具4个爪定位平面要和轮辋外缘靠紧，须保证夹具爪定位面与轮辋边缘贴紧夹牢，如图4-2-33所示。

图 4-2-33 安装夹具

f. 安装测量头：把测量头装在夹具上时，测量头与夹具之间要靠紧，不允许有间隙，测量头要按测量头上所贴的标牌位置准确安装，拧紧夹具上的测量头固定螺丝，开启各测量头电源，使各测量头处于工作状态。

②测量

测量工作可按计算机屏幕显示的主菜单程序指示的步骤进行。

由主菜单程序引导测量时，汽车底盘测量的顺序由计算机软件控制，每一个测量的数值都有相应的汽车底盘示意图，并以标准值/测量值对比的形式显示出来。如果测量值在规定范围内，该数值以绿色显示，否则将以红色显示。主要步骤如下：

a. 系统设置：各参数单位设置。

b. 车辆选择：选择所要检测的车辆的生产地、厂商和型号。

c. 输入客户信息：输入车主、车辆的相关信息。

d. 按照计算机屏幕提示进行操作。

e. 测量值输出。

③调整

选择主菜单“调整”项进行调整程序，步骤如下。

a. 先调整后轮，后轮先调外倾角，后调束角。不同品牌、不同车轮调整位置和调整方法不同，可借助主菜单中的“帮助程序”。在后轴的调整过程中，应密切留意显示屏上数据的变化情况，使显示值由“红色”转变为“绿色”。

b. 调整前轮，前轮先调主销后倾角，后调外倾角，最后调束角。观察显示屏幕上的数据是否调整到标准值公差范围内。

④调整后的测量

调整后测量和调整前测量步骤大体相同，目的是测量调整后的四轮定位数据是否达到标准范围。

第三节 转向系统的维护与保养

一、汽车转向系统

1. 转向系统的作用

汽车在行驶中经常需要改变行驶方向。汽车转向系统是由驾驶员操纵，能实现转向轮偏转和回位的一套机构。转向系统不仅可以改变汽车的行驶方向，使其按驾驶员规定的方向行驶，而且还可以克服由于路面侧向干扰力使车轮自行产生的转向，恢复汽车原来的行驶方向。

2. 转向系统的类型及结构

汽车转向系统按转向动力源的不同分为机械转向系统和动力转向系统两大类。

机械转向系统以驾驶员的体力作为转向的唯一动力源，其所有传力部件都是机械的，如图4-3-1所示。

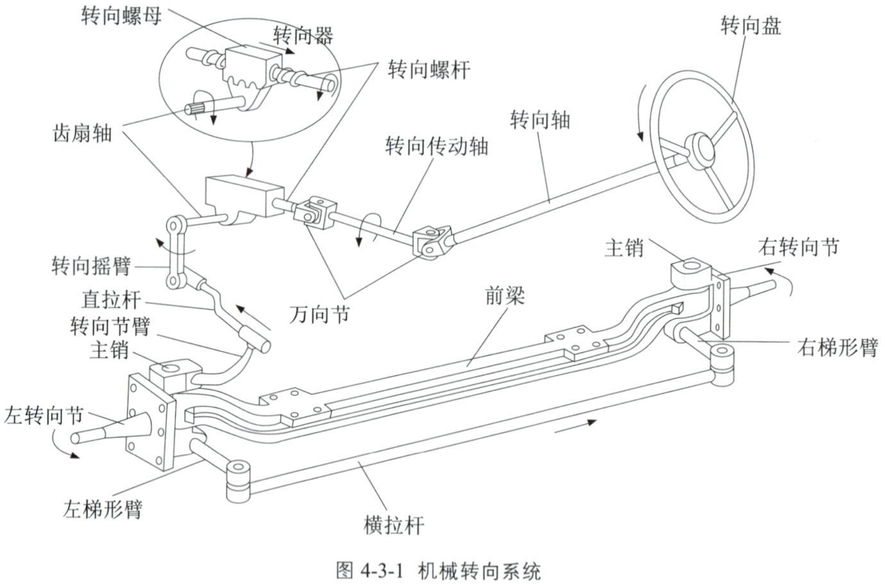

图 4-3-1 机械转向系统

动力转向系统除了驾驶员的体力外，还以汽车的动力作为辅助转向能源的转向系统，如图4-3-2所示。动力转向系统的类型很多，按传力介质可分为气压助力式、液压助力式及电动助力式。

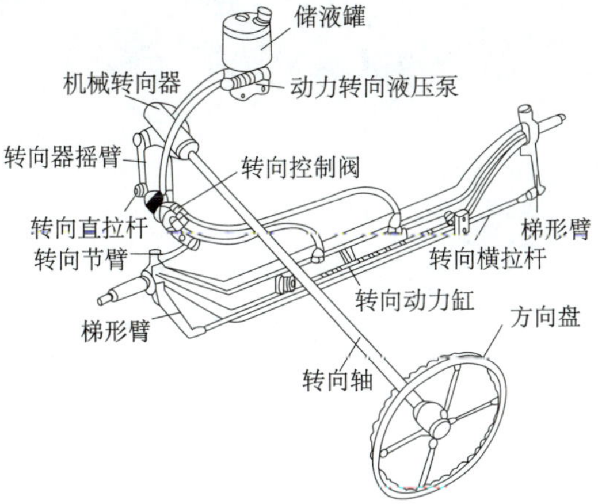

图 4-3-2 液压动力转向系统

3. 普通液压动力转向系统基本工作原理

普通液压式动力转向系统由机械转向器，转向控制阀、转向动力缸、转向油罐和转向油泵等组成。其中转向控制阀按阀芯的运动方式，可分为滑阀式动力转向系统和转阀式动力转向系统。

在液压助力式转向系统中，转向助力是由作用在转向动力缸活塞上的高压油产生的。何时产生助力、助力朝向哪个方向是由转向控制阀进行控制的。如图4-3-3（a）所示，汽车直线行驶转向控制阀处于中间位置，油泵将液压油输送到转向控制阀，转向控制阀使油液同时通向动力缸左、右腔及油泵回油口。此时动力缸左、右腔油压相等，且都等于回油压力，此时不产生助力作用。当驾驶员控制方向盘旋转时，转向控制阀也随之移动，从而关闭通向动力缸一腔的油路，如图4-3-3（b）所示。此时，动力缸左腔得到高压油，动力缸右腔通过转向控制阀通向油泵回油口，油压很低，在动力缸两腔较大压差的作用下动力缸活塞受到向右的推力，即转向助力。

动力缸哪一腔得到高压油是由转向控制阀的偏转方向决定的，而转向控制阀的偏转方向则由方向盘旋转方向决定，因此转向助力系统的设计保证了产生助力的方向始终与驾驶员转动方向一致。

二、转向系统的维护与保养

1. 方向盘工作状况检查

（1）检查方向盘的自由行程

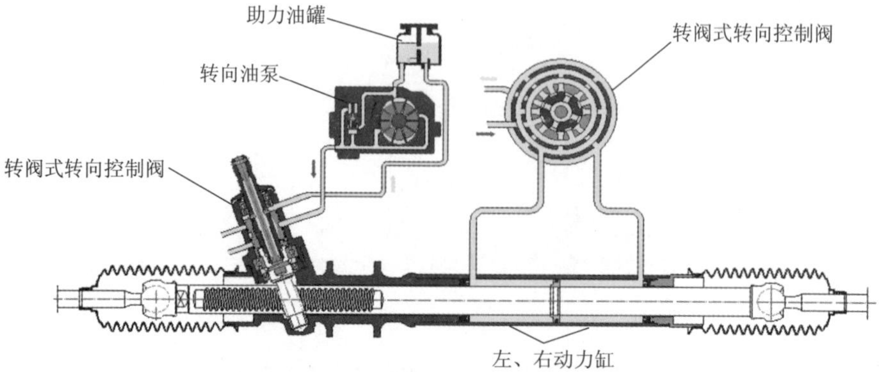

（a）汽车直线行驶时

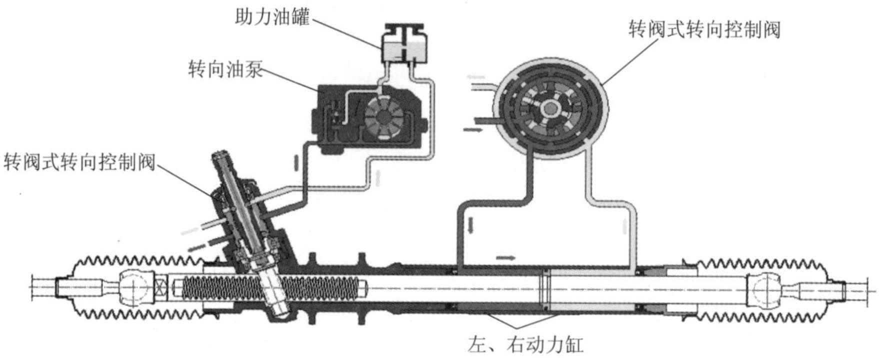

（b）汽车转向行驶时

图 4-3-3 液压助力转向系统基本原理

①将前轮摆正，在方向盘周边加5N的力。

②向左右方向轻轻转动方向盘，如图4-3-4所示，测量方向盘行程，标准自由行程0—30mm。

方向盘的自由行程由转向操纵机构、方向机、转向传动机构、转向主销与转向主销衬套间隙及轮毂轴承间隙等多方面因素决定，若发现方向盘自由行程过大，应查明原因，及时调整。

（2）检查方向盘松旷和摆动

让汽车保持直线行驶状态，两手握住方向盘，上下拉动、左右晃动，感觉方向盘与转向轴是否有间隙，如图4-3-5所示。

（3）检查方向盘的回正情况

检查时，边行驶边察看下列各项。

①检查方向盘回正力时，无论转动快慢，方向盘左右两侧的回正力都应相同，并检查方向盘能否回到中间位置。

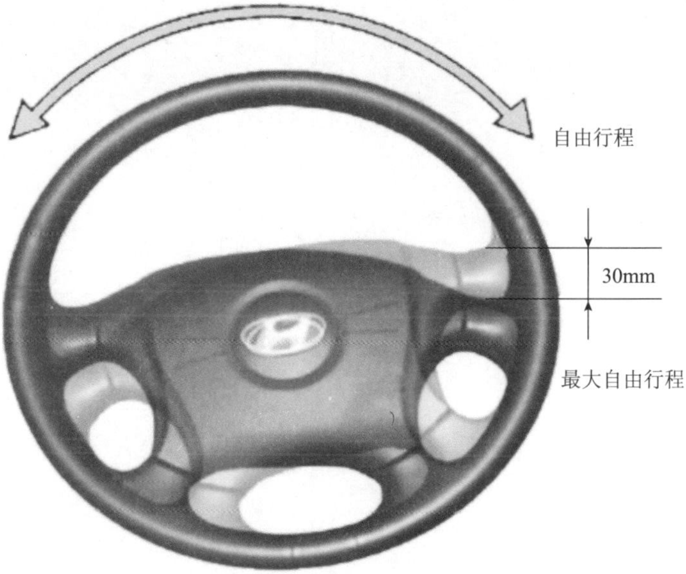

图 4-3-4 检查方向盘自由行程

图 4-3-5 检查方向盘松旷和摆动

②以约35km/h的速度行驶，将方向盘顺时针或逆时针转动90°，保持1—2s后，放松方向盘应回到70°以上位置，如图4-3-6所示。快速转动方向盘时可能在瞬间感到方向盘沉重，这不属于故障。

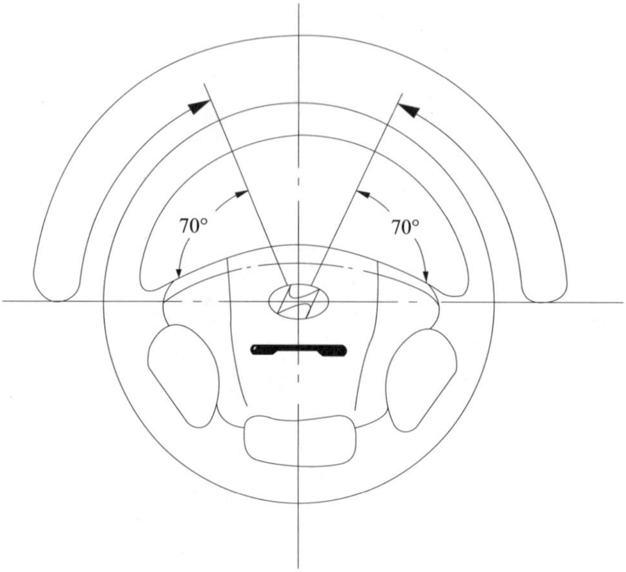

图 4-3-6 检查方向盘回正力

（4）检查方向盘的转向操纵力

①将汽车停放在水平干燥的路面上，胎压正常，前轮处于直线行驶位置。

②将弹簧秤勾在方向盘边缘上拉动方向盘，如图4-3-7所示。与新车相比拉力应在±5N之间（使用动力转向器时，发动机怠速运转下方向盘转动力应小于40N）。

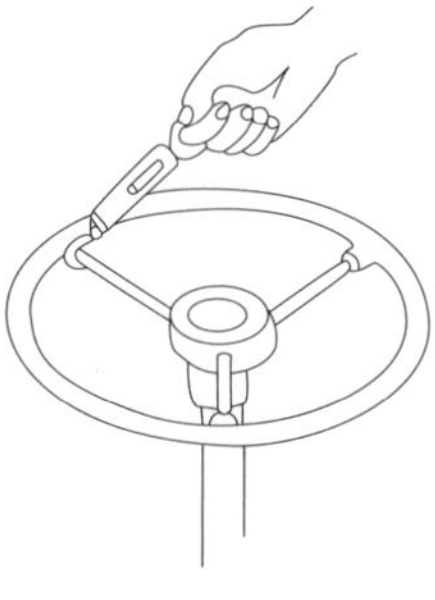

图 4-3-7 检查方向盘的转向操纵力

（5）检查方向盘的锁止情况

①将点火开关置于OFF位置，转动方向盘，直到能把方向盘锁死而不能转动。

②将点火开关置于ACC位置，方向盘锁止装置被打开，方向盘可自由转动。

2. 转向器检查

（1）检查调整循环球式转向器

①检查转向器是否渗漏油液，按维修手册上的换油周期更换转向器润滑油。

②上下抽动主动轴，检查主动轴承轴向间隙状况，如图4-3-8所示。

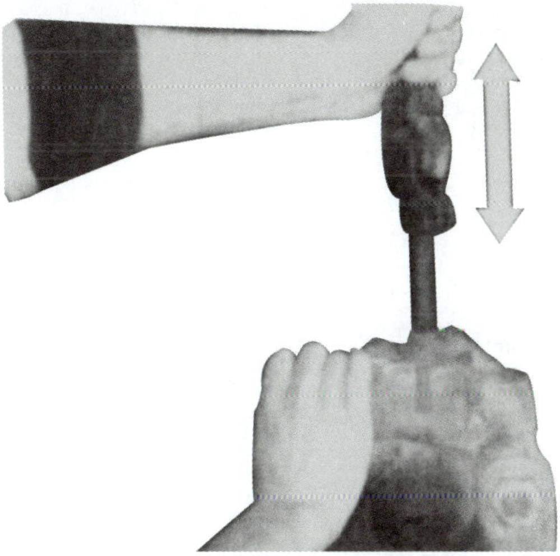

图 4-3-8 检查主动轴承轴向间隙状况

③沿从动轴的轴向方向用力推动转向摇臂，检查有无松旷感，如图4-3-9所示。

④若上述检查松旷，则为主从动啮合齿轮啮合间隙过大。将调整螺丝松到底，消除主从动齿轮的间隙，然后退回调整螺丝1/4圈，保证主从动齿轮良好的啮合间隙，如图4-3-10所示。

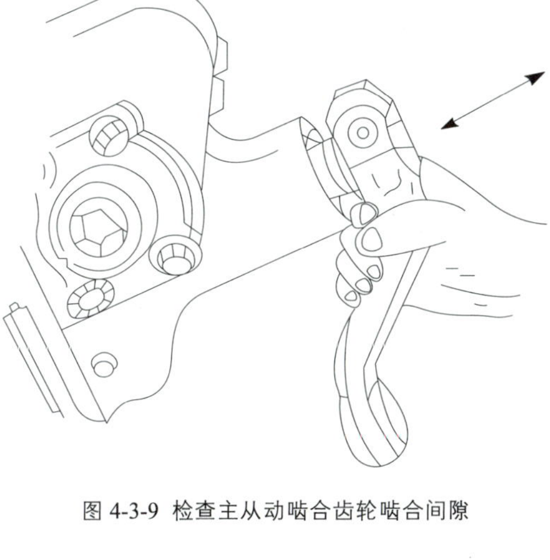

图 4-3-9 检查主从动啮合齿轮啮合间隙

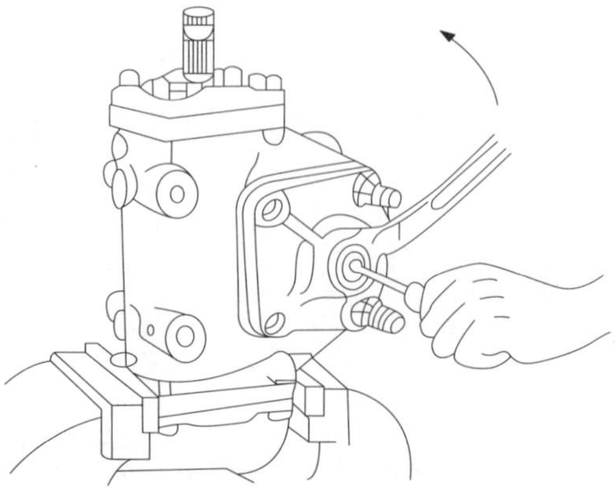

图 4-3-10 调整主从动啮合齿轮啮合间隙

⑤检查循环球式转向器的密封性。热车后，将方向盘快速向左、右两侧转至极限位置（注意在极限位置停留不得超过5s），并保持不动。目测检查循环球式转向器常见泄露点是否有漏油现象，如图4-3-11所示。如有渗漏应更换相应密封件。

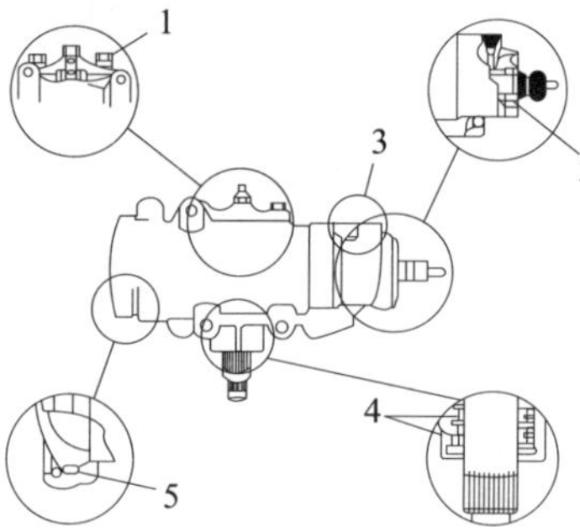

1-侧盖泄漏；2-调整螺母油封泄漏；3-压力软管接头螺栓泄漏；

4-转向摇臂轴油封泄漏；5-端盖油封泄漏

图 4-3-11 循环球式转向器常见泄露点

（2）检查调整齿轮齿条式转向器

①检查转向器防尘套的情况，应无裂纹和破损及老化，防尘套固定良好。

②上下拉动转向器主动轴，检查是否有轴向间隙，用以判断主动轴承预紧度，如图4-3-12所示。

图 4-3-12 检查齿轮齿条式转向器主动轴承预紧度

③转动主动齿轮，保持从动齿条不动，判断齿轮与齿条是否为无间隙配合，如图4-3-13所示。

图 4-3-13 检查齿轮与齿条的间隙配合

④若齿轮与齿条变为有间隙配合，通过调整补偿弹簧的压力，使齿条微量变形，实现齿轮与齿条的无间隙或小间隙配合，如图4-3-14所示。

图 4-3-14 调整齿轮与齿条的啮合间隙

⑤双向转动齿轮，让齿条在两个方向移动，检查整个移动过程是否转动平顺、无卡滞，是否有阻力不均匀等现象出现。

⑥检查齿轮齿条式转向器的密封性。暖车后，将方向盘快速向左右两侧转至极限位置（注意在极限位置停留不得超过5s），并保持不动。目测检查

齿轮齿条式转向器常见泄露点是否有漏油现象，如图4-3-15所示。如有渗漏应更换相应密封件。

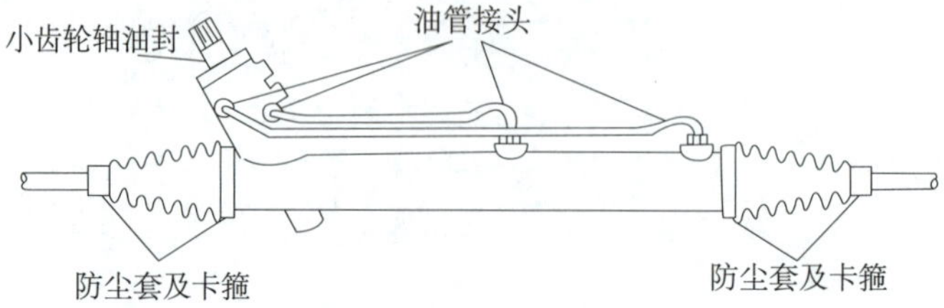

图 4-3-15 齿轮齿条式动力转向器常见泄漏点

3. 检查转向传动机构

（1）在下臂的末端使用工具检查球节的上下滑动间隙，如图4-3-16所示。

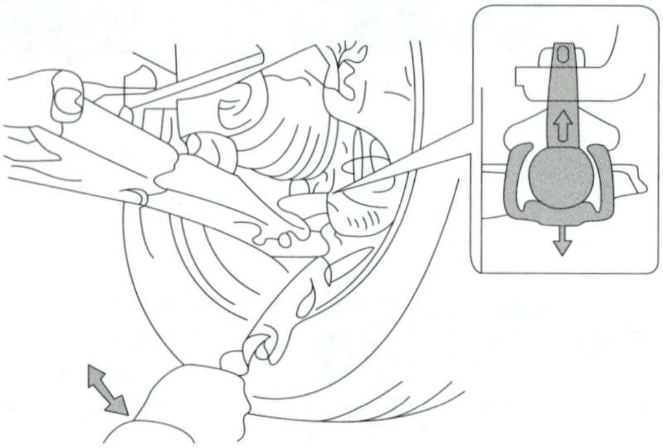

图 4-3-16 检查球节上下滑动间隙

（2）握住横拉杆，左右前后晃动转向传动机构，感觉是否有明显松动或摆动，如图4-3-17所示。

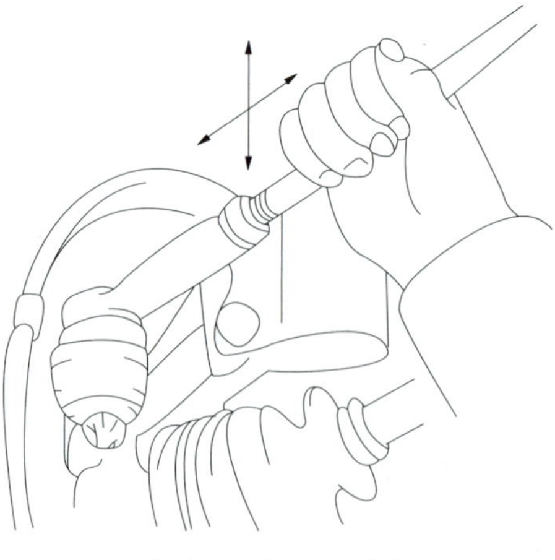

图 4-3-17 检查传动机构的松动

（3）检查横拉杆球头防尘罩是否开裂或老化，如图4-3-18所示。

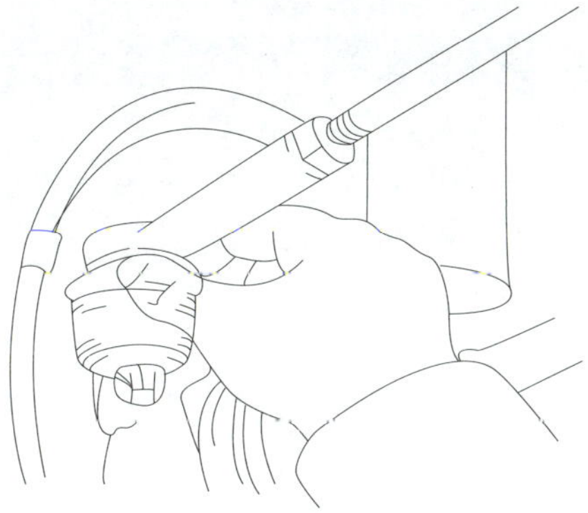

图 4-3-18 检查横拉杆球头防尘罩

（4）检查转向传动机构是否弯曲或者损坏。

4. 检查液压助力转向系统

（1）检查各油管及管接头、油泵是否有渗漏，接头连接固定是否牢固，如图4-3-19所示。

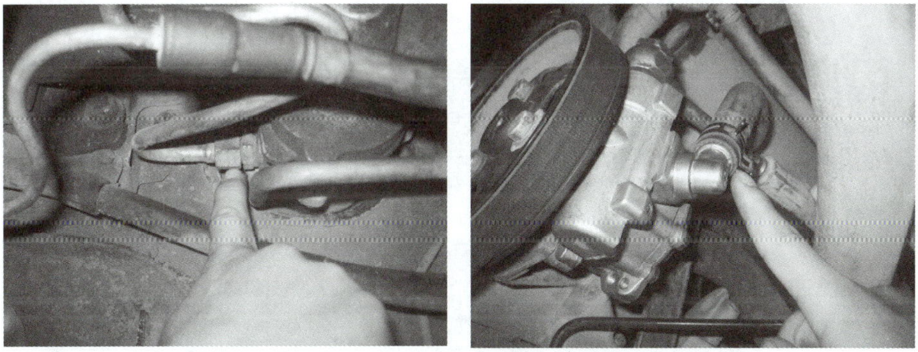

图 4-3-19 检查液压助力转向系漏油

（2）检查转向油液位

①启动发动机并怠速运转，保持汽车原地不动，转动方向盘数次，使液压油温度升到正常油温40—80℃，将方向盘回到中间位置，将发动机熄火。

②检查液压油油面高度是否在储液罐的上下线之间，如图4-3-20所示。

（3）检查液压油的质量

①旋下储油罐盖，用干净的抹布擦拭油尺。

②观察油液的颜色并与正常转向助力油颜色进行对比。若颜色变深甚至发黑则说明油液已变质。

③闻油液气味并与正常转向助力油进行对比，若有焦煳味则说明油液已

经变质。

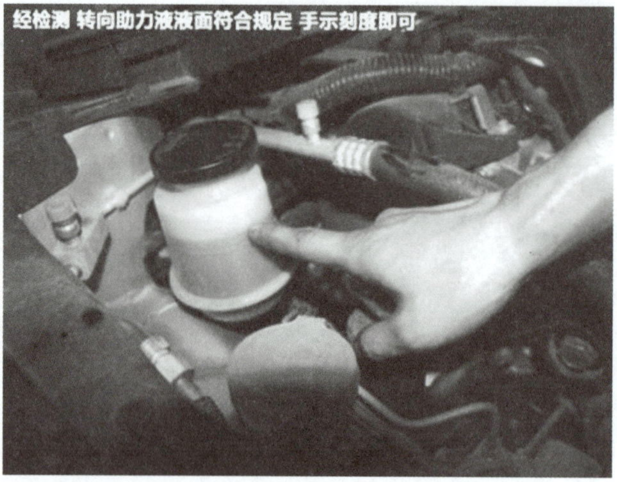

图 4-3-20 检查转向油液位

④将少量油液蘸到干净的面纸上，检查有无杂质析出。

5. 助力转向油的更换与排气

（1）排放旧转向助力油

①用手旋下储液罐盖，使用吸管吸出储液罐内的助力液，盛放到接油容器内。

②操纵举升机，将车辆举升至轮胎最低点距离地面约300mm的高度，并可靠锁止举升机。

③使用鲤鱼钳压紧转向器油管与储液罐连接端的卡箍，拉离油管与管接头接触部件，如图4-3-21所示。

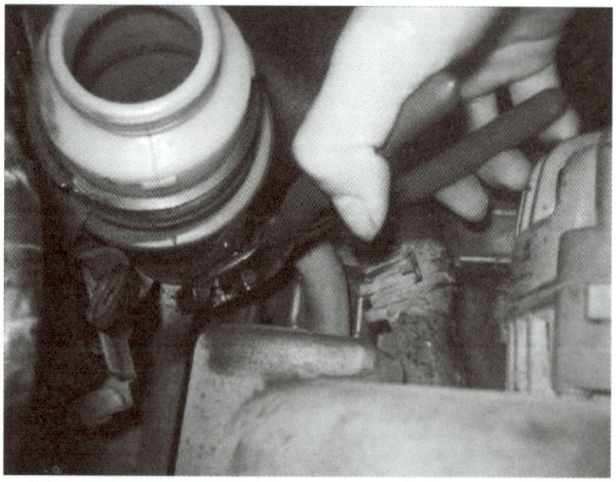

图 4-3-21 拆卸转向器回油管

④将接油容器置于助力油泵下面，用手转动并拉出回油管，将助力液注入接油容器中。

⑤待回油管中的助力液排放完后，将一适当长度的软管与回油管和接油容器连接起来。

⑥启动发动机并保持怠速运转，同时左右转动方向盘至极限位置10次左右，排净助力液后停止发动机运转和转动方向盘。

（2）加注新转向助力油

①将转向器的回油管用手安插到储液罐的管接头上。

②使用鲤鱼钳将回油管卡箍安装到位。

③将助力液加注到储液罐内，并保持液面达到MAX刻度线。

（3）排放转向系统空气

①举升汽车，使前轮离地。

②将方向盘在发动机停止状态下从一侧极限位置转到另一侧极限位置10次。

③检查液压油位，必要时添加。

④放下汽车，启动发动机，将方向盘从一侧极限位置转到另一侧极限位置10次。

⑤检查液压油位，必要时添加。

6. 转向油泵皮带张紧力的检查

方法一：汽车停在干燥路面上，运转发动机使油液上升到正常温度，左右转动转向盘，此时驱动皮带负荷最大，如果皮带打滑，说明皮带张紧度不够或油泵内有机械损伤。这种方法为快速、经验法。

方法二：关闭发动机，用手以约100N的力从皮带的中间位置按下，皮带应有约10mm挠度为合适，并检查皮带是否有裂纹、脱胶和老化等情况。

方法三：使用皮带张紧度测量表进行测量。将测量表安装在驱动皮带上，然后测量皮带产生标准变形量时所需力的大小。

第四节　制动系统的维护与保养

一、汽车制动系统

1. 制动系统的作用

汽车制动系统的作用主要是使行驶的汽车减速甚至停车，使下坡行驶的汽车速度保持稳定，以及使已经停驶的汽车保持不动。

（1）按照需要使汽车减速或在最短距离内停车：当汽车行驶在宽阔平坦、车流和人流又较少的路况下，可以通过高速行驶提高运输生产效率。但汽车行驶过程中也会遇到复杂多变的路面状况，如进入弯道、行经不平道路、两车交会、突遇障碍物等，为了保证行驶安全，就要求汽车在尽可能短的距离内将车速降低，甚至停车。

（2）下坡行驶时保持车速稳定：汽车下长坡时，在重力产生的下滑力作用下，汽车有不断加速到危险程度的趋势，此时应将车速限定在安全值内，并保持相对稳定。

（3）使停驶的汽车可靠驻停：对停驶的车辆，特别是在坡道上停驶的汽车应使之可靠地驻留原地不动。

2. 普通制动系统的组成及工作原理

制动系统一般由制动器和制动操纵机构两个主要部分组成。制动器分为盘式与鼓式，现代轿车多用盘式制动器。制动操作机构包括制动踏板、制动主缸、真空助力器、制动管路等装置。如图4-4-1所示为前盘后鼓式制动系统的结构示意图。

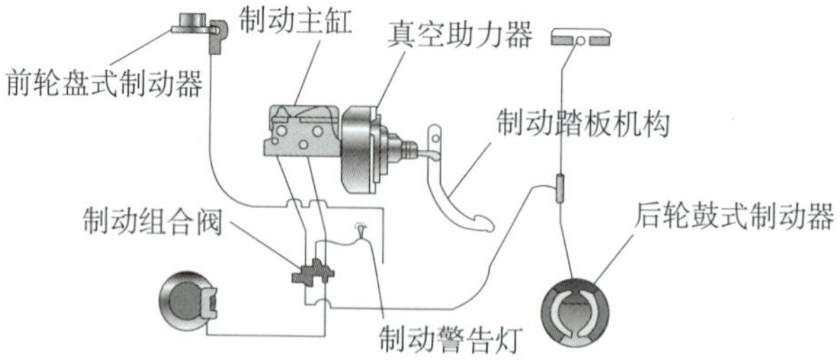

图 4-4-1 制动系统结构示意图

制动时，驾驶员踩下制动踏板，通过制动助力器、制动主缸内液以及制动压力调节装置，获得一个放大的油压，通过制动管路分给前后轮制动器的制动轮缸。制动器在制动轮缸油压作用下使制动器的固定元件压向旋转元件，产生与车轮旋转方向相反的摩擦力矩。此力矩传给车轮后，由于车轮与地面的附着作用施加给路面一个向前的切向力，同时路面也会给车轮一个大小相等、方向相反的、向后的反作用力，该作用力就是阻碍汽车前进的制动力。该制动力由车轮通过悬架系统传给车身，迫使汽车减速或停车，如图4-4-2所示。

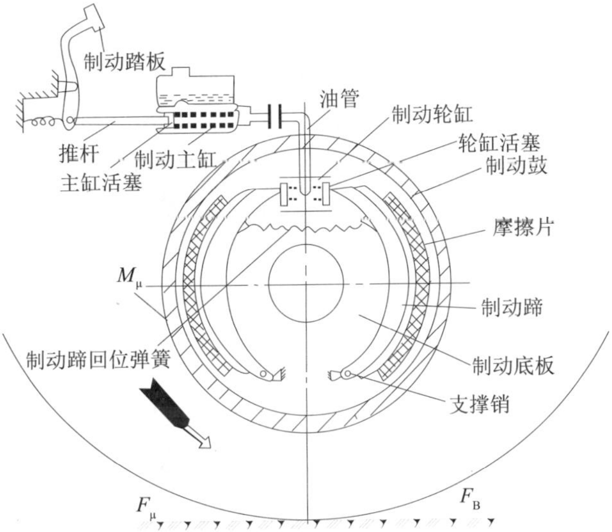

图 4-4-2 制动系统工作原理示意图

制动器是用来产生阻碍车辆运动或运动趋势的制动力的部件。汽车上常用的制动器都是利用固定元件与旋转元件的工作表面摩擦而产生制动作用的，称之为摩擦制动器。摩擦制动器按照摩擦工作表面的不同分为鼓式和盘式制动器。

盘式制动器的结构组成如图4-4-3所示，主要由制动盘、制动钳、制动钳壳体以及摩擦衬块等组成。制动盘用螺栓固定在车轮轮毂上，随车轮旋转。制动钳支架固定在转向节上，制动钳体用紧固螺栓与制动钳导向销连接，导向销插入制动钳支架的孔中作动配合，使制动钳体可以沿导向销轴线滑动。在制动钳上设有一个直径较大的制动分泵，以增加活塞和制动块的工作压力，制动块通过导向销悬装在制动钳上，可做轴向移动。制动钳上还设有放气阀，用以排除制动管路和制动分泵中的气体。

当踩下制动踏板时，来自制动主缸的制动液通过进油道进入制动轮缸，推动活塞朝右移动，推动左侧制动块压向旋转的制动盘，同时制动钳在制动液反向作用力下沿导向销往左移动，推动右侧制动块也压向制动盘，从而产生制动，如图4-4-4所示。

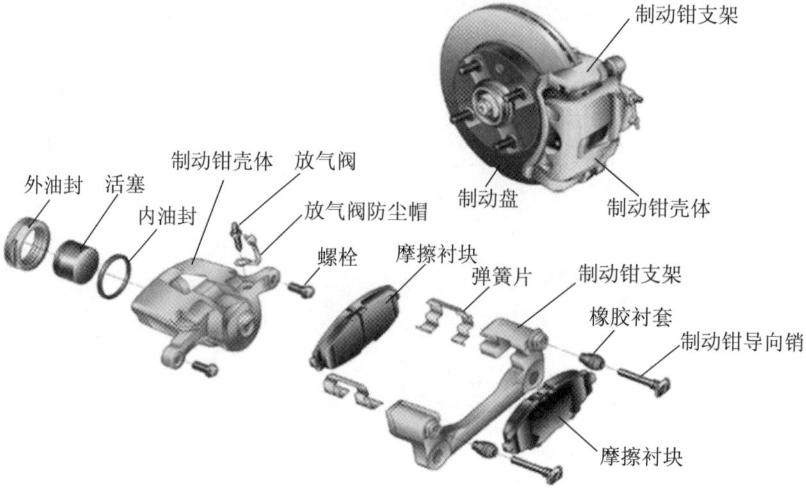

图 4-4-3 盘式制动器结构示意图

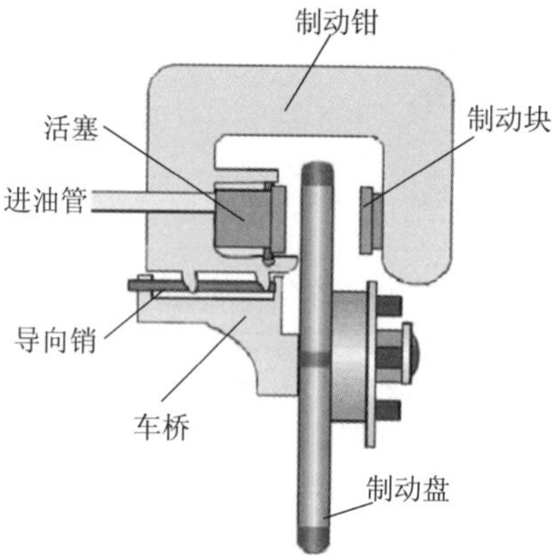

图 4-4-4 盘式制动器工作原理示意图

鼓式制动器的结构组成如图4-4-5所示。一般鼓式制动器都采用带有摩擦片的制动蹄作为固定元件。位于制动鼓内部的制动蹄在一端承受制动力时，可绕其另一端的支点向外旋转，压靠在制动鼓（旋转元件）内圆面上，产生摩擦力矩（制动力矩）进行制动，如图4-4-6所示。

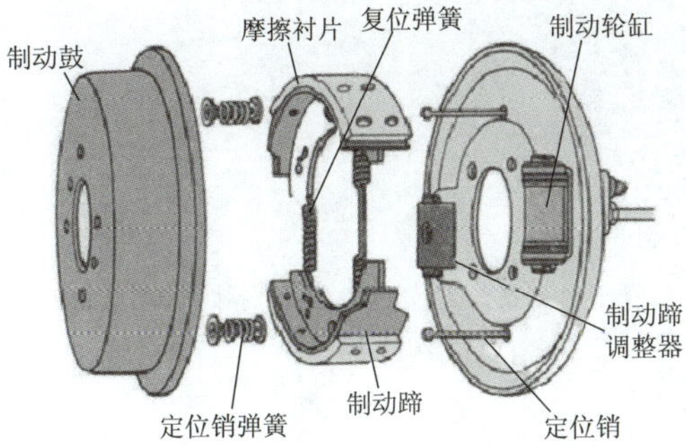

图 4-4-5 鼓式制动器的结构

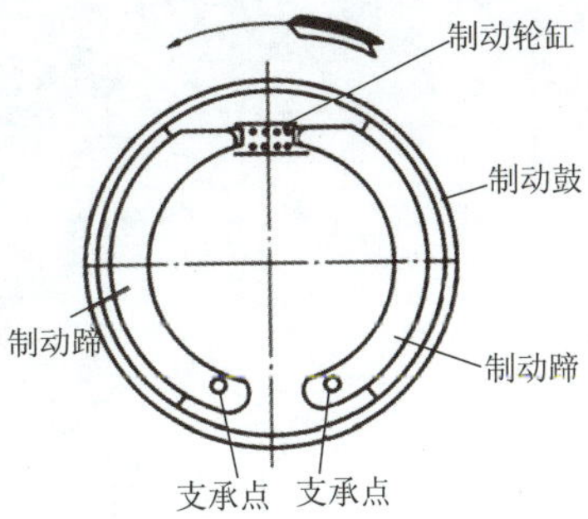

图 4-4-6 鼓式制动器的工作原理

二、制动系统的维护与保养

1. 检查与更换制动液

汽车制动系统中制动液量需要定期检查。正常的制动液液面应在制动液储液罐侧面MAX与MIN之间，如图4-4-7所示。若液面低于MIN标记，需补充制动液，如图4-4-8所示。检查制动液有无变质或异味，达标制动液具有甜甜的味道，劣质制动液具有甲醇的臭味。检查制动液的黏稠度，合格的制动液比水黏稠，像稀释的蜂蜜，倒在玻璃板上扩散速度慢。

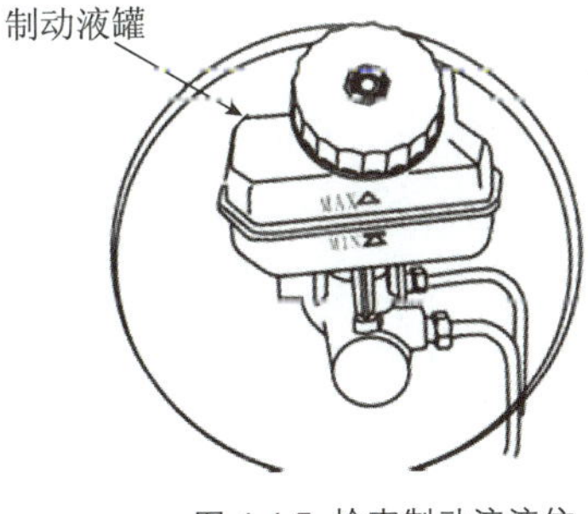

图 4-4-7 检查制动液液位

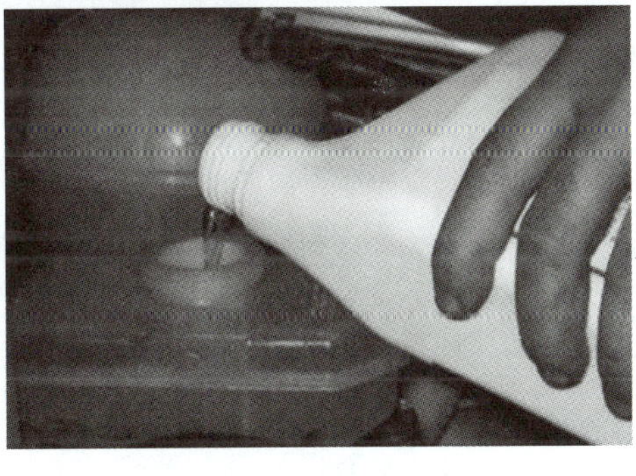

图 4-4-8 添加制动液

添加的制动液型号应为厂家规定的制动液型号，不同型号的制动液不能混合使用。不同轿车使用的制动液要求不同，如图4-4-9所示。补充制动液时需注意选择合适的制动液。

图 4-4-9 检查制动液使用等级

一般当车辆行驶4万km（或2年），或制动液出现变质有异味时需要更换制动液。更换时需由两人协同完成,具体步骤如下。

（1）首先一人坐于驾驶员位置作业，另一人在驾驶室外作业。

（2）打开储液罐盖，将储液罐内的制动液用专用工具完全抽出，如图4-4-10所示，然后加入新的制动液到达制动液上线位置。

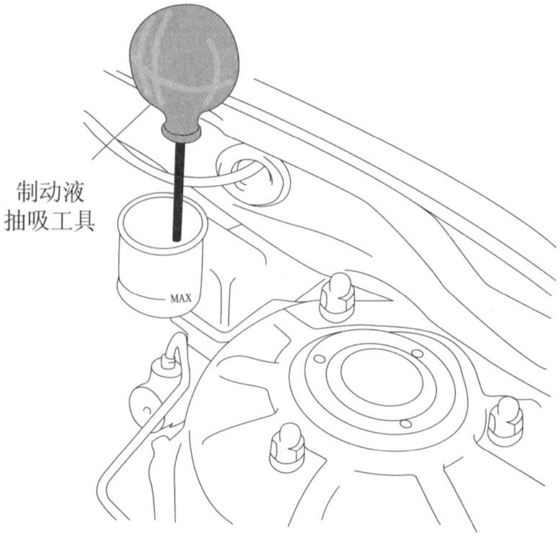

图 4-4-10 吸出旧制动液

（3）将车辆升至车轮距离地面约0.7m高的位置，并锁止举升机，如图4-4-11所示。

（4）一人连续踩制动踏板几次，停留在最低位置不动，另一人在车下各个轮胎分泵放气螺塞上将一软管插上，软管的另一端插入盛有部分制动液的容器中，将制动液排入该容器内。一般每个轮胎分泵经过4—6次放液，直到排出的制动液完全是加入的新制动液为止，如图4-4-12所示。

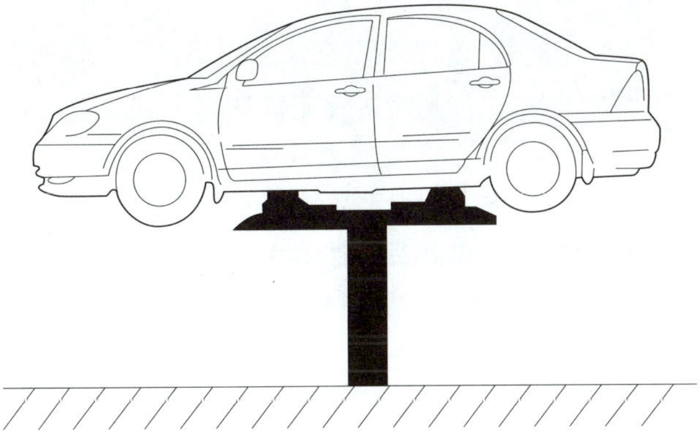

图 4-4-11 举升车辆

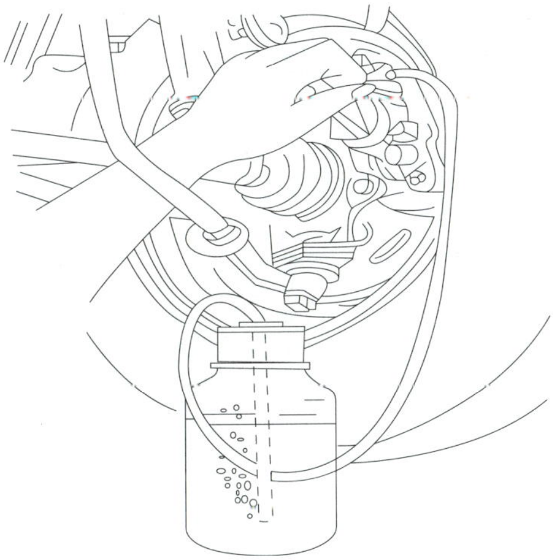

图 4-4-12 排放制动液

（5）在操作的过程中，注意及时补充储液罐内液压油，防止在操作过程中系统内混入空气。

（6）调整液压油面到规定高度，然后将加液盖安装好，操作完毕。

2. 排放制动管路中的气体

（1）制动系统管路的放气由两人协同完成，首先一人坐于驾驶员位置作业，另一人在驾驶室外作业。

（2）打开储液罐盖，加入新的制动液到达制动液上限位置，然后将车辆升至距地面0.5m高的位置，并且锁止举升机。

（3）各车轮分泵放气操作的顺序遵从由远到近的原则，即右后轮—左后轮—右前轮—左前轮，若同一车轮有两分泵，应按先下后上的放气原则。

（4）一人连续踩制动踏板几次，停留在最低位置不动，另一人在车下各个轮胎分泵放气螺塞上插上一软管，软管的另一端插入盛有部分制动液的容器中，将制动液排入该容器中，直到放出的液体中没有气泡为止。

（5）在操作的过程中，注意及时补充储液罐内制动液，防止在操作过程中系统内混入空气。

（6）操作完毕，调整液面到规定高度，然后将加液盖安装好。

3. 检查调整制动踏板高度和自由行程

（1）使用一把直尺测量制动踏板高度，即测量从地面到制动踏板上表面的距离，如图4-4-13所示。如果必须要从地毯表面开始测量，则应从标准值中扣除地毯的厚度，或者地毯和沥青纸毡的厚度。

（2）将车辆熄火，多次踩踏制动踏板，直到助力器中不存在真空。

（3）使用手指轻轻按压制动踏板直至有阻力为止，使用一把直尺测量制动踏板的自由行程，如图4-4-14所示。

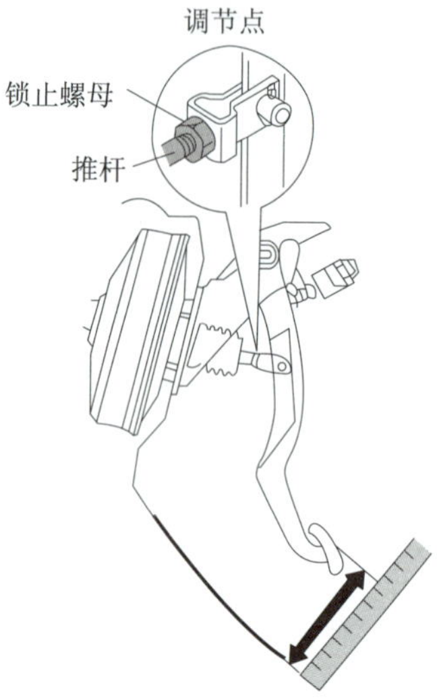

图 4-4-13 测量制动踏板的高度

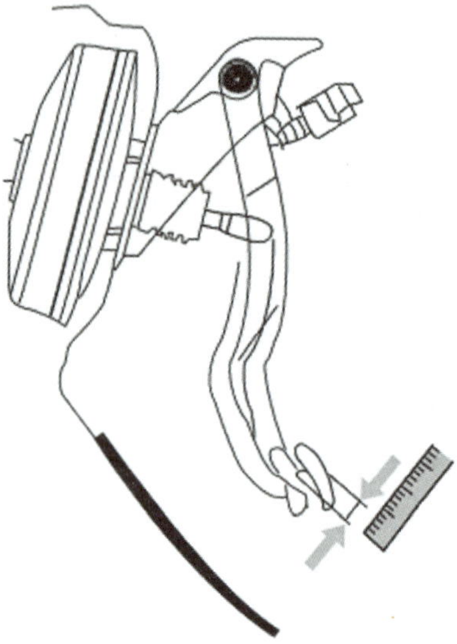
图 4-4-14 制动踏板自由行程的检查

制动踏板自由行程是主缸与推杆之间的间隙的反应。发动机停止后，反复踩下制动踏板多次直至真空助力器无助力作用为止，踩下制动踏板直到感到有阻力为止，这一段行程为制动踏板的自由行程。若测出的制动踏板自由行程不符合要求，则应对其进行调整。调整方法主要有如下两种：

（1）通过调整制动总泵主缸踏板的偏心实现，如图4-4-15所示。转动偏心销，使推杆的轴向位置改变，从而改变自由行程。推杆向踏板方向移动，可使自由行程增大；推杆向主缸方向移动，可使自由行程减小。注意调整完毕后，应将锁紧螺母锁止。

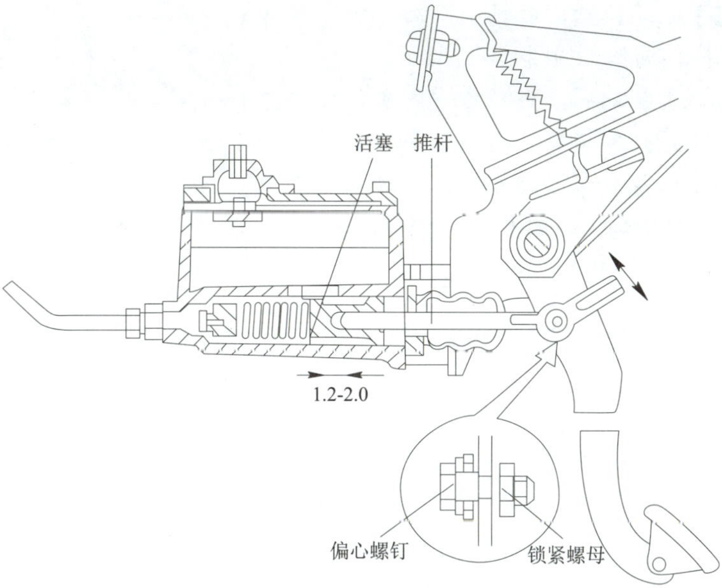

图 4-4-15 制动总泵踏板自由行程的调整方法（1）

（2）通过调整制动总泵推杆的长度来实现，如图4-4-16所示。拧松推杆的锁紧螺母，转动推杆至符合规定，最后将锁紧螺母拧紧。将推杆长度缩短，可以增大自由行程；加长则可以减小自由行程。

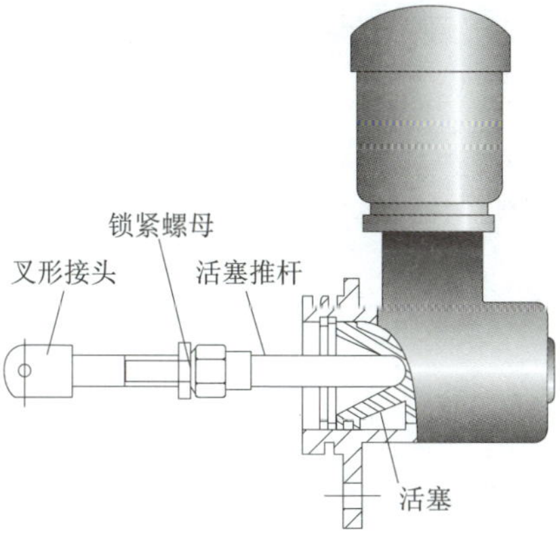

图 4-4-16 制动总泵踏板自由行程的调整方法（2）

行程的调整需在四轮制动器间隙调整之后进行，且确保制动管路中无气体存在。

4. 检查与调整驻车制动系统

（1）检查驻车制动系统

①彻底松开手制动器手柄，不会出现后轮迟滞现象。

②将手制动拉紧，棘轮应有3—5响，过多或过少都应该调整，如图4-4-17所示。

③拉紧手制动后，打开点火开关，仪表盘上的停车指示灯应点亮。按下驻车制动器拉杆前端按钮，解除驻车制动作用，仪表盘上驻车制动器指示灯应熄灭，如图4-4-18所示。

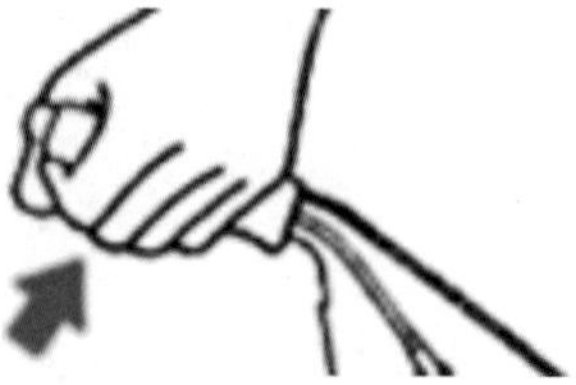

图 4-4-17 检查驻车制动行程

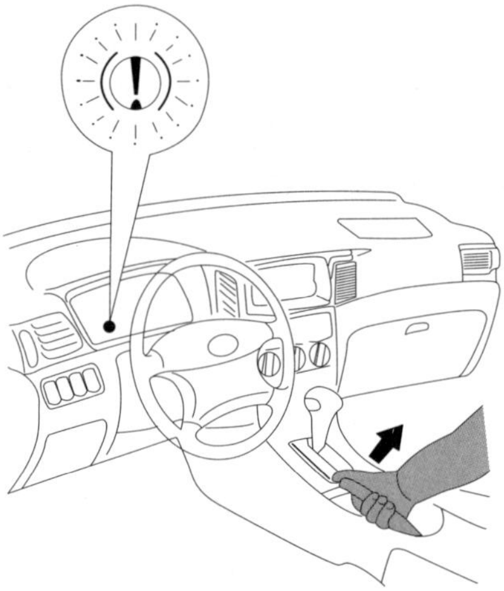

图 4-4-18 检查驻车制动指示灯

④拉紧手制动器时，车辆二挡不能起步。

（2）调整驻车制动系统

①通过改变拉线长度调整。在驻车制动器手柄的底部与绳缆的连接处(一般由内饰件覆盖)有一个可调的补偿机构，用扳手松开锁紧螺帽，如图4-4-19所示。

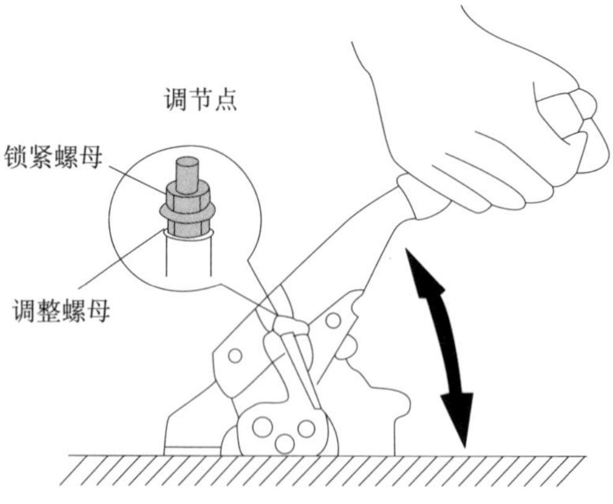

图 4-4-19 调整拉线长度

②对于自动调节式驻车制动器，通过连续反复拉动手制动拉杆，实现驻

车制动器的自动调整。

③驻车制动器的调整完成后，要检查后轮是否出现制动迟滞，否则应该将驻车制动间隙放大些。

5. 检查制动管路

（1）车辆在最低位置，检查总泵处储液罐有无油液渗漏，管路接头有无渗漏。

（2）检查ABS总泵处各连接管是否牢固，有无油液渗漏，如图4-4-20所示。

（3）将车辆升至最高位置，检查车辆两前轮处分泵软管是否有老化、膨胀、脱皮等缺陷，油管接头是否渗漏。

（4）从前到后顺油管检查整个系统的管路是否存在凹瘪、严重锈蚀、裂纹、渗漏现象，金属管路用的管夹固定是否牢靠，是否与车架及其他部件相碰擦，在行车过程中是否产生较大振幅的振抖，如图4-4-21所示。

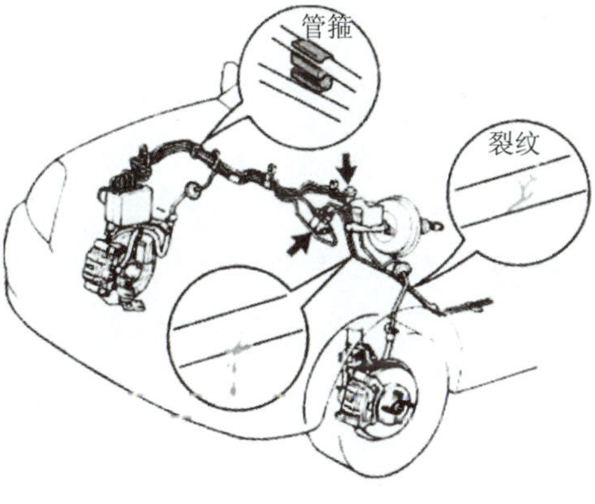

图 4-4-20 检查ABS总泵连接管

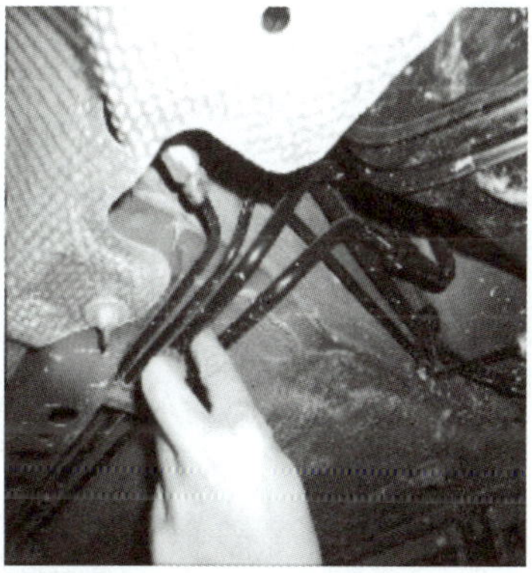

图 4-4-21 检查制动系统管路

6. 检查盘式制动器的性能

（1）支起车轮，拆下轮胎，拆下浮动钳，取下制动摩擦片。

（2）用千分尺测量制动盘的厚度，判断磨损量是否超出极限值，如图4-4-22所示。

（3）转动制动盘，用带磁力表座的百分表检查制动盘的端面圆跳动量是否超出极限值，如图4-4-23所示。

（4）用钢板直尺测量内外刹车片的厚度，并估计下次检查的时间，决定是否更换摩擦片，如图4-4-24所示。

（5）若要更换新的摩擦片，需要将分泵放气螺丝拧开，然后用手锤柄将活塞推入到最低位置。

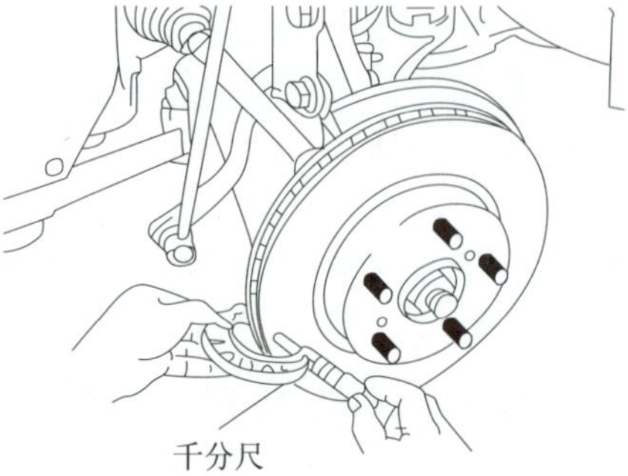

图 4-4-22 测量制动盘的厚度

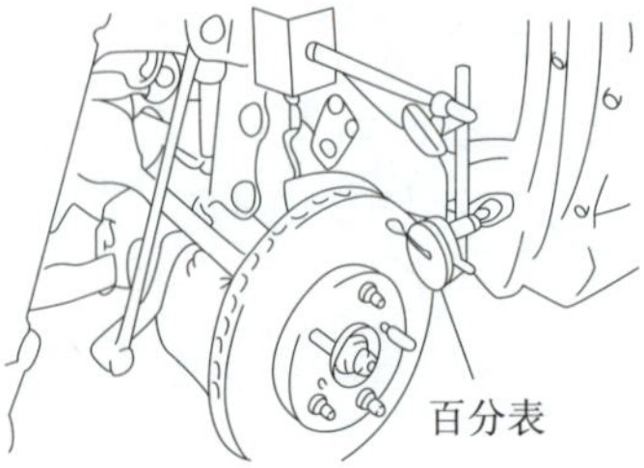

图 4-4-23 测量制动盘的端面圆跳动

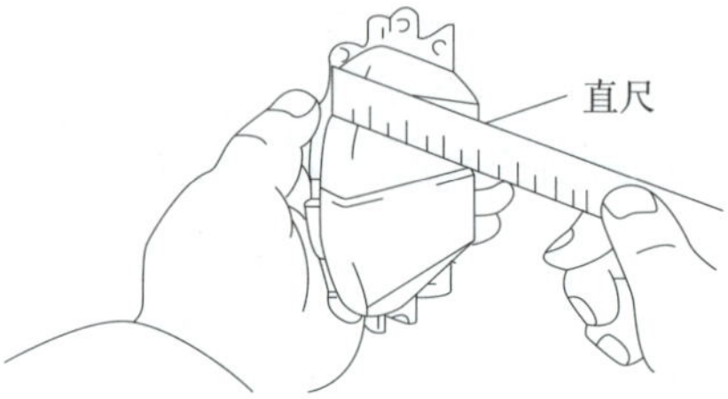

图 4-4-24 测量摩擦片厚度

（6）检查制动分泵、制动分泵管路有无漏油和老化现象，如图4-4-25所示。

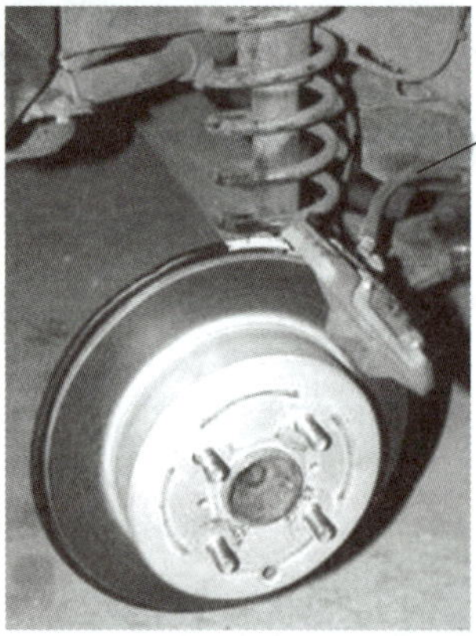

图 4-4-25 检查制动分泵和制动分泵管路

（7）按与拆卸相反的顺序安装制动器，检查是否出现制动迟滞。

7. 检查鼓式制动器的性能

（1）支起车轮，拆下轮胎，拆下制动鼓，取下制动蹄。

（2）检查制动蹄有无被制动液或油脂污损。

（3）用钢板直尺测量制动蹄厚度，并估计下次检查的时间，决定是否更换摩擦片，如图4-4-26所示。

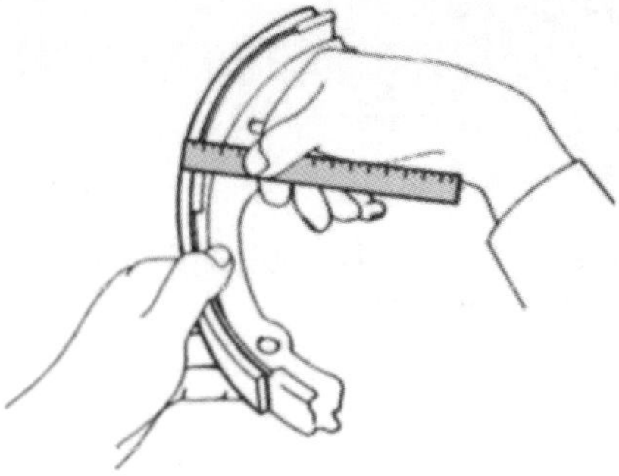

图 4-4-26　测量制动蹄厚度

（4）用游标卡尺测量铆钉与摩擦片的表面深度是否超出极限值。

（5）用游标卡尺测量制动鼓内孔尺寸是否超出极限值，如图4-4-27所示。

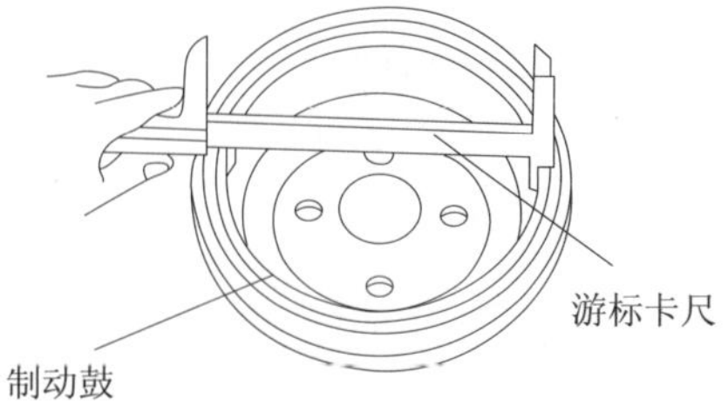

图 4-4-27　测量制动鼓内孔尺寸

（6）检查制动蹄片与制动鼓接触面积：将后制动蹄表面打磨干净；用粉笔在制动鼓的摩擦表面均匀画线；将制动蹄压紧在制动鼓的摩擦表面上；检查二者的接触面积是否符合要求，如图4-4-28所示。

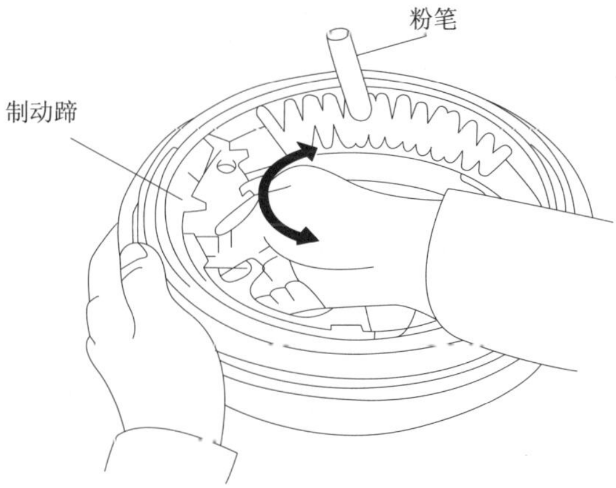

图 4-4-28　检查制动蹄片与制动鼓接触面积

三、电动助力转向系统

EPS是英文electric power steering的缩写，即电动助力转向系统，是一种直接依靠电动机提供辅助转矩的动力转向系统。其结构简单，使系统总质量较液压助力转向系统减轻了25%，且故障少，降低了油耗和维修费用，是中、小型乘用车动力转向技术的发展方向。

电动助力式EPS主要包括机械式转向器、转矩传感器、减速机构、离合器、电动机、电子控制单元（ECU）和车速传感器等。

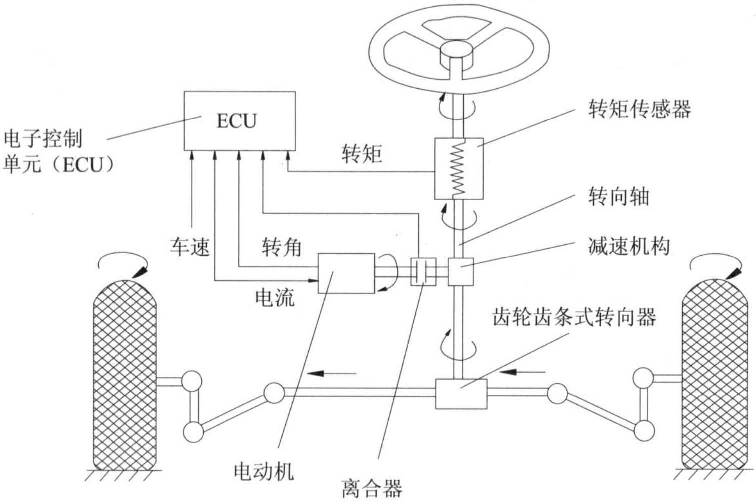

驾驶员在操纵方向盘进行转向时，转矩传感器检测到转向盘的转向以及转矩的大小，将电压信号输送到电子控制单元，电子控制单元根据转矩传感器检测到的转矩电压信号、转动方向和车速信号等，向电动机控制器发出指令，使电动机输出相应大小和方向的转向助力转矩，从而产生辅助动力。汽车不转向时，电子控制单元不向电动机控制器发出指令，电动机不工作。

电动助力式EPS的技术优势如下。

1. 节能环保：电动助力式EPS只有在转向时电动机才工作，相对于液压助力转向系统（液压泵始终处于工作状态），减少了能量消耗，并能在各种行驶工况下提供最佳的转向助力；EPS以电机为动力元件，可独立于发动机工作，几乎不直接消耗发动机燃油。EPS不存在液压动力转向系统的燃油泄漏问题，EPS通过电子控制，对环境几乎没有污染，更降低了油耗。

2. 安装方便：EPS的主要部件可以集成在一起，易于布置，与液压动力转向系统相比减少了许多元件，没有液压系统所需要的油泵、油管、压力流量控制阀、储油罐等，元件数目少，装配方便，节约时间。

3. 效率高：液压动力转向系统效率一般在60%—70%，而EPS的效率较高，可高达90%以上。

4. 路感好：传统纯液压动力转向系统大多采用固定放大倍数，工作驱动力大，但却不能实现汽车在各种车速下驾驶时的轻便性和良好路感。而EPS系统的滞后特性可以通过EPS控制器的软件加以补偿，使汽车在各种速度下都能得到满意的转向助力。

5. 回正性好：EPS系统结构简单，不仅操作简便，还可以通过调整EPS控制器的软件，得到最佳的回止性，从而改善汽车操纵的稳定性和舒适性。

第五章
汽车电器的维护与保养

第一节 蓄电池的维护与保养

一、蓄电池

当蓄电池电量不足，电解液密度过低时，蓝色小球下沉到极限位置，则观察孔呈现“内红外无色”（中心呈红色圆点，周围是无色透明圆环），表示蓄电池亏电严重，必须立即充电，英文说明标为charging necessary。当电解液液面过低时，两只小球都将下落到极限位置，此时观察孔呈“外红内无色”（中心呈无色透明圆点，周围是红色圆环），表示电解液不足，说明蓄电池不能继续使用，必须更换。如果这种检测栓装在干荷蓄电池上，则表示必须添加蒸馏水。英文说明标示为add distilled water。

车辆中使用的主要有铅酸蓄电池和免维护电池两种。例如，卡罗拉GL1.6AT使用普通铅酸蓄电池，如图5-1-1所示。

图 5-1-1 卡罗拉的蓄电池

二、蓄电池的维护与保养

1. 蓄电池液位

蓄电池液位应在上下刻度之间。即UPPER LEVEL与LOWER LEVEL之间，如图5-1-2所示。

注意事项：

（1）如果很难确定电解液液位，可以通过拆卸一个通风孔塞并从该开口中检查电解液液位。

（2）若蓄电池液位不足需添加时，可使用配好的蓄电池电解液进行加注，加至上下刻度线之间即可。

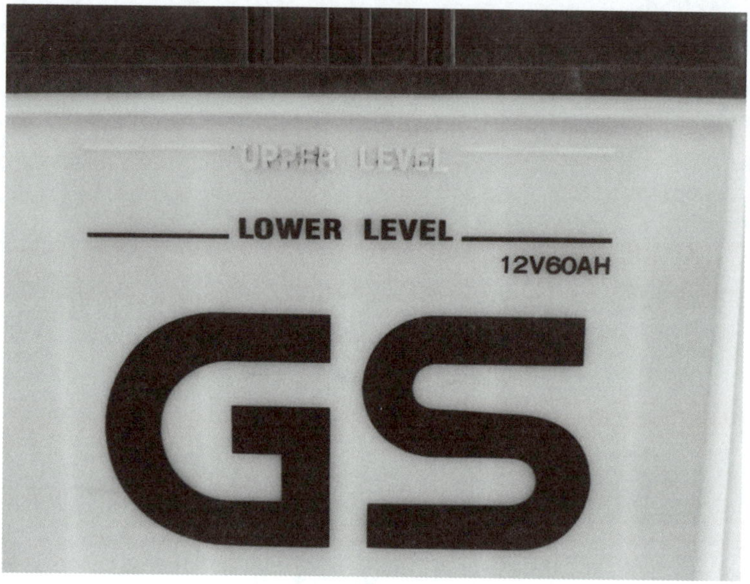

图 5-1-2 蓄电池液位

提示：

蓄电池电解液有一定的腐蚀性，请勿直接与车辆及人体皮肤接触。

2. 外观检查

长期使用蓄电池会出现老化损伤，需要进行外观检查，如图5-1-3所示。其检查内容包括：

（1）检查蓄电池盖是否有裂纹或者渗漏。

（2）检查蓄电池端子是否腐蚀。

（3）检查蓄电池端子导线是否松动。

3. 通风孔检查

将通风孔塞拧出，并检查通风孔塞是否完好，有无损坏，如图5-1-4所示。对着光线检查通风孔塞是否堵塞。如发现不透光，则通风孔塞堵塞。

参考：若通风孔塞堵塞可以用压缩空气反向进行清除，通风孔塞内部采用迷宫式设计，保证通气并防止液体溅出，如图5-1-5所示。

图 5-1-3 蓄电池外观检查

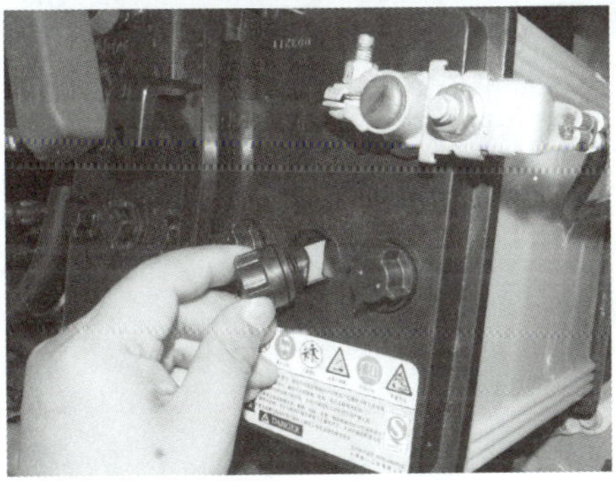

图 5-1-4 通风孔检查

图 5-1-5 通风孔塞内部

4. 蓄电池电解液密度检查

用密度计自带的吸管，取一滴电解液，滴在测量镜上，放下透明挡片，进行读数，如图5-1-6所示。

提示：

（1）蓄电池电解液应滴在测量镜的中间段，否则会影响读数。

（2）在使用电解液密度计前，可以用蒸馏水测试仪器是否准确，即校零。

图 5-1-6 蓄电池电解液比重检查

密度计读数方法：

电解液密度计的视窗显示有三列刻度。从左向右分别指示的是蓄电池电解液密度、冷却液冰点、雨刮液冰点。在这里我们读最左侧一列。

读取颜色分界线在刻度线上所指示的数值，如图5-1-7为1.17g/cm³。

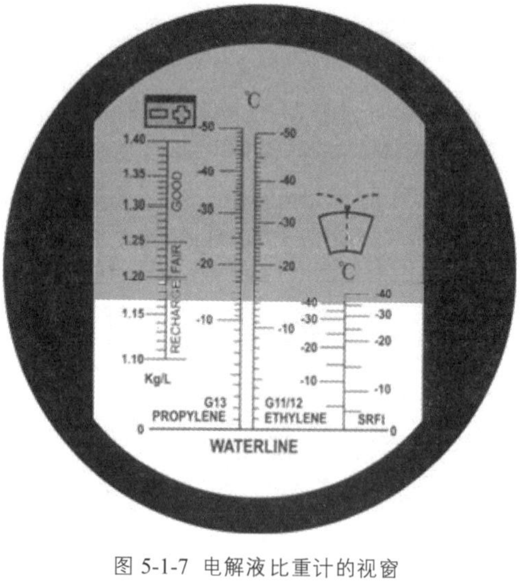

图 5-1-7 电解液比重计的视窗

提示：所有单元的密度是否在1.250g/cm³至1.280g/cm³之间。确保电池单元之间的密度偏差低于0.025g/cm³。

参考：蓄电池电解液的密度20℃时应为1.28g/cm³。电解液的密度随温度变化而变化，当电解液温度每升高1℃时，密度降低0.0007g/cm³，液温降低1℃时，密度上升0.0007g/cm³，故测定结果必须换算成标准温度20℃时的密度值。换算公式为：$S_{20（℃）}=S_t+0.0007*（t-20）$，其中$t$为电解液的温度，$S_t$为测量值。

5. 密度计使用完后应进行清洗。并将通风孔塞安装到位。将车辆恢复为初始状态，做好5S，结束工作。

第二节　发电机的维护与保养

一、发电机

1. 汽车发电机的作用

汽车发电机是汽车电气系统中的重要部件，它有两大功用：一是在发动机运转时向各用电设备供电；二是给蓄电池充电以备发动机不运转和启动时供电，是充电系统的重要组成部分，如图5-2-1所示。如果发电机不发电了，行驶中的汽车很快就会耗光蓄电池中储存的电，导致车辆抛锚。要想在汽车行驶中保持发电机恒稳的发电状态，应经常性地做好养护工作。

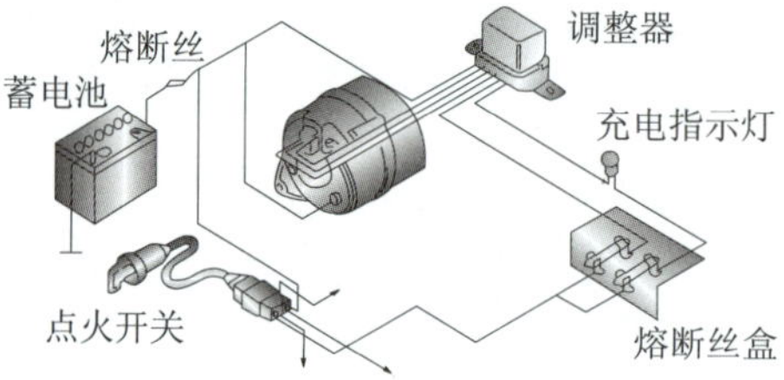

图 5-2-1 充电系统的组成

2. 发电机的结构

发电机主要由转子、定子总成、整流器、传动皮带轮、风扇、前后端盖、电刷架、电刷等部件组成，如图5-2-2所示。

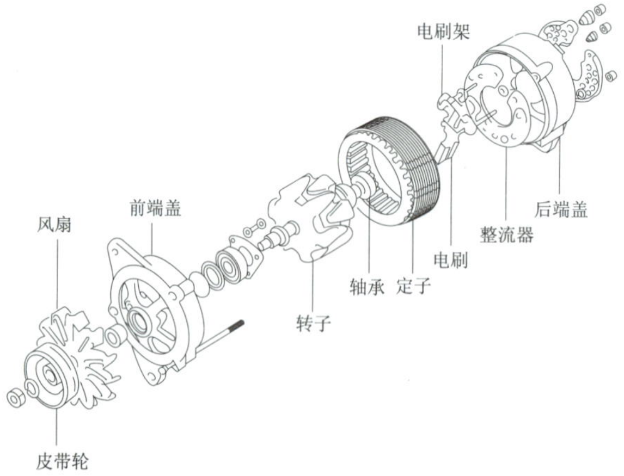

图 5-2-2 发电机的结构

3. 发电机的工作原理

当外电路通过电刷使转子的励磁绕组通入直流电时，便产生磁场，使爪极被磁化为N极和S极。当转子在发动机带动下旋转时，磁通交替地在定子绕组中变化，根据电磁感应原理可知，定子的三相绕组中便产生交变的感应电动势，如图5-2-3所示。这就是交流发电机的发电原理。

定子绕组若接入用电负载，电机就有交流电能输出。经过发电机内部的整流桥，交流电转换成直流电从输出端子输出。

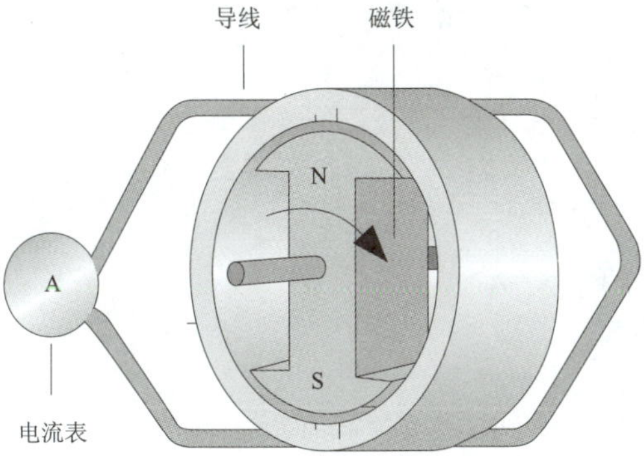

图 5-2-3 磁铁在定子绕组中旋转

二、发电机的维护与保养

1. 发电机的外部检查

（1）检查发电机在发动机上的安装是否牢固，导线连接是否可靠，如图5-2-4所示。

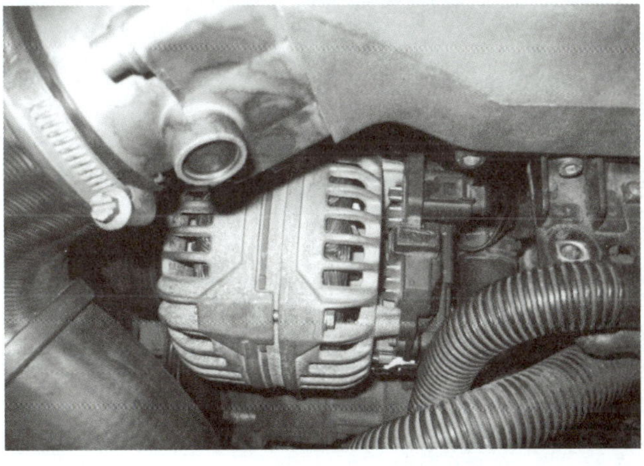

图 5-2-4 发电机安装状态检查

（2）检查发电机传动皮带，用拇指压下(压力为30—40N)皮带，其挠度应在10—15mm；目测检查皮带正反面是否有裂纹出现，如图5-2-5所示。

图 5-2-5 发电机传动皮带的检查

（3）检查发电机连接导线状况，要求插接头和电源线的固定良好，如图5-2-6所示。

图 5-2-6 发电机导线连接情况的检查

（4）启动发动机，用试棒或听诊器检查发电机是否有异响。

2. 发电机性能的检查

（1）发电机输出电压的检查。启动发动机，用万用表的电压挡检查发电机输出电压，即万用表红表笔接B接线柱，黑表笔接负极，发动机转速由低速到高速变化，电压应在12.5—14.5V，如图5-2-7所示。

（2）发电机输出电流的检查。拆下发电机B接线柱的导线，将电流表“+”端接发电机B接线柱，电流表“-”端接拆下的导线，启动发动机，打开大灯等用电设备，发动机转速由低速到高速变化，观察发电电流的大小。不同型号的发电机输出功率的大小不一样，所以要根据被测发电机功率而定；若仪表盘上有电流表，也可直接通过电流表检测充电电流的大小，如图5-2-8所示。

图 5-2-7 发电机输出电压的检查

图 5-2-8 发电机输出电流的检查

3. 注意事项

（1）检查发电机固定情况、皮带松紧度情况和导线连接情况，应在停机状态下进行，严禁在发动机运转时检查此项目！

（2）发电机在运转时不要拆下蓄电池的连接线，避免发电机瞬时电压过高而烧坏用电设备。

（3）检查发电机输出功率时，必须在停机情况下对发电机进行连接，然后再启动车辆进行检测。

（4）发电机在使用的过程中，传动皮带会出现磨损、裂纹和过松打滑等现象，还会出现发电机固定螺丝松动和导线连接不良等状况，引起发电机运行时产生异响或不能发电等故障。

第三节 喇叭的维护与保养

一、汽车喇叭

喇叭是汽车的音响信号装置。在汽车的行驶过程中，驾驶员根据需要和规定发出必需的音响信号，警告行人和引起其他车辆注意，保证交通安全，同时还用于催行与传递信号。

1. 汽车喇叭工作原理

当按下方向盘上或其他位置的喇叭按钮时，来自蓄电池的电流会通过回路流到喇叭继电器的电磁线圈上，电磁线圈吸引继电器的动触点开关闭合，电流就会流到喇叭处。电流使喇叭内部的电磁铁工作，从而使振动膜振动而发出声音，如图5-3-1所示。

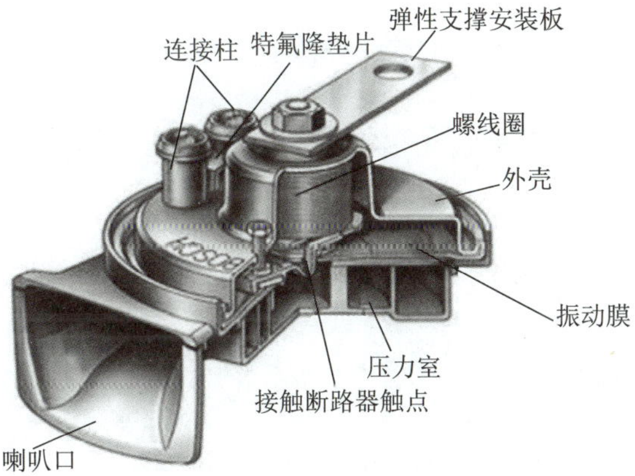

图 5-3-1 汽车喇叭

2. 汽车喇叭分类

喇叭按其发音动力有电喇叭和气喇叭之分；按外形分有螺旋形、筒形和盆形三类；按音频可分为高音和低音喇叭；按接线方式可分为单线制和双线制喇叭；按有无触点可分为有触点式（普通式）电喇叭和无触点式（电子式）电喇叭。其中，气喇叭主要用于具有空气制动装置的重型载重车上，电喇叭具有结构简单、体积小、质量轻、声音悦耳且维修方便的特点，因而在中小型车辆中获得了广泛应用。现代轿车使用的多是电喇叭。

二、汽车喇叭的维护与保养

1. 喇叭的日常维护与保养

（1）经常保持喇叭外表清洁，各接线要牢靠，如图5-3-2所示。

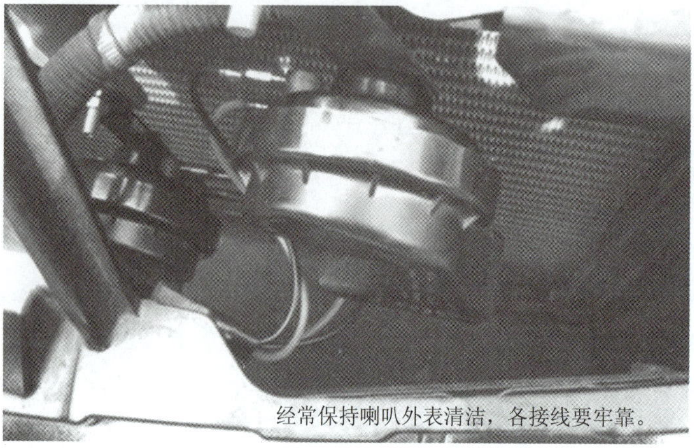

图 5-3-2 检查喇叭的清洁

（2）经常检查、紧固喇叭和支架的固定螺钉，保证其搭铁可靠，如图5-3-3所示。

图 5-3-3 检查喇叭的固定

（3）喇叭的固定方法对其发音影响较大。为了使喇叭的声音正常，喇叭不能做刚性安装，因而要固定在缓冲支架上，即在喇叭与固定支架之间要装有片状弹簧或橡皮垫。

（4）经常检查发电机输出电压。电压过高会烧坏喇叭触点，电压过低（低于喇叭的额定电压）喇叭将发出异常声音。

（5）洗车时，不能用水直接冲洗喇叭筒，以免水进入喇叭筒而使喇叭不响。

（6）在检修喇叭时，应注意各金属垫和绝缘垫的位置，不可装错。

（7）喇叭连续发音不得超过10s，以免损坏。

（8）不可将各类异物放入喇叭，以免造成异常音。

2. 喇叭的更换

（1）如有需要，拆卸前保险杠，如图5-3-4所示，拔掉喇叭的电线插头，如图5-3-5所示。

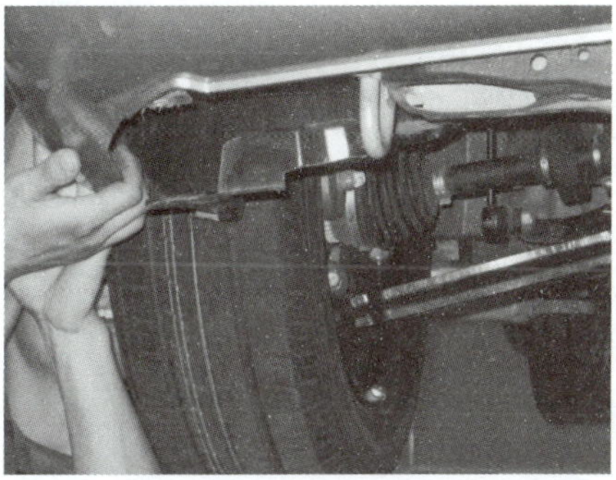

图 5-3-4 拆卸前保险杠

图 5-3-5 拔掉喇叭的电线插头

（2）拆除喇叭的固定螺栓，如图5-3-6所示，取出损坏的喇叭，如图5-3-7所示。

图 5-3-6 拆除喇叭的固定螺栓

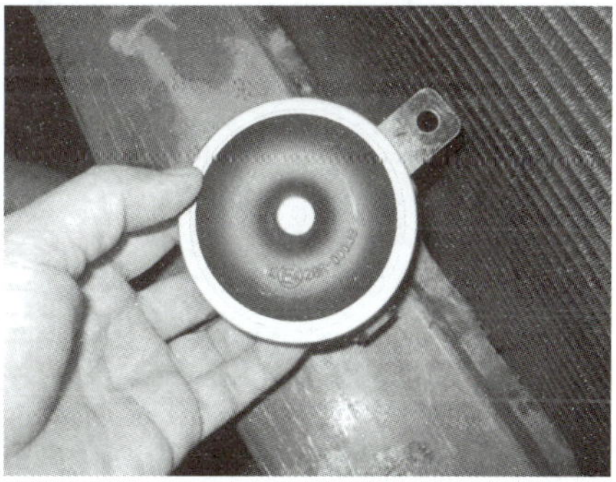

图 5-3-7 取出损坏的喇叭

（3）更换新喇叭，插上插头试一下声音，如图5–3–8所示，安装好前翼子板，如图5–3–9所示。

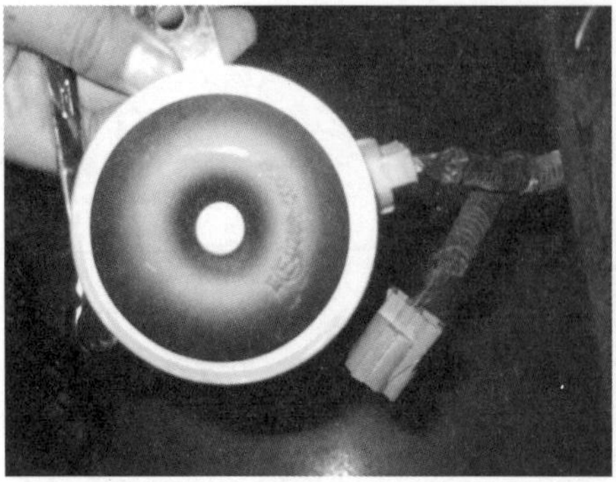

图 5-3-8 更换新喇叭

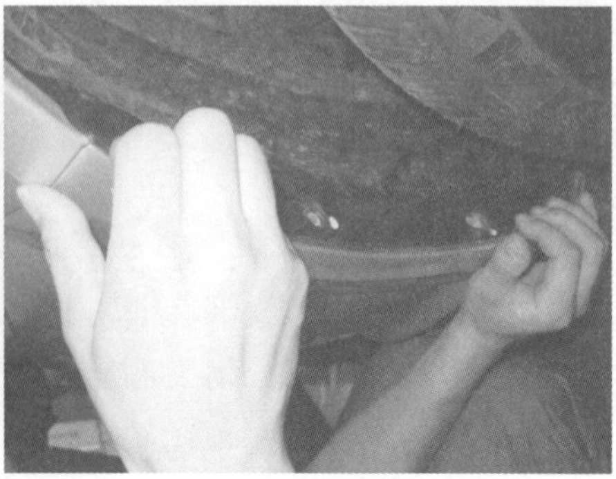

图 5-3-9 安装好前翼子板

第六章

附属电器设备的维护与保养

第一节 汽车空调系统的维护与保养

一、汽车空调系统

1. 空调系统的组成

汽车空调系统主要由制冷剂、压缩机、冷凝器、蒸发器、节流装置和辅助控制元件、冷冻机油等组成。如图6-1-1、图6-1-2所示。

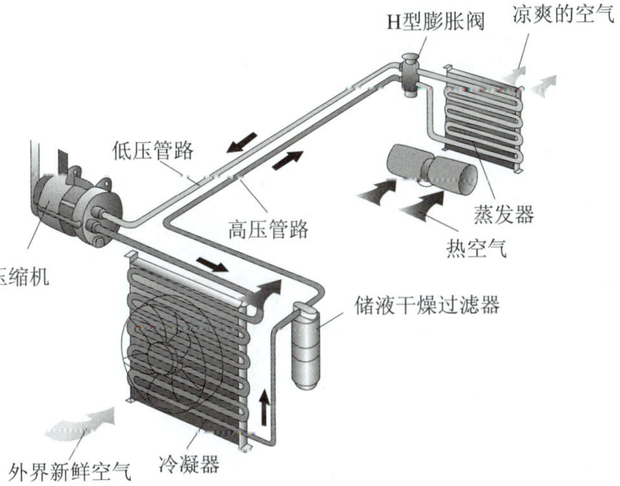

图 6-1-1 膨胀阀式空调系统

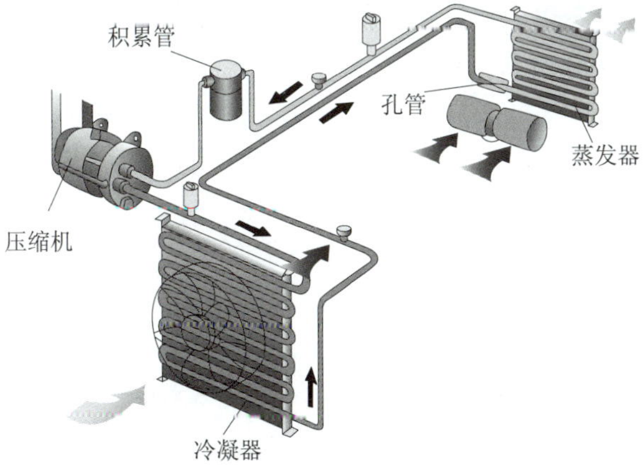

图 6-1-2 孔管式空调系统

2. 汽车空调系统的作用

（1）调节温度

汽车空调在冬季利用其采暖装置升高车内的温度。轿车和中、小型客车一般以发动机冷却循环水作为暖气的热源，而大型客车则采用独立式加热器作为暖气的热源。在夏季，车内降温则由制冷装置完成。

（2）调节湿度

普通汽车空调一般不具备调节湿度的功能，只有高级豪华汽车采用的冷暖一体化空调器，才能对车内的湿度进行适量调节。它通过制冷装置冷却、去除空气中的水分，再由采暖装置升温以降低空气的相对湿度。

（3）调节气流

空气的流速和方向对人体舒适性影响很大。夏季，气流速度稍大些，有利于人体散热降温，但过大的风速直接吹到人体上，则会使人感到不舒服，舒适的气流速度一般为0.25m/s左右；冬季，风速大了会影响人体保温，因而冬季采暖时气流速度应尽量小一些，一般为0.15—0.20m/s。根据人体生理特点，头部对冷比较敏感，脚部对热比较敏感，因此，在布置空调出风口时，应采取上冷下暖的方式，即让冷风吹到乘员的头部，暖风吹到乘员的脚部。

（4）过滤、净化空气

由于车内空间小，乘员密度大，车内极易出现缺氧和二氧化碳浓度过高的情况，汽车发动机废气中的一氧化碳、道路上的粉尘、野外有毒的花粉都容易进入车内，造成车内空气污浊，影响乘员的身体健康。因此，必须要求汽车空调具有补充车外新鲜空气，过滤和净化车内空气的功能。一般汽车空调装置上都设有进风门、排风门、空气过滤装置和空气净化装置。

3. 空调系统的工作原理

汽车空调制冷系统由压缩机、冷凝器、储液干燥器（积累器）、膨胀阀（膨胀管）、蒸发器和鼓风机等组成。各部件之间采用铜管（或铝管）和高压橡胶管连接成一个密闭系统，制冷系统工作时，制冷剂以不同的状态在这个密闭系统内循环流动，如图6-1-3所示，每个循环有如下4个基本过程。

（1）压缩过程

压缩机吸入蒸发器出口处的低温低压的制冷剂气体，把它压缩成高温高压气体排出压缩机。

（2）放热过程

高温高压的过热制冷剂气体进入冷凝器，由于压力及温度的降低，制冷剂气体冷凝成液体，并放出大量的热。

（3）节流膨胀过程

温度和压力较高的制冷剂液体通过膨胀装置后体积变大，压力和温度急剧下降，以雾状（细小液滴）排出膨胀装置。

（4）蒸发制冷过程

雾状制冷剂液体进入蒸发器，因此时制冷剂沸点远低于蒸发器内温度，故制冷剂液体蒸发成气体。在蒸发过程中大量吸收周围的热量，而后低温低压的制冷剂蒸气又进入压缩机。

上述过程周而复始地进行下去，便可达到降低蒸发器周围空气温度的目的。

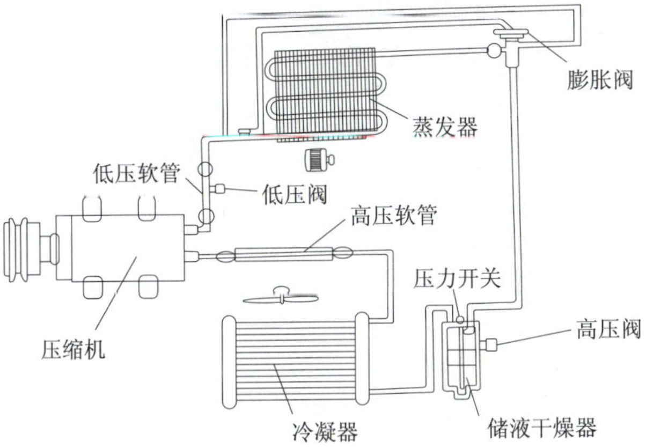

图 6-1-3 系统工作原理

二、汽车空调系统的维护与保养

1. 制冷剂量的检测

制冷剂量检查的目的是确定空调系统是否有保证系统无故障运行的最低制冷剂量。操作步骤如下。

（1）将车辆停放在室内或阴凉处。

注意：环境空气温度不得低于16°C（60°F）。在测试中，请勿使额外的空气流经车辆前部。

（2）打开车窗以使车内通风。

（3）如果空调系统正在工作，使空调系统调整约2min。

（4）关闭点火开关。

（5）安装空调设备：40134A高低压表组件、43310空调系统性能测试仪。

把43310空调系统性能测试仪装在40134A高低压表组件上，43310空调系统性能测试仪的温度探头装在左侧的仪表中央出风口里，将40134A高低压表组件中的高低压管接入被测量车辆的空调系统的高低压管路中，1接高压管，2接低压管，如图6-1-4所示。

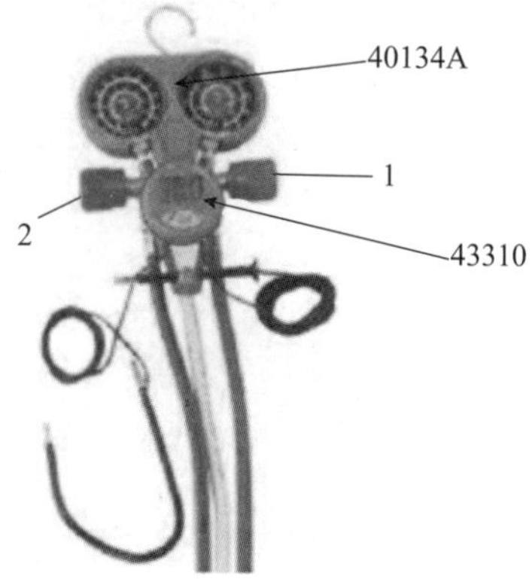

图 6-1-4 压力表组与性能测试仪

（6）记录TIF7000上显示的环境气温，如图6-1-5所示。

（7）记录干湿度计上显示的环境湿度。

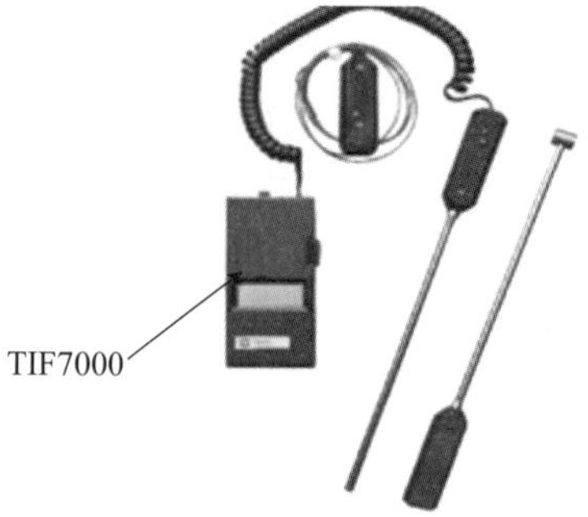

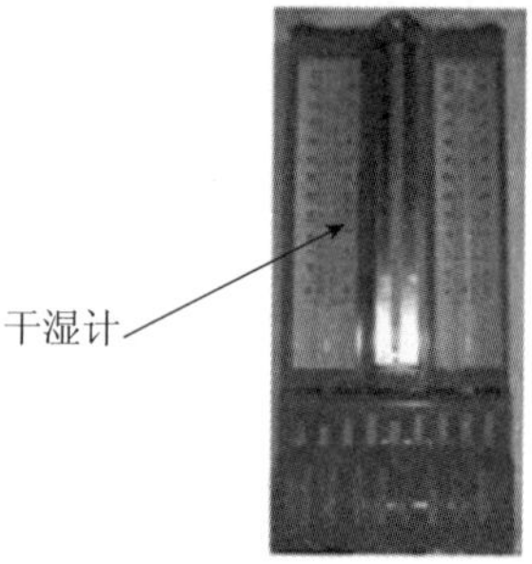

图 6-1-5 干湿计及温度计

（8）记录高压和低压侧的“静态”压力读数。确认高压和低压侧压力是否都在规定值内。规定的标准值压力参见表6-1-1。在对应的环境温度下，高压和低压侧压力应符合规定的标准。如果不在规定值内，则需要对系统进行泄漏测试。

表6-1-1 标准压力值

	标准1	标准2	标准3
温度	高于16°C(60°F)	高于24°C(75°F)	高于32°C(90°F)
压力	345kPa（50lbf/in^2）	483kPa（lbf/in^2）	690kPa（lbf/in^2）

2. 空调系统泄漏测试

（1）抽真空测试空调系统的泄漏

①从系统中回收所有剩余的制冷剂。

②将40134A高低压表组件中的高低压管接入被测量车辆的空调系统的高低压管路中，红色的接高压管，蓝色的接低压管。

③将中央维修软管（黄色的管子）接到15121A真空泵上，将真空泵连接上电源。

④把高低压表组的阀门都打开，使真空泵工作，直到有一个约-90lbf/in²的真空达2min。

⑤关闭两个手动阀门，等待5min，重新检查真空，如果没有真空变化说明空调系统完好。如果真空减弱较严重，检查软管接头和泵，如果它们是好的，则说明有泄漏。

（2）使用电子泄漏测试仪检测系统的泄漏

①确保系统内有足够的制冷剂来产生正常的压力（至少345kPa）。对于空的系统，补充加注时制冷剂补充量为总加注量的7%—10%。使系统工作直到产生正常的压力。

注意：在通风干燥的空间进行泄漏测试。如果这个空间已被制冷剂污染，用风扇把过度的制冷剂吹走。在寻找泄露时关闭发动机。

②用干布把油污清洁干净，残余的溶剂可能会干扰泄漏测试仪。

③检查确保泄漏探测器——TIFXP-1A气体泄漏测试仪的探测头和过滤器是干净的，如图6-1-6所示。

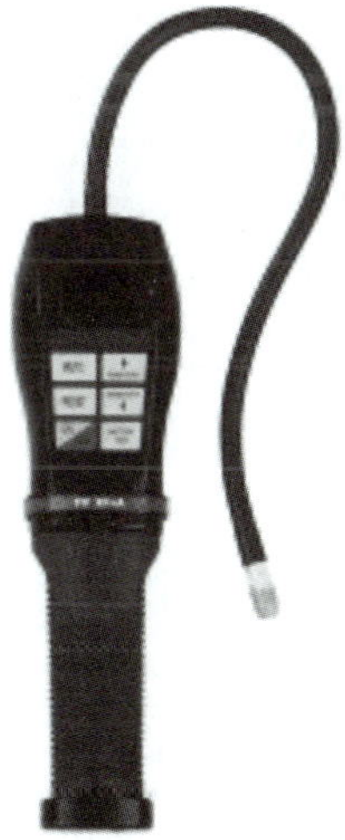

图 6-1-6 TIFXP-1A气体泄漏测试仪

④打开TIFXP-1A气体泄漏测试仪，并进行调整和校准：使用灵敏度选择键选择合适的灵敏度，灵敏度分为7个等级，等级越高LED灯亮的格数越多。声音的大小可反映出泄漏的强弱（浓度）。

⑤测试时从一个方便的位置开始检测，按连续路径进行，以确保不会漏掉任何可能的泄漏。

⑥把气体泄漏测试仪的探针放在被检查部位的下面，沿管路移动探针，每隔6mm左右做一个停顿，确保泄漏探测仪的探针不接触被检查的部位。在检查特殊位置时，用手将探针静止5s。

注意：为防止虚假警报，应清洗并干燥所有表面。液体会损坏检测仪。检测系统所有部位是否有泄漏。

（3）使用荧光泄漏检测仪检测系统的泄漏

使用荧光泄漏检测仪检测系统的泄漏为执行泄漏测试，荧光泄露检测仪如图6-1-7所示。应确保车辆空调制冷系统中至少有0.45kg的制冷剂。

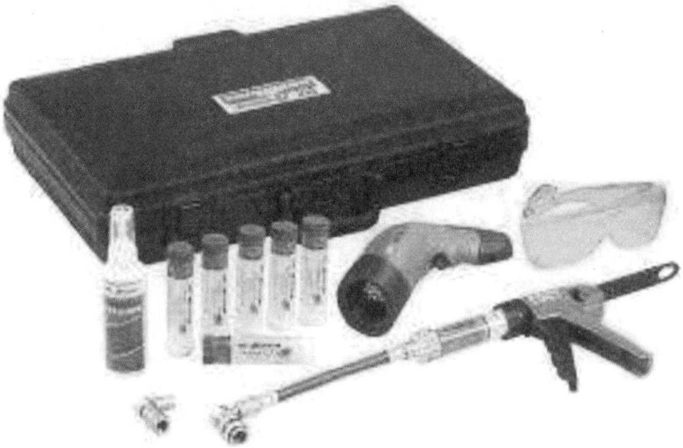

图 6-1-7 荧光泄漏检测仪

注意事项：

①R134a泄漏检测染料需要一定时间才起作用。根据泄露速度不同，大量泄露在十几分钟就能察觉到，轻微泄露需要几天时间才能观察到荧光。

②请勿向空调系统加注过量染料，仅注入7.39mL。

③为避免出现误诊断，用抹布和准许的荧光染料清除剂从检修端口彻底清除残留染料。如果制冷剂不够，重新加注。

检测步骤：

①在染料注射器内加入正确量的荧光染料。把手动注射器连接到维修口（空调低压检修口）上，操作注射器注入正确的量后断开注射器。荧光染料

有助于查明空调系统中的泄漏部位。

②启动发动机，让空调系统运行几分钟使荧光染料充分循环，然后关闭系统和发动机。

③在寻找发光荧光剂时，要在系统上照射高强度的紫外光线，使痕迹更容易显现出来，在紫外线照射下，制冷剂的泄漏表现为黄绿色的光，带上黄色的护目镜会提高泄漏的可见度，使它更容易被发现。

④沿着系统管路寻找可能的泄漏部位。在以下部位使用泄漏检测灯：

a. 所有使用密封垫圈或O形圈的接头或连接。

b. 所有空调零部件。

c. 空调压缩机轴密封处。

d. 高低压检修端口。

e. 暖风、通风与空调系统排水管（怀疑蒸发器芯有泄漏时）。

⑤在需要检查的接头或管的后面或压缩机下面较近的位置放一个镜了，以便反射紫外线并检查这些隐藏的区域。

检测结束后的清理步骤：

①断开相关仪器的电源线。

②用湿布清理仪器的外表面。不要使用溶剂或水直接清理仪器。

③清理工作现场，归还工具、设备，做好维修车间的5S管理。

（4）加压法检测系统的泄漏

加压法检漏是指将少量制冷剂及一定压力的氮气加入制冷系统中，再用观察法、肥皂泡沫、电了检漏仪进行检漏的一种方法，如图6-1-8所示。这种方法常用于空调制冷系统中的制冷剂全部漏光时的检漏。

图 6-1-8 连接注射管接头与低压阀门

3. 制冷剂回收加注

（1）制冷剂回收加注机的设置

在使用AC690PRO进行制冷剂回收、抽真空、加注之前，应做好设备的准备工作。参考设备的使用说明书，在开始使用AC690PRO单元之前，熟悉相关设置面板，如图6-1-9所示，面板按钮含义如图6-1-10所示。

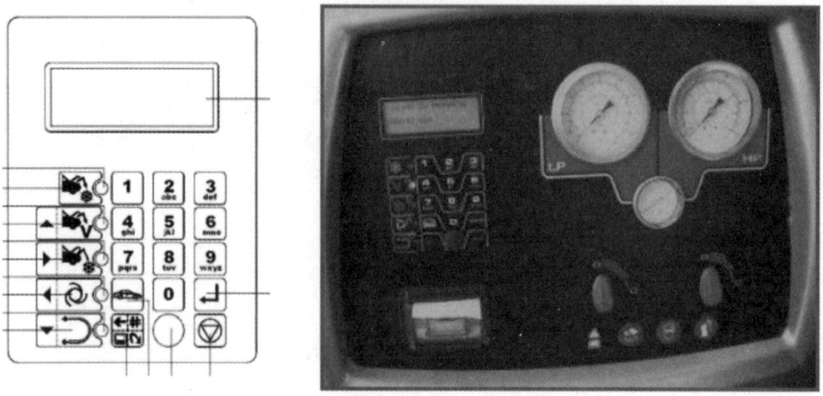

图 6-1-9 AC690PRO界面

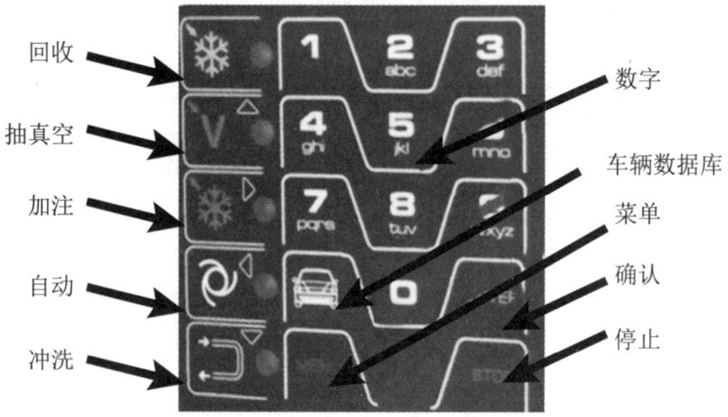

图 6-1-10 AC690PRO界面按钮含义

（2）制冷剂回收操作

按照下列步骤回收空调系统内的冷却剂。屏幕上会出现提示操作者连接进水管的信息，按确认键显示下一个信息。

①连接空调系统的T1低压软管和T2高压软管，如图6-1-11所示。

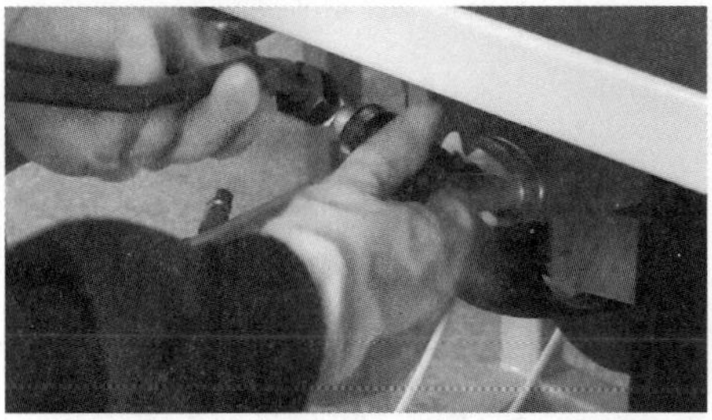

图 6-1-11 连接空调系统的高、低压软管

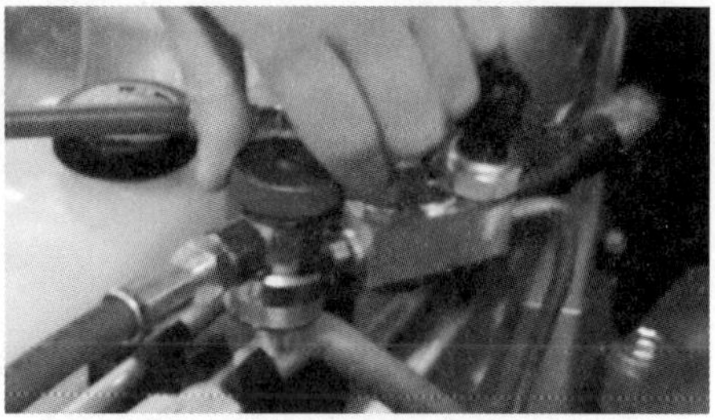

图 6-1-12 阀门的开启

②打开软管快速连接T1和T2上的阀门，如图6-1-12所示。

③如图6-1-13所示打开单元上的高压和低压阀门。

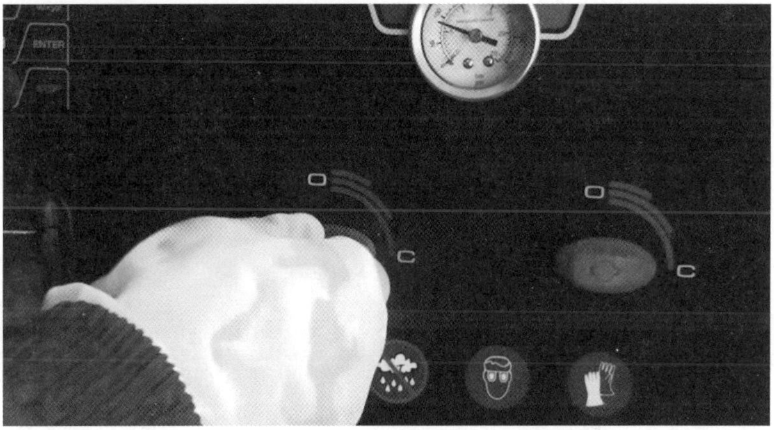

图 6-1-13 AC690PRO界面阀门的打开

④按回收键，自我清洁功能随即启动。

⑤如果系统内没有压力，这个功能不会启动；在这种情况下，屏幕上会出现一条系统压力低无法进行回收操作的信息提醒操作者。

⑥自我清洁结束后，制冷剂回收开始。

⑦回收结束时油自动排出，然后检查压力值。

⑧油瓶电子秤会保存排出油的重量值。

⑨当等待时间已满，如果压力上升，本功能会自动重新启动。如果压力值没有变化，屏幕会显示回收的制冷剂数量。

⑩按STOP键，退出。

⑪关闭高、低压阀门开关，取下高、低压软管，按STOP键，退出。

⑫若排完油后，如图6-1-14所示低压表仍有压力显示，则不能进行抽真空操作，系统会误认为没有回收干净，仍需继续回收。

图 6-1-14 回收不完全压力值

⑬按停止键返回待机页。退出时，程序会询问是否要取消存储器内设置的车辆数据。

⑭屏幕上会出现提示操作者断开进水管连接的信息。

⑮选择不断开进水管的选项，进行下一步抽真空的操作。

（3）空调系统抽真空的操作

抽真空操作以及之后制冷剂回收的操作，进行以下步骤：

①屏幕上会出现提示操作者连接进水管的信息。按确认键显示下一个信息。

②打开单元上的高压和低压阀门。

③按抽真空键，抽真空指示灯亮，如图6-1-15所示。

图 6-1-15 操作抽真空界面

④如果系统内有压力，这个功能不会启动；在这种情况下，屏幕上会出现一条信息提醒操作者。

⑤选择2根管路抽真空。

⑥连接高、低压软管，打开高、低阀门开关，按ENTER键，确认。

⑦输入期望的抽真空时间，15min。

⑧按ENTER键确认，然后启动功能。

⑨抽真空时间一过，压力值检查时间即开始。压力值检查时间一过，检查结果就会显示在屏幕上。

⑩确认系统没有泄漏，如图6-1-16所示，高、低压需均小于90kPa。

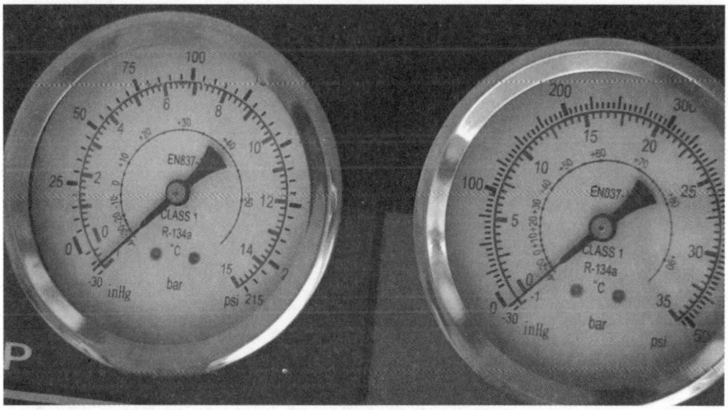

图 6-1-16 抽真空结束后压力值

⑪关闭单元上的阀门。

⑫按ENTER键打印。

⑬按STOP键返回待机页。退出时，程序会询问是否要取消存储器内设置的车辆数据。

⑭屏幕上会出现提示操作者断开进水管连接的信息。

⑮选择不断开高低压管的选项，进行下一步。

（4）注油和充注空调系统

接着空调系统抽真空的操作，进行以下步骤：

①按“加注”键，“加注”指示灯亮，如图6-1-17所示。

图 6-1-17 加注操作界面

②屏幕上会出现提示操作者连接高低压管的信息，选择两根管路加注，按ENTER键显示下一个信息。

③连接高、低压软管，打开高、低阀门开关，确认。

④要求确认是否注入紫外染料。1为注入紫外染料，2为不注入紫外染料。

⑤点击数字2不注入紫外染料。

⑥要求确认是否充油。选择1充油，按车型选择合适的注油量，也可以参考所抽出的油量确定需注油的量。

⑦点击数字1注油。按数字键选择注油的数量（屏幕会显示默认放油量值），然后按数字键改变默认值；按ENTER键确认。

⑧点击数字2取消注油。

⑨按要求输入冷冻机油充注数量。

⑩按教学车型选择合适的制冷剂加注量，按ENTER键，如图6-1-18所示。

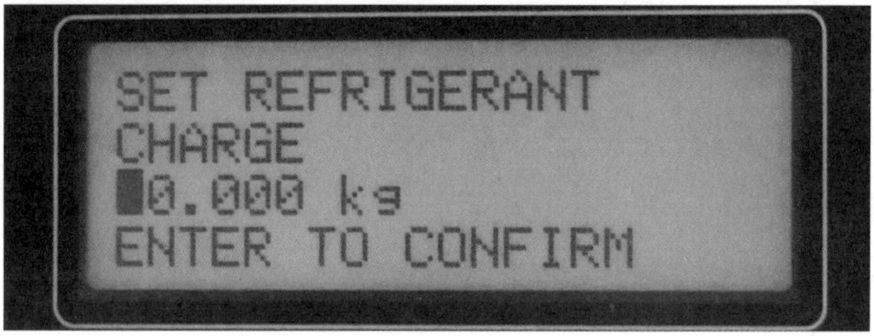

图 6-1-18 制冷剂数量的设置

注意：如果是通过数据库选择的汽车，屏幕会自动显示选定的汽车要充注的制冷剂数量。如果加注过程中出现误差，设备会停止工作并显示相关误差信息。

⑪本功能启动，然后自动持续至结束。

⑫工作站依次执行所有操作之后，最后将显示制冷剂和充油值。

⑬关闭高、低压阀门开关，按ENTER键继续。

⑭屏幕显示是否需要运转空调系统测试，选择2，按ENTER键。

⑮取下高、低压软管。

⑯打开高、低压阀门。

⑰按ENTER键，确认。

⑱清洁高、低压软管。

⑲管路清洁完成，关闭所有阀门，按STOP键，退出。

⑳启动发动机，接通汽车空调系统的电源。让空调系统工作10min。

㉑检查高、低压压力值，并做好记录。

㉒确定空调系统工作正常。

㉓关闭发动机，关闭汽车空调系统的电源。

㉔按ENTER键打印。

㉕按STOP键返回待机页。退出时，程序会询问是否要取消存储器内设置的车辆数据。

㉖系统恢复原状，清理工作场地，做好5S管理。

4. 更换空调滤芯

（1）日系车通常将空调滤芯安装在副驾驶位手套箱的后部，更换空调滤芯首先要打开手套箱盖，如图6-1-19所示。

图 6-1-19 空调滤芯安装位置

（2）找到手套箱右侧的固定卡扣，如图6-1-20所示，并用力向外侧拔出。

图 6-1-20 手套箱固定卡扣

（3）将手套箱盖的固定卡扣取下拿掉，使之脱离，如图6-1-21所示。

图 6-1-21 拆卸手套箱固定卡扣

（4）用双手将手套箱两边向中间挤压，手套箱就可以拿下来了，如图6-1-22所示。

图 6-1-22 手套箱的拆卸

（5）拿下手套箱就可以看到空调滤芯盖板，用力按压盖板两侧的固定卡扣，就可以取下盖板，如图6-1-23所示。

图 6-1-23 空调滤芯盖板的拆卸

（6）向外侧抽出旧的空调滤芯，如图6-1-24所示。

图 6-1-24 空调滤芯拆卸

（7）将新的空调滤芯装入，按拆装顺序的反向恢复原位即可（注意空调滤芯的安装方向），如图6-1-25所示。

图 6-1-25 安装新空调滤芯

（8）依次安装好空调滤芯盖板和手套箱，注意手套箱固定卡的安装（带有阻尼作用）。

第二节　汽车电动车窗系统的维护与保养

一、电动车窗

电动车窗通过伺服电机驱动玻璃的升降，它取代了传统的转动摇柄升降玻璃，使得玻璃的升降轻便化、舒适化、自动化。

装有这种电动车窗的车，在各个车门都装有玻璃升降开关，向上按玻璃上升，向下按玻璃下降。有的开关还可以点动，即轻点一下就可连续上升或下降，在收费站交费时，这个功能就比较有用。在驾驶员侧的车门上有一个总开关，可以遥控各个车门玻璃的升降，还可关闭全车的玻璃升降机构。

电动车窗主要由车窗升降器和控制电路等组成，如图6-2-1所示。

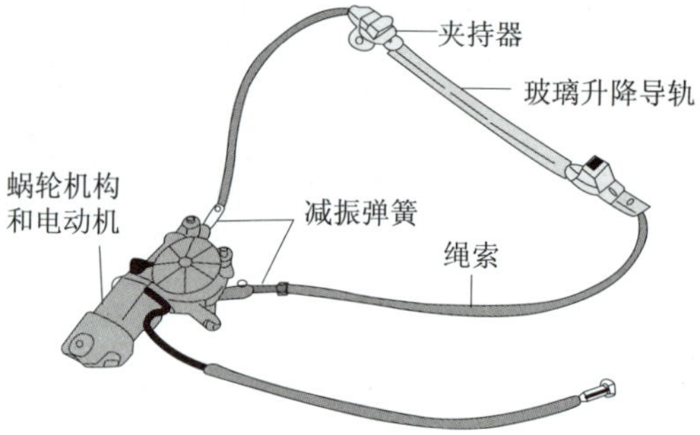

图 6-2-1　电动车窗组成

二、电动车窗维护与保养

1. 电动车窗的拆装

（1）拆卸准备工作

拆卸一定要在了解其工作原理和拆装工艺的基础上进行。整理现场零件和拆装工具（如图6-2-2所示），准备好抹布及清洁工具。

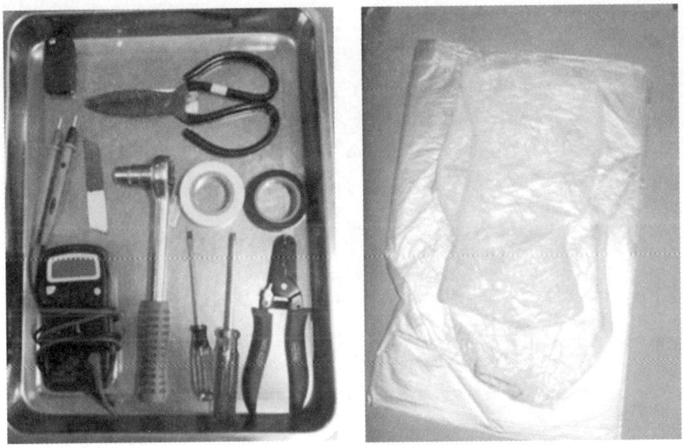

图 6-2-2　拆装工具

（2）拆卸步骤

①拆卸之前做好防护，关闭点火开关，断开蓄电池，如图6-2-3（a）（b）所示。

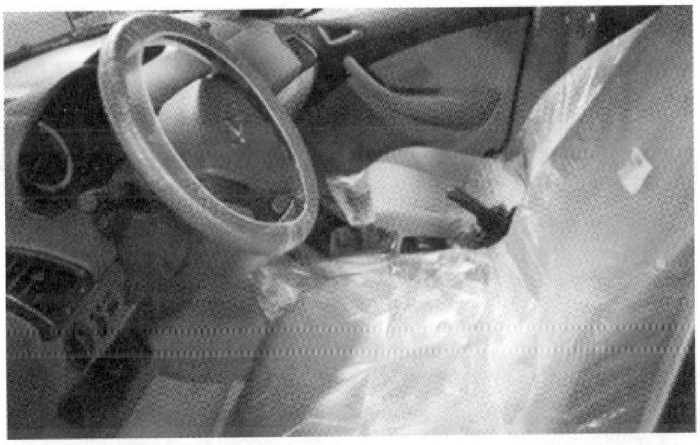

（a）

（b）

图 6-2-3　拆装前防护要求

②用密封条拨片拆下密封条，拆下车窗上部饰盖，如图6-2-4所示。

图 6-2-4 饰盖的拆卸

用密封条拨片拆下门窗控制开关和门把手以及门灯，找到暗藏的紧固螺栓2颗，紧固螺丝5颗。

③用螺丝刀拆下5颗门板紧固螺丝，如图6-2-5所示。用8mm套筒扳手拆下2颗紧固螺栓，这时可以轻轻将门板下部抬起。

图 6-2-5 门板紧固螺丝拆卸

④拆下内侧门把手，将其置于门板里，如图6-2-6所示。

图 6-2-6 拆卸内侧门把手

⑤将车内自锁开关的锁柱按进门板里。

⑥断开显示灯插接器，线束置于门板里。同时拆下控制开关，将其插接器置于门板里，如图6-2-7所示。

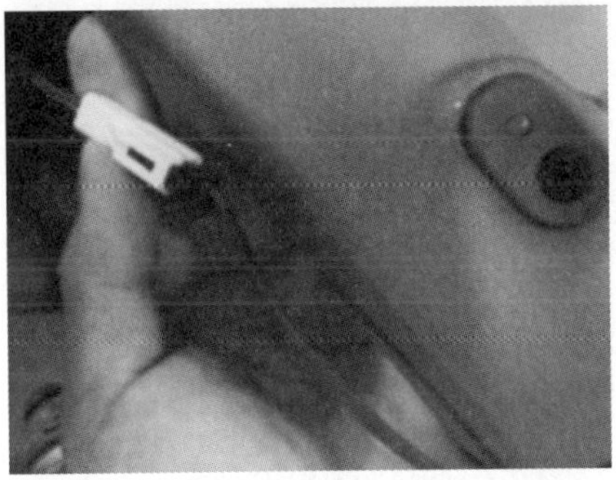

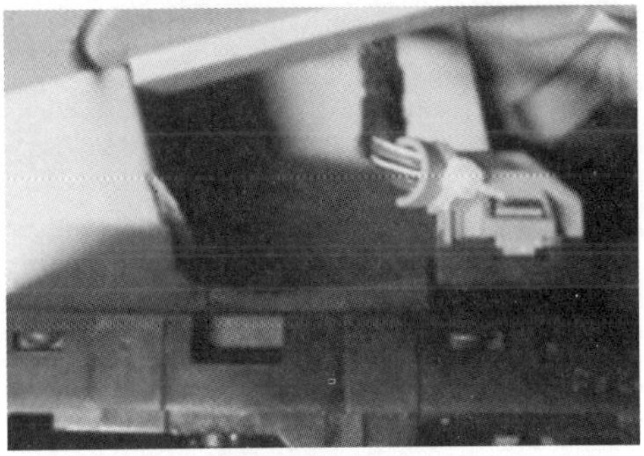

图 6-2-7 控制开关的拆卸

⑦拆卸玻璃固定螺，如图6-2-8所示。找到电机控制插接器，断开插接器，找到电机固定螺栓（3个10mm螺钉），找到升降器固定螺栓（上下各一个10mm螺钉），找到玻璃固定卡槽的固定螺栓（如果没有看见，可以通电后移动玻璃位置找到两个十字螺钉）。依次按照顺序，用10mm套筒扳手拆卸玻璃固定卡槽的固定螺栓，拆卸时需一人从旁辅助，固定玻璃防止滑落。

图 6-2-8 玻璃固定螺栓的拆卸

⑧拆卸车窗玻璃。稍微斜向上，慢慢抽出，放到零件台上，如图6-2-9所示。

⑨断开电机插接器，拆卸电机紧固螺母，如图6-2-10所示。

⑩拆卸玻璃升降器。断开电机插接器，拆卸电机紧固螺母，如图6-2-10所示。

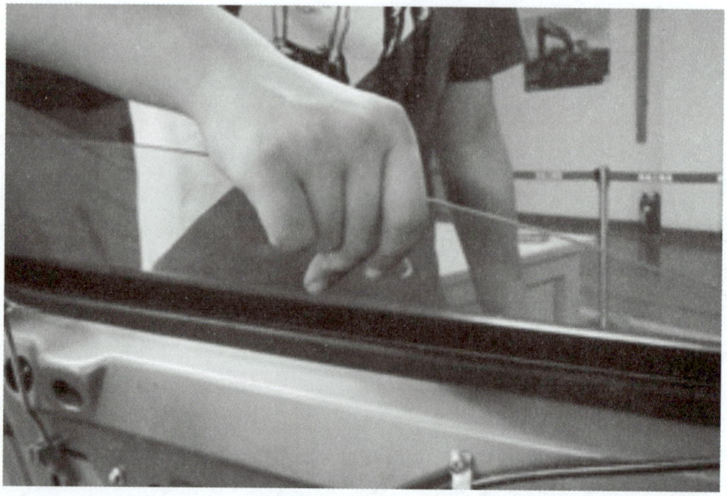

图 6-2-9 玻璃的拆卸

图 6-2-10 拆卸玻璃升降器紧固螺母

拆卸电机紧固螺栓，一人协作扶住电机，另一人拆卸玻璃升降器紧固螺栓。待螺栓拆卸完毕后，将其轻轻放倒于车门里，从最大的车门空中取出即可。

⑪安装工艺与此相反。

2. 电动车窗的保养

（1）电动车窗清洁。车窗玻璃的污损不仅会影响外观，还会影响视野，过分脏污更影响到电动车窗开关的动作，因此玻璃须经常保持干净。

（2）电动车窗内部机械装置加油。电动车窗开关动作不顺畅的原因多为车门内部升降机里的油分耗尽，应取下内盖加油。若是玻璃完全不能上下，则有可能是开关故障。如果是开关的故障,只能更换马达。电子装置如果失灵，检查保险丝是一般常识。

为内部机械装置加油之前，首先取下内盖，剥开下面防水用的塑料纸，取下隐蔽螺丝钉，拆下快动开关，然后在车窗齿轮的内部喷上油脂，一边上下移动，一边喷涂就可以使很细小的部分也能涂上油脂。为使玻璃顺利滑动，重要的是尽量减少阻力。玻璃的污损也会增加阻力，所以应经常保持车窗的洁净。

（3）内部处理结束，支撑玻璃两端的橡胶部分也需要检查。玻璃与导轨的滑动状况差时，可涂上橡胶保养剂，如图6-2-11。为使玻璃顺利滑动，重要的是尽量减少阻力。

图 6-2-11 涂抹橡胶保养剂

第三节 汽车中控门锁系统的维护与保养

一、中控门锁控制系统

1. 中控门锁

中控门锁是指通过设在驾驶（副驾驶）座车门上的开关或通信设备，来控制车门的关闭与开启的一种控制装置。随着计算机技术的发展，中控门锁控制系统不断向着网络化、集成化的方向发展。

2. 中控门锁的作用

中控门锁控制系统具有两级开锁功能、钥匙禁闭预防功能以及安全功能，具体如下：

两级开锁功能：在钥匙联动开锁功能中，一级开锁操作，只能以机械方法打开钥匙插入的门。两级开锁操作，则同时打开其他车门。

钥匙禁闭预防功能：防止钥匙插入点火开关时，没有钥匙而将车门锁住。

安全功能：当钥匙从点火开关中拔去而门已锁住时，无论用钥匙或不用钥匙锁门，门都不能用门锁控制开关打开。

3. 汽车中控门锁的结构

（1）控制部分

控制部分包括编码器、输入器、存储器、鉴别器、驱动级、抗干扰电路、显示装置、保险装置和电源等部分。

（2）执行机构

汽车电子门锁的执行机构一般采用电磁铁或微型电动机控制。

4. 汽车中控门锁的工作原理

电控门锁通过电磁铁机构或电动机式机构来打开及锁止车门锁。由门锁执行机构及联动机构、门锁控制开关、门锁控制继电器等主要部分组成。目前，高档车一般采用的是自动锁门式，它在可以手动控制门锁开闭的基础上，还可以根据汽车车速自动锁死车门。

二、汽车中控门锁的保养

1. 遥控门锁接收器的更换

遥控门锁接收器的拆卸：拆下仪表板、通过松开已扣接头拆下RCDLR；脱开RCDLR的导线接插器，从仪表板上拆下RCDLR。

遥控门锁的接收器的安装：将RCDLR装在仪表底板上，插好RCDLR的导线插接件，通过连接易扣接头安装RCDLR，安装仪表板。

2. 遥控门锁锁定控制设定

遥控锁定的控制设定方法与遥控开锁设定方法基本上相同，不同的车系设定方法不同，只是门锁开关位置和按下遥控器上的键改为LOCK键。

以奔驰为例：

（1）将点火开关KEY OFF，关闭所有窗户及车门。

（2）按下遥控器按键2s后放开。

（3）在30s内用原车锁匙，将车门锁锁上和开锁。

（4）按一次遥控器按键即可。

3. 门锁电动机的检查

首先关闭点火开关，拆下车门内侧板，接近门锁电动机，拆下电动机的2芯插头，然后将蓄电池的正、负极分别与电动机的插座的两个插芯相通，电动机应转动，再将蓄电池的正、负极对调接在两个插芯上，电动机应反转。如果电动机不转或转动不平稳，则应修理或更换电动机。4个车门及后箱电动机的检查方法相同。

4. 螺杆螺母副的检查与润滑

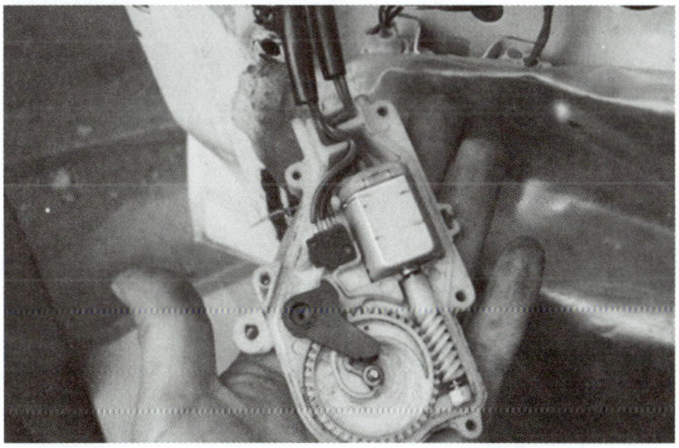

图 6-3-1 对螺杆螺母副进行检查并涂抹润滑脂

电动机式自动车门锁由电动机带动齿轮齿条副或螺杆螺母副，进而驱动锁体总成，驱动车门的锁闭或开启。长时间使用后电动机齿轮齿条副或螺杆螺母副磨损严重，会造成车门不能锁闭或开启，所以要对螺杆螺母副进行检查，看看是否有异常磨损，并涂抹润滑脂，如图6-3-1所示。

第四节　电动座椅系统的维护与保养

一、电动座椅系统

1. 电动座椅的作用与类型

汽车座椅的主要功能是为驾驶员及乘员提供便于操作、舒适又安全、不易疲劳的驾乘位置。汽车座椅应满足以下要求：在车厢内布置要合适，尤其是驾驶员的座椅，必须处于最佳的驾驶位置。

目前，电动座椅的型式有：带电子控制调节系统的电动座椅和不带电子控制调节系统的座椅。

2. 电动座椅的组成

电动座椅一般由：控制开关、双向电动机、传动机构组成。六向电动座椅的构造如图6-4-1所示。

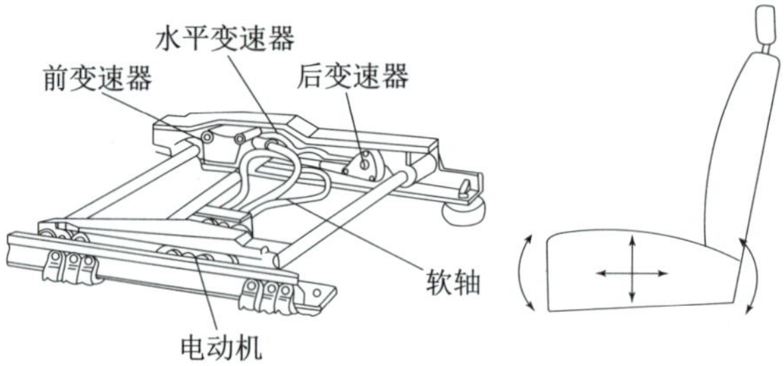

图 6-4-1　电动座椅调整结构图

3. 电动座椅的原理

电动座椅的控制电路如图6-4-2所示。它主要由电源、组合控制开关和三个电动机等组成。组合控制开关内部有四套开关触点。驾驶员或乘员通过控制开关上的按钮来调节座椅的位置。

二、电动座椅的维护与保养

一般情况下电动座椅是很少出现故障的，除非在使用过程中频繁调节，致使座椅的轨道或电机出现问题。

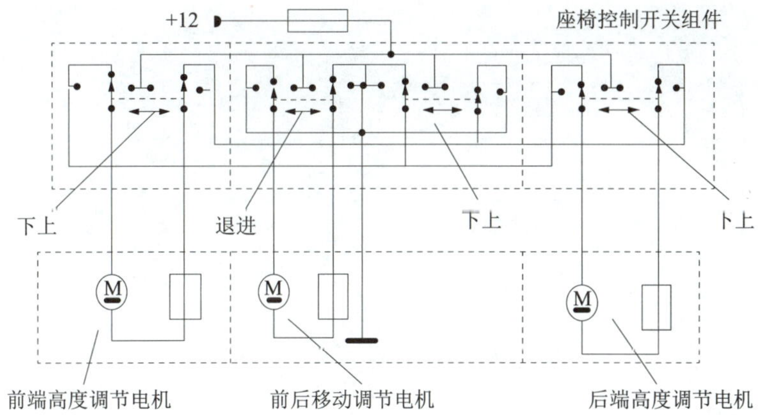

图 6-4-2 电动座椅的电路原理图

1. 座椅调节机构的润滑

电动座椅卡滞或卡死，原因大都是座椅调节连杆氧化或润滑不足造成的。所以维修人员需要给座椅调节连杆涂抹润滑脂，如图6-4-3所示。

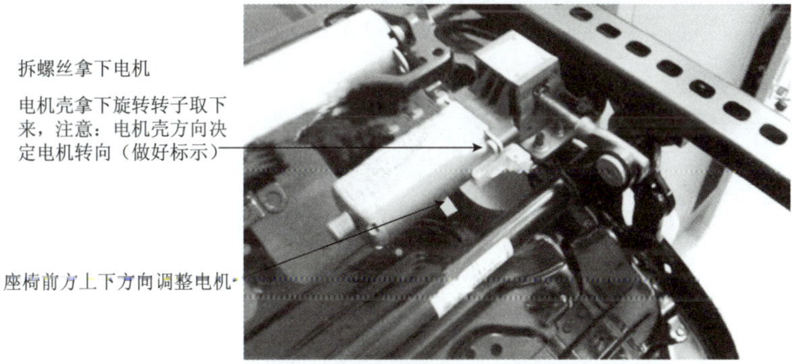

图 6-4-3 给座椅调节连杆涂抹润滑脂

2. 连杆的调节和滑轨的清理

座椅在使用过程中有些时候移动不到位，这种情况一般都是调节连杆或滑轨堵塞或不润滑导致的卡滞而移动不到位，应将座椅拆下后调整调节连杆和清理滑轨，如图6-4-4所示。

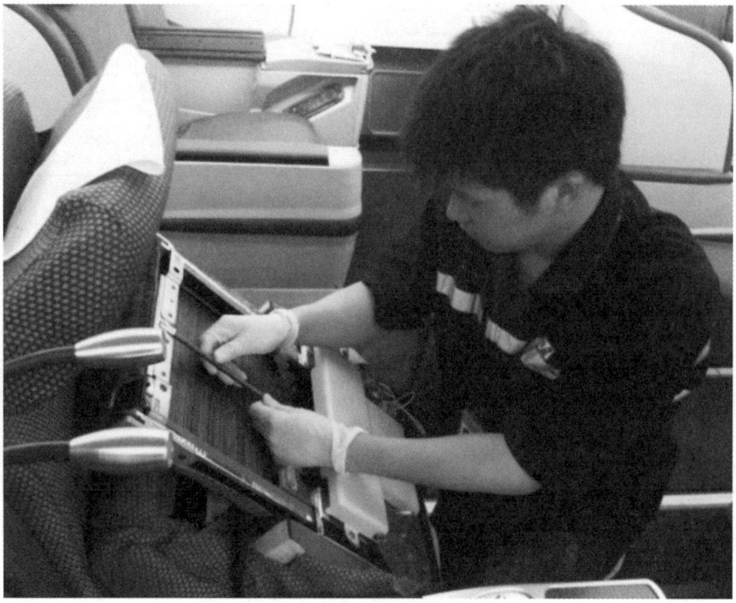

图 6-4-4 将座椅拆下后调整调节连杆和清理滑轨

第五节 风窗刮水器的维护与保养

一、风窗刮水器

1. 风窗刮水器作用

风窗刮水器的作用是刮除挡风玻璃上的雨水、雪或灰尘，确保驾驶员有良好的视线。目前在汽车上广泛采用的风窗刮水器，一般具有高速、低速及间歇3个工作挡位，而且除了变速之外，还有自动回位的功能。

2. 风窗刮水器的组成

风窗刮水器主要是由电动机、传动机构和刮水片三部分组成，如图6-5-1所示。

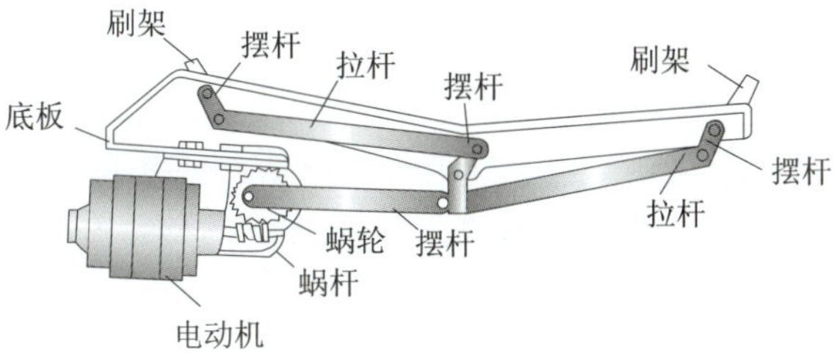

图 6-5-1 风窗刮水器示意图

3. 风窗刮水器的类型

风窗刮水器的电动机一般有永磁式和励磁式两种，而永磁式电动机结构简单、体积小、可靠性好，被广泛采用。

二、风窗刮水器维护与保养

洗涤器的作用是在前挡风玻璃脏污时配合刮水器的动作，把前挡风玻璃外表面清洗干净；刮水器的作用是根据雨量的大小选择不同的工作模式，保障驾驶员有良好的驾驶视线。玻璃洗涤器和刮水器是相互配合、协调工作的。

1. 洗涤器的检查

（1）检查洗涤器储液桶的洗涤液量，液面应该在上下刻度线之间，如图

6-5-2所示，也可通过液位尺检查，洗涤液不足应及时添加。

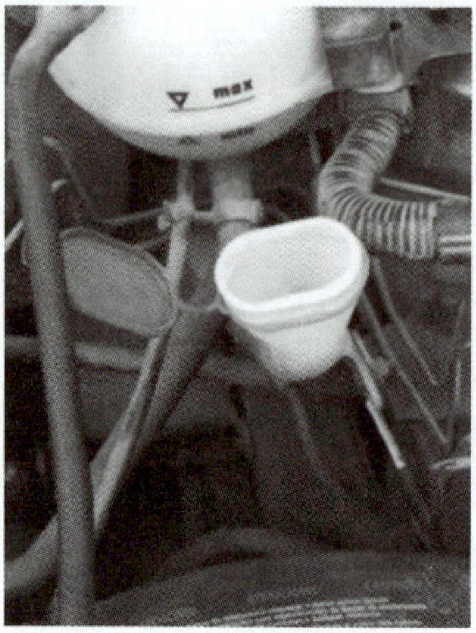

图 6-5-2 洗涤液液面的检查

（2）将洗涤开关打开，观察洗涤器是否工作，刮水器是否也随之及时动作，检查刮水效果，如图6-5-3所示。

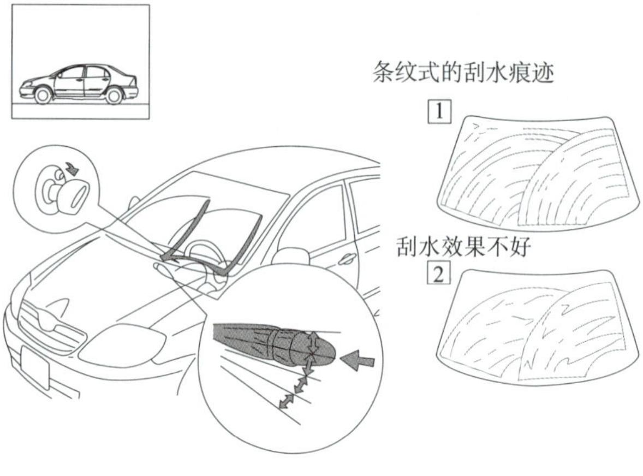

图 6-5-3 刮水效果的检查

（3）观察洗涤器在前挡风玻璃上的喷水位置，若喷水位置不当，应用大头针调整喷头的角度实现喷水位置的调整，如图6-5-4所示。

2. 刮水器的检查

刮水器共有5个挡位，分别是除雾挡、间隙挡、低速挡、高速挡、喷水挡，在检查时必须检查各个挡位的工作情况、回位、洗涤器的喷水位置及喷射压力，如图6-5-5所示。

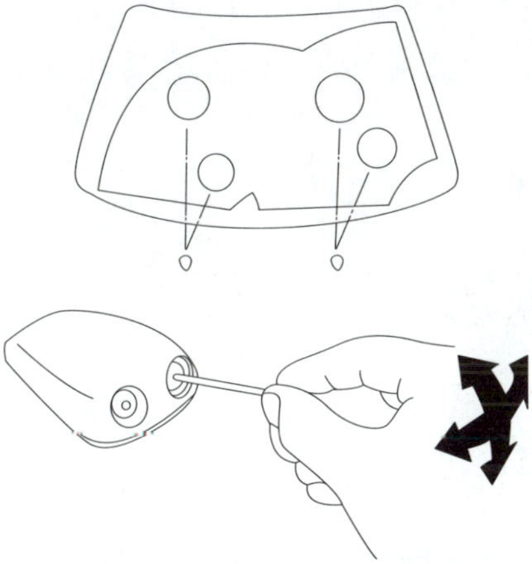

图 6-5-4 洗涤器喷水位置的调整

图 6-5-5 刮水器检查

注意事项：

（1）检查刮水器各个档挡位时不能出现卡滞或停顿现象。

（2）刮水器的停止位置在前挡风玻璃的黑色区域。

（3）有些车型的刮水器间隙挡的时间可以调整，有些车不能调整（卡罗拉不能调整）。

3. 雨刮片的更换

（1）拆除铁骨刮水器的方法

将刮水器提起90度，铁骨雨刷与雨刷臂连接处有个小卡子，按住小卡子，往下拉雨刷，就可以取下旧雨刷，具体如图6-5-6、图6-5-7所示。拆卸后的雨刮臂用毛巾垫好平放，防止打坏挡风玻璃，如图6-5-8所示。

（2）安装无骨刮水器的方法

①打开卡盖：首先按住雨刷中间两边，将卡盖向上提起。

②将雨刮片的卡盖从雨刮臂中间穿过，按照拆卸相反的步骤安装雨刮片，如图6-5-9所示。

图 6-5-6 拆开雨刮臂卡子

图 6-5-7 将雨刮臂放到取出位置

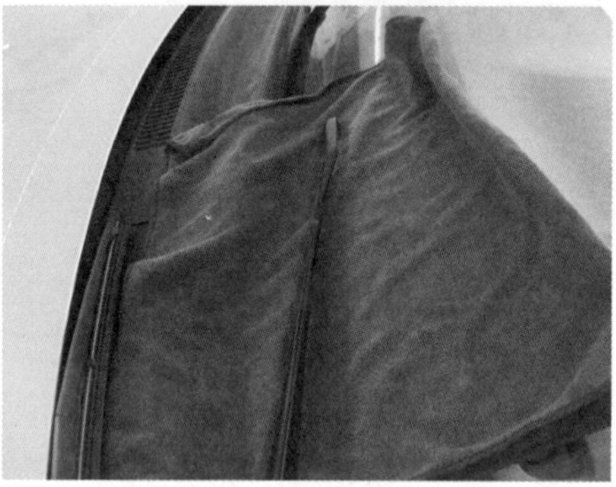

图 6-5-8 用毛巾垫好雨刮臂

图 6-5-9 安装雨刮片

第七章
汽车车身的维护与保养

第一节　汽车的清洁

一、汽车污垢

1. 车表污垢的组成

车表的污垢主要有外部沉积物、锈蚀物以及焦油、沥青、树汁、鸟粪、虫尸等附着物。这些污垢往往具有很高的附着力，能牢固地附着在零件的表面，各有不同的性质，因此从零件表面清除它们的难易程度也不同。

（1）外部沉积物。外部沉积物可以分为尘埃沉积物和油腻沉积物。大气中经常含有一定数量的尘埃，在运动着的车辆附近，当尘埃的颗粒度为5—30μm时，尘埃的含量就达到0.05mg/m^{3}左右。当尘埃颗粒的含量增加时，它在金属表面的凝聚和沉积也就加快。在潮湿的空气中，由于吸附的水膜会提高尘粒间的附着力，从而使尘粒加速凝聚。尘粒固着在表面上的牢固程度取决于表面的清洁程度、尘粒的大小和空气的湿度。油腻沉积物，是由于污泥和尘埃落到被机油污染了的零件上而形成的，也可能是由于润滑油落到了污染了的表面上，此时润滑油浸透污泥。

（2）锈蚀物。锈蚀物是由于金属和合金的化学或电化学性质被破坏而形成的。钢铁零件表面如果失去保护层，长时间暴露在潮湿的空气中很容易形成微红褐色的物质——铁锈。铁锈能溶于酸，微溶于碱和水。铝制零件同样会产生锈蚀，它的锈蚀物是呈灰白色薄膜的氧化铝或氧化铝的水化物。

（3）附着物。汽车在行驶中，由于周围环境的不同而容易沾上一些附着物，如行驶在维修的道路上容易沾上焦油、沥青等，行驶在乡间道路容易沾上树汁、鸟粪、虫尸等。这些附着物能牢固地粘在车身表面，一般很难用水清洗干净，要用有机溶剂去除。

2. 车身的清洗方式

清洗车身表面是汽车清洁的基础，如图7-1-1所示。汽车的专业美容不同于一般的洗车打蜡，在做车身清洗时需要清洁的污物和部位有很多，而且每一种方式都应使用专业用品并采取专业的操作步骤进行。

在进行专业的车身表面清洗时，主要有4种方式：一是车身静电去除清洗；二是交通膜的去除清洗；三是除蜡清洗；四是深度增艳清洗。这4种清洗方式不仅使用的清洗用品不同，而且操作方式和要达到的目的也是不同的。

图 7-1-1 车身表面清洗

（1）车身静电去除清洗。车辆在行驶过程中由于摩擦而产生强烈的静电层，静电对灰尘和油污的吸附能力很强，一般用水不能彻底清除，必须使用专用的清洗剂。

（2）车身交通膜的去除清洗。汽车经过一段时间的行驶，由于车身静电吸附灰尘，时间久了形成一层坚硬的交通膜，使原来艳丽的车身变得暗淡无光。这层交通膜使用普通的清洁剂很难把它清除掉。为此，美容护理用品厂家生产了专用的交通膜去除剂，清洗时按一定比例稀释后，将其喷到车身上，过一段时间后再用高压水冲干净就可以去除交通膜了，使用效果非常理想。

（3）除蜡清洗。无论是新车还是旧车，所有的车身漆面都是要上蜡保护的，只是蜡的品种和上蜡的时间有所区别。新车通常使用树脂蜡，它作为新车运输的保护剂，主要目的是防雨水、防灰尘和划痕，这种保护层一般不含油脂物质。

清除残蜡的方法要针对不同的车蜡采用不同的开蜡水，新车开蜡应采用树脂开蜡水，在用车采用蜡质开蜡水。使用时可将开蜡水按比例稀释后喷涂于车身表面，停留3—5min，然后用高压水冲去即可。开蜡水虽然对环境无害，不易燃、不腐蚀，但具有强碱性，使用时应注意劳动保护。

（4）增艳清洗。这种清洗作业在抛光或上镜面釉之后进行，目的是除掉残留在车身表面的抛光剂和油分，为上蜡保护做好准备，一般使用清洁上蜡二合一香波。用这种产品进行深度增艳清洗效果很好，不但可以除去抛光剂、油分等污物，还可以留下一层薄薄的蜡膜为接下来的上蜡保护打基础。

使用时先按一定比例稀释清洁上蜡二合一香波，然后直接用海绵沾上稀释液涂于车身，最后用水冲去泡沫再用干净的软布擦干。清洗完成后，不但能增艳车身漆色，同时增强蜡膜的光泽度，提高汽车抗静电和抗氧化的能力。

二、汽车的清洁

1. 洗车的工艺流程

洗车步骤一般分冲车、擦洗、冲洗、擦车和吹干等5个步骤。洗车时一般由两人配合进行，这样不但速度快而且清洗的质量好。

（1）冲车，如图7-1-2所示。接到服务车辆后，由1人负责驶入工作间，1人在车前引导，适时提醒驾驶者控制好方向。车辆停放平稳后，1人用高压水冲去车身污物，顺序自上而下，整个过程当中始终由一个方向向另一边的斜下方冲洗，尽量避免正向或反冲洗，以免将泥沙冲回已经冲洗干净的部位。冲洗车时不可忽视的部位是车身的下部及底部，因为大量的泥沙和污物一般都聚集在这些部位，如果稍不注意就会遗留下泥沙等物质。这样在进行下面的工序——擦洗时就会划伤漆面。因此必须尽可能地冲洗掉车身下部及车底的大颗粒泥沙。

图 7-1-2 冲车

（2）擦洗，如图7-1-3所示。将配制好的洗车液均匀喷洒在车身表面，如果有泡沫清洗剂，可先将泡沫喷洒在车身表面，然后两人手持海绵一左一右按照从上到下的顺序擦洗车身。擦洗时应注意全车的每个角落都要细致认真地进行擦洗，同时注意车身表面有些冲洗不掉的附着物，不可用力猛擦，以免损坏车身漆面。对于那些像焦油、沥青等顽固污渍，应使用专用溶剂清洗。

图 7-1-3 擦洗

（3）冲洗，如图7-1-4所示。擦洗完毕之后，开始冲洗车身，顺序同冲车一样，但这时应以车顶、上部和中部为重点。因为冲车时已经将车身下部冲洗得比较干净并进行了一定的擦洗，这时的冲洗主要应冲洗中部以上的部位，向下流动的水基本能够将下部及底部冲洗干净，所以下部和底部一带而过即可。

图 7-1-4 冲洗

（4）擦车，如图7-1-5所示。用半湿性大毛巾将整个车身从前至后先预擦一遍，待车身中部及下部大部分水分被吸干之后，用干毛巾细擦一遍，要求擦干所留下的水痕。这样经过“一湿一干”两遍抹擦之后车身应不留水痕而且十分干净。擦车时应注意检查洗车工序中容易遗漏的部位，如刮水器安装部位、车身底部等。

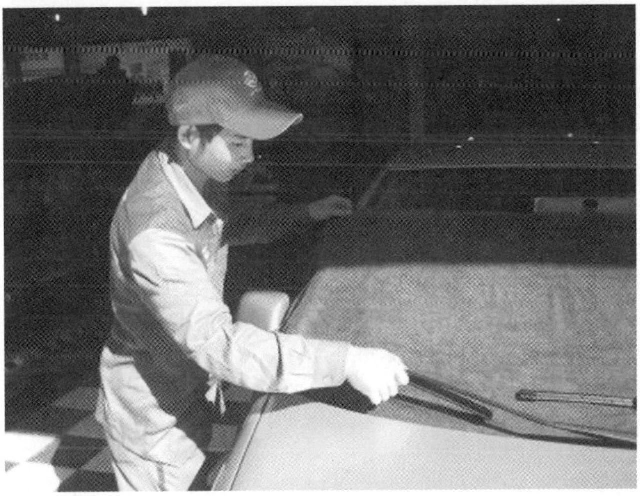

图 7-1-5 擦车

（5）吹干，如图7-1-6所示。完成前面4道工序后，车身表面基本清洗干净。但是有些地方在擦车时不容易擦干，如发动机盖边沿及内侧、车门边缘内侧、车门把手内侧、后备箱边沿内侧、油箱盖内侧等凹进去的地方，这时要用压缩空气来进行吹干。操作时可一手拿着压缩空气枪，一手拿着干净抹布，边吹边抹，直到吹干为止。然后就可进行下一步研磨抛光工作了。

图 7-1-6 吹干

2. 车表顽固污渍的清除

汽车行驶时有可能粘上焦油、沥青等污物，如果没有及时清洗，长时间附着在漆面上，会形成顽固的污斑，使用普通的清洗液一般难以清除干净，可以采用如下方法处理。

（1）焦油去除剂清除

焦油去除剂是汽车美容的常用产品，主要用于沥青、焦油等有机烃类化合物的清洁。使用专用的焦油去除剂，既可有效溶解顽固污物，又不会对漆面造成损伤。在沥青、焦油等顽固污渍的清除作业中，最好选用专用产品，若无专用去除剂，可考虑使用下面两种方法。

（2）有机溶剂清除

如果没有专用的焦油去除剂，可选用有机溶剂，但选用时一定要注意不可选用对车漆有溶解作用的有机溶剂，如含醇类、苯类的有机溶剂、松节水等。一般可用溶剂汽油浸润后，擦拭清除。

（3）抛光机清除

使用抛光机清除时可加入适当的研磨剂，也能有效地去除附着在车表的沥青、焦油等顽渍。但操作时要注意抛光机的使用，注意选择抛光机的转速和抛光盘的材质，避免抛光过度，得不偿失。

3. 汽车车表其他部件的清洗

汽车除车身需要经常清洗外，还有其他部位也需要清洗，使用的清洁剂也应有所不同。

（1）不锈钢饰件的清洁护理

汽车车身外部有些装有如防撞杆、保险杠、装饰件等不锈钢饰件，这类部件由于装在汽车下部一般较常脏污，必须经常清洗。可以使用不锈钢上光护理剂进行清洁护理，在迅速除去表面污物的同时还能有效上光。清洗时，可将不锈钢上光护理剂喷涂在不锈钢饰件上，用软布直接擦拭，然后用水冲净擦干。

（2）镀铬件的清洁护理

有的汽车外部装有如倒后镜架、车轮侧护板装饰件、天线杆等镀铬件，行车时由于空气中的水分和有害气体对其腐蚀而失去光泽，严重的可能生锈，影响美观。这些部件一般较易清洁护理，操作时可将镀铬件表面先用水洗净擦干，然后用干净抹布沾上汽车镀铬抛光剂，对需要清洁的部位反复擦拭，直至光亮度满意为止。锈垢严重的镀铬件表面应使用除锈剂先进行除锈，然后再使用汽车镀铬抛光剂进行处理。

（3）塑料件的清洁护理

有些车的进气格栅、保险杠、后视镜外壳、车门把手等是塑胶件，在风吹日晒的情况下会失去光泽，甚至氧化龟裂，脏污的塑料件若不及时清洗，也会影响美观。汽车前后组合灯具也多为塑料件，长久不清洗会影响灯光照射的亮度。塑胶护理上光剂不但能迅速除去污垢，而且还能有效上光。清洁时可先用水擦洗，再用干净的棉布蘸上塑胶护理上光剂进行反复擦拭，然后用清水冲洗。清洁组合灯具时注意不要用腐蚀性溶剂清洗车灯，否则易造成蚀痕；不要在干燥的情况下擦拭车灯，否则会造成刮痕；也不要用燃油、化学剂等清洗车灯，否则会使车灯破裂。此外，有些跑车采用隐藏式前照灯设计，要将前照灯打开后再进行清洗。

（4）车窗玻璃外表面的清洗

汽车使用久了，会在玻璃的外表面形成一层交通膜，用水清洗不但费力费时，而且清洁不彻底，只能留下交通膜的花纹。清洁玻璃前应先将上面黏附的污渍、焦油或沥青等用塑料或橡皮刮刀除去，然后用专用的玻璃清洁剂进行清洁。操作时可先用玻璃清洁剂进行擦洗，除去表面的灰尘及交通膜，然后涂上风窗玻璃抛光剂，稍待片刻，再用干净的棉布做直线擦拭，直到将玻璃擦亮为止。这种用品兼具上光作用，不但能使玻璃表面洁净、光滑、防止灰尘二次沉降，同时还能改善刮水器擦痕。

4. 其他部件的清洗

（1）发动机外部清洁

发动机是汽车的动力装置，是汽车最为关键的部分，必须经常进行清洁护理，才能使它减少故障的发生，延长它的使用寿命。对于发动机的外部清洁，主要的工作有3个方面：一是外表灰尘及油污的清除；二是表面锈渍的处理；三是电气电路部分的清洗。

①发动机外表灰尘及油污的清除

发动机外表可用刷子或压缩空气等先进行除尘，然后选用合适的发动机外部清洗剂进行擦洗处理。需要注意的是发动机外表不能用汽油来代替专用清洁剂进行清洗。

②表面锈渍的处理

铸铁等金属表面生锈是一个缓慢的氧化过程，开始时表面出现一些细小的斑点，然后逐渐扩大，颜色变深，形成片状或一层层的锈渍，从而形成严重的锈蚀。对于锈斑，应早发现早处理，在生成小斑点时就进行清除，以免斑点扩大后较难处理。可用除锈剂喷在锈斑处，然后进行擦洗。

③发动机电气电路部分的清洗

发动机电气电路部分包括点火线圈、分电器及各种电路线束等，这些部件的清洁必须采用特定护理产品进行清洁。如果长期用水和普通的清洁剂处理，则只能加速其塑料壳体和线束橡胶的老化，影响汽车启动和行驶。

进行发动机外部清洁时应注意以下几点。

①清洗时应选用碱性小、不腐蚀橡胶塑料件及外涂银粉的清洗剂。

②用清洗剂擦洗之前，先用刷子或压缩空气掸出灰尘或细砂等。

③清洗发动机室时，注意不要将清洗剂喷到电气系统的零件上，更加不能用水去冲洗，否则可能造成短路，使发动机不能启动。如果不小心溅到电气系统上，应用干布擦干，或用压缩空气把水吹干。

④一定要先把清洁剂喷到棉布或海绵上，然后再擦洗。

⑤清洗完后可擦上塑料橡胶件保护剂使其色泽重现，延缓老化。

（2）燃油系统的清洁护理

汽车发动机燃油系统在长期的工作中，其油箱、油管、喷油嘴等处易生成胶质和沉积物，火花塞、喷油嘴、燃烧室等处易积炭。这些现象会影响燃油的供给，影响混合气的正常燃烧，从而导致发动机怠速不稳、加速不良、甚至出现爆燃等情况，使发动机油耗增加、废气排放增加。因而必须对燃油系统进行定期的清洁护理，以维持发动机性能的良好。

发动机燃油系统的清洁护理是在发动机不解体的情况下，通过专业设备或采用专业用品来达到清洁护理的目的。

①燃油系统清洗机清洗

先配制好清洗剂与燃油的混合液，将清洗机的进回油管接到汽车的燃油系统中，启动清洗机和发动机进行燃烧清洗。在发动机运转的同时，混合物经燃烧将分布在系统中的胶质和积炭溶解剥落，并随废气排出。

②专用清洗剂清洗

可选用汽油喷射系统高效清洁剂进行清洗。这种专用清洗剂能随燃油流动，自动清除、溶解燃油系统中的胶质、积炭等有害物质。使用时按说明书要求的用量直接加入油箱内就可以了。

（3）润滑系统的清洁护理

发动机在运行过程中，润滑系统的润滑油处在高温高压的条件下工作，容易产生油泥、胶质等沉积物，这些物质黏附在润滑系统的油路之中，不但影响润滑油的流动，而且加速了润滑油的变质，使运动零件的表面磨损加剧。因此必须对润滑系统定期进行清洁护理，以保证润滑系统的正常工作，从而延长发动机的使用寿命。

①机器清洗

先排出发动机油底壳的润滑油，取下机油滤清器，接好发动机润滑系统清洗机的进出油管，起动机器进行清洗，清洗完毕后清洗机会发出报警声，提醒操作员已经清洗完成。然后拆下进出油管，装好机油滤清器和放油塞，重新加注润滑油即可。

②专用清洗剂清洗

发动机内部高效清洁剂能有效清洗润滑系统各部油道及运动部件表面，将油泥、胶质等沉积物溶解。这种清洁剂一般在更换润滑油前使用。清洗时将其适量加注到曲轴箱中，启动发动机运转15—30min后，排掉脏污的润滑油，更换机油滤芯，最后加注新的润滑油即可。

（4）冷却系统的清洗

现代汽车冷却系统虽然不是直接使用水来冷却，但是冷却液中也不同程度会含有碳酸钙、硫酸镁等盐类物质。冷却系统长时间工作后，这些物质会从冷却液中析出，一部分形成沉淀物，一部分沉积在冷却系统的内表面形成水垢。

在发动机冷却水套及散热器壁上形成的水垢影响其热交换过程，冷却系统内如沉积过多的水垢，会减少冷却水的容量，影响冷却水的循环。由于水垢层的导热性能不良，发动机容易出现过热的现象，使发动机润滑条件恶化，运动部件表面不能形成良好的润滑油膜，也使燃烧室内积炭增多，容易产生爆燃，造成功率降低和燃耗增大。因此，当汽车行驶一定的里程后，应结合维护对冷却系统进行清除水垢的作业。

①清洗机清洗

可利用水箱清洗机来清除水垢。水箱清洗机是清除水垢的专业设备，它利用气压产生脉冲，在清洗剂的作用下快速清除冷却系统内的水垢。使用时要先接好设备的三通管接头。

②专用清洗剂清洗

冷却系统高效清洁剂具有超强的清洁力和高效溶解性，能在发动机运行中彻底清除冷却系统内的水垢，恢复冷却系统各管道的流通能力，确保散热性能。使用时按说明书的要求将适量的清洁剂加入冷却液中，拧好散热器盖，启动发动机运行6—8h后，排出冷却液，清洗完毕后再重新加注冷却液即可。这种专用清洗剂对水垢的去除率至少在90%以上，且不会对冷却系统造成腐蚀。

（5）底盘部分的清洁护理

汽车在行驶过程中，汽车底盘部分由于与路面距离最近，工作环境比较恶劣，经常会粘有泥土、焦油、沥青等污物，尤其是下雨天，底盘部位很容易粘上泥水，如不及时清洗还容易形成锈渍，此外底盘系统还有可能有油液渗漏，粘上灰尘后造成油渍、油泥等，如不及时护理，就会影响到汽车的行驶性能。汽车底盘部分的清洁护理包括车身底板的清洁护理、转向系统的清洁护理、传动系统的清洁护理、制动系统的清洁护理、轮毂的清洁护理、轮胎的清洁护理。

①车身底板的清洁护理

车身底板位置比较特殊，护理的好坏一般不容易发现，因此往往被人忽视，而且底板朝着行驶路面，行驶时不可避免容易粘上泥水、焦油、沥青等污物，此外还有因护理不及时而产生的锈渍、锈斑等。对于泥土、焦油、沥青等可用发动机清洗剂或除油剂清洗，对于锈渍、锈斑等可用除锈剂进行擦洗。清洗完成后再用多功能防锈剂喷涂在底盘上即可。

②转向系统的清洁护理

转向系统的转向横拉杆、齿条壳、转向节臂等部件位于车底，汽车行驶时比较容易脏，如不及时清洗，时间长了就会生锈。一般的污渍可用多功能清洗剂进行清洗，如果发现有锈斑就必须用除锈剂进行擦洗。清洗后可喷上多功能防锈剂进行护理。此外，还可以在转向助力贮液灌中添加转向助力调节密封剂，可以恢复老化橡胶油封的密封性，防止转向液的渗漏，消除因漏液而造成的转向迟钝、转向沉重等现象，还能清洁并润滑助力转向系统内部机件，防止胶质、油泥产生，减少机件磨损，延长使用寿命。

③传动系统的清洁护理

传动系统的变速箱、传动轴、主减速器壳体、半轴套管等部件也是容易粘上泥土的地方，很长时间不进行清洁也会生锈，一般可用多功能清洗剂进行清洗。

④制动系统的清洁护理

行车制动器，由于其工作情况特殊，制动蹄片有可能会粘上油泥、制动液、烧蚀物、胶质等污物，容易产生制动噪声，影响制动性能，因此也必需定期进行清洁护理。可选用专用的制动系统清洁剂进行喷洒清洁，能有效地清除制动蹄片上的污物，改善制动效能，消除制动噪声。使用时只要将清洁剂喷在需要清洁的部位，使之风干即可。如有必要可重复清洁。

⑤轮毂的清洁护理

现代汽车一般多使用铝合金轮毂，而汽车行驶时轮毂是比较容易脏污的部件。清洗轮毂时须特别小心，其表面有保护漆，通常应选用中性清洁剂。清洁时应一次清洗一个轮毂，可避免清洁剂在轮毂表面凝固，若清洁剂凝固，清洁效果将降低，且在使用清水冲洗时将更加困难。对于一般的灰尘污物，可用普通的清洁剂进行清洗，而长期附着在轮毂上的积垢，如沥青、制动摩擦片磨损留下的黑粉等，使用普通的清洁剂一般很难清除，可使用强力轮毂去污剂进行清洁。清洗时先喷上强力轮毂去污剂，稍等片刻，然后用软毛刷进行刷洗清除，刷洗时切勿使用过硬的刷子，否则将会刮伤轮毂表面的漆面。轮毂清洗后，再用专用防护剂进行护理，一般每两个星期应彻底清洗轮毂上的污物。

⑥轮胎的清洁护理

轮胎上除了粘有灰尘、泥土和砂石外，还有一些酸、碱性物质污染。清洗时可先将夹在轮胎花纹中的砂石清除，再用高压水冲刷上面的灰尘和泥土，对于一些酸碱类物质一般用水难以清除，而普通清洁剂也没有很好的清洗效果。这时可用轮胎清洁增黑剂来清除护理。它能清除轮胎上的酸、碱性物质和其他有害物质，还可以清洁、翻新橡胶、塑料和皮革制品等。此外还有助于降低紫外线的辐射，减缓橡胶老化，延长使用寿命，同时兼具增黑上光功能，用后能使轮胎光亮如新。使用时将轮胎清洁增黑剂刷在轮胎的表面即可。

第二节　检查与维护车身

车身有承载式和非承载式两种类型，在车身的外层喷有油漆，主要目的是防止生锈、光直射、灰尘和淋雨，还起到美观的作用。当车身蒙皮损坏、表面固定物松动或外层油漆脱落等状况出现时，都会引起车身的锈蚀，影响车辆的美观和使用性能，因此，定期检查车身表面状况，及时组织维护和修理非常必要。

一、车身表面状况的检查

1. 车身上表面的检查

（1）检查表面油漆是否有拉痕、脱离，油漆拉痕和脱落处是否锈蚀，如图7-2-1所示。

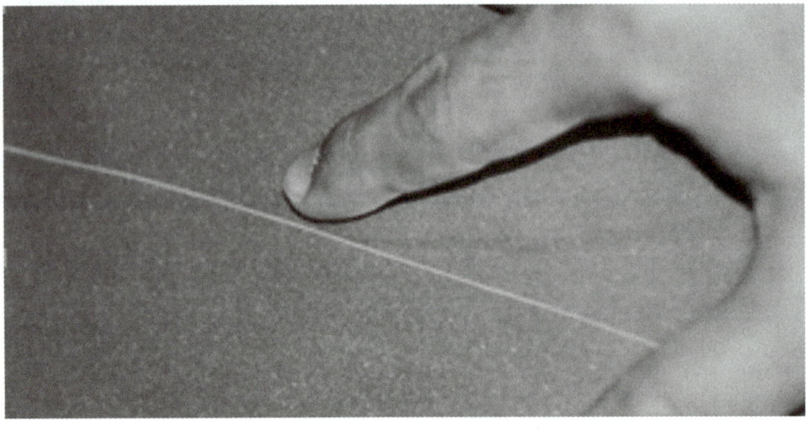

图 7-2-1　车身表面检查

（2）用手按动车体表面的蒙皮，感觉是否有松动。

（3）检查车辆后侧两组合尾灯，表面是否有污损，固定状况是否牢固。

（4）检查车辆后侧保险杠状况和固定情况。

（5）检查车辆前侧两组合大灯，表面是否有污损，固定状况是否牢固。

（6）检查车辆前侧保险杠状况和固定情况。

（7）目测汽车前挡风玻璃的状况。

2. 车身底盘的检查

（1）将车辆提升到最高位置，并锁止举升机。

（2）检查各个车轮挡泥板是否齐全、有无破损、固定是否牢固，如图7-2-2所示。

（3）检查底面防锈油漆是否有拉痕、脱落，车辆底部是否有锈蚀，必要时进行车辆底部防锈处理。

（4）检查车辆底部各部件的固定情况。

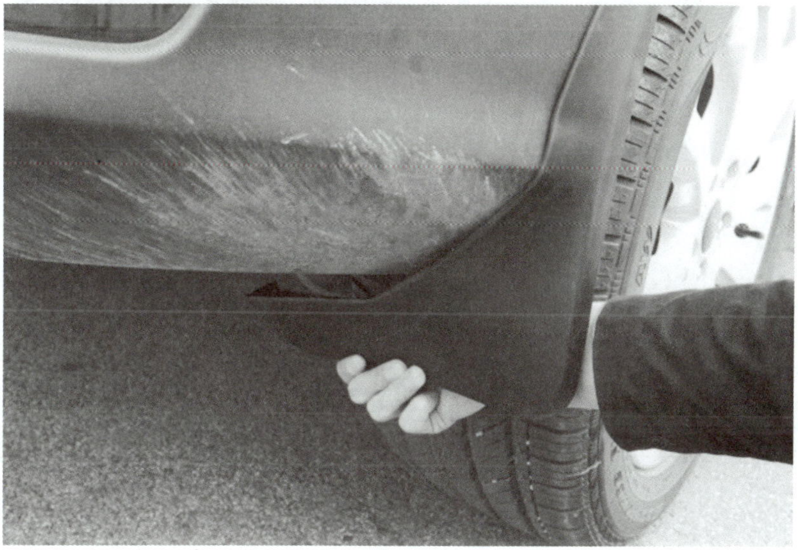

图 7-2-2 挡泥板检查

二、发动机舱的检查

轿车发动机舱一般位于车辆的前部，其中引擎舱盖不但保持了车辆的美观，同时还关系到车辆的行车安全性能，机舱内侧护板和隔热材料的状况，都会影响到车辆的噪声和舒适性能，因此，要定期检查发动机舱。

（1）驾驶舱内拉开引擎盖手柄，打开机舱盖后，双手握紧车盖前侧，检查引擎盖的固定情况是否牢固，如图7-2-3所示。

（2）支起引擎盖，检查引擎盖内侧板面是否固定良好、有无焊层脱开和其他损伤。

（3）检查机舱内侧板固定是否良好，有无面漆脱离、破损和其他损伤。

（4）检查发动机后侧面隔热材料是否固定良好、有无破损或其他损伤。

（5）检查车辆前端散热栅格是否有破损、固定状况是否良好。

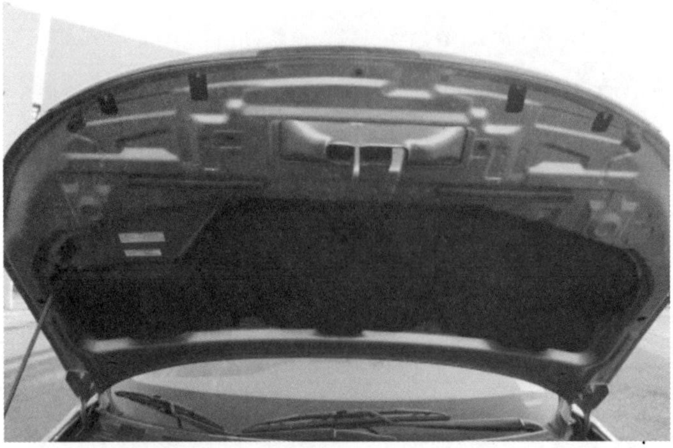

图 7-2-3 检查引擎盖

（6）放下发动机舱盖，检查舱盖锁扣是否能够锁住，舱盖扣合后位置是否适当，用力压发动机舱盖，检查是否有间隙。

三、后行李舱的检查

后行李舱是车辆存放备胎和杂物的舱室，同时也是汽车整体通风装置的组成部分，后舱盖的变形和固定松动等现象的出现，都会影响到汽车的正常使用，因此，要定期对后行李舱进行检查。

（1）驾驶室内拉开后舱盖手柄，打开后舱盖，双手握紧后舱盖外侧，检查后舱盖的固定情况是否牢固，如图7-2-4所示。

（2）检查后行李舱内侧板固定是否良好，有无面漆脱离、破损和其他损伤。

（3）掀起后行李舱底面垫皮，检查行李舱下表面是否有锈蚀。

（4）检查备胎固定装置的状况。

（5）放下行李舱盖，检查舱盖锁扣是否能够锁好，舱盖扣合后位置是否适当，再按压行李舱盖，检查是否有间隙。

四、车门性能的检查

驾驶室车门是驾乘人员上下车辆必经之处，要求车门开启操纵方便，车门与驾驶室之间密封严密，安全装置齐全、性能良好，发生碰撞时能最大限度地保护驾乘人员，因此，必须定期对车门进行检查。

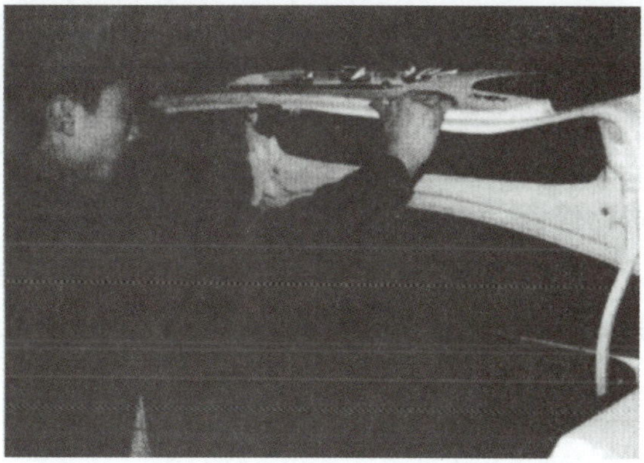

图 7-2-4 检查后行李舱盖

1. 车门使用状况的检查

（1）打开车门，车门未关紧指示灯应该点亮；用手按压车门，车门未关紧指示灯应该熄灭。

（2）车门开到最大角度，检查车门限位拉杆情况，如图7-2-5所示。

图 7-2-5 检查拉杆

（3）将车门上下扳动，检查车门固定连接情况，是否有车门下坠。

（4）检查车门内侧饰板是否固定良好。

（5）关上车门，观察车门未关紧指示灯是否熄灭。

（6）关上车门后，检查车门锁扣是否能够锁好，车门扣合后位置是否适当，再按压车门，检查是否有间隙。

（7）对于后车门，要检查儿童门锁的工作状况，当儿童锁装置作用时，从车内不能拉开车门，但从车外能打开车门。

2. 检查车门玻璃的升降状况

（1）电动玻璃升降式：将点火开关打开，操作玻璃升降控制开关，观察车门玻璃升降过程是否平顺，升到最高位置后玻璃是否与车门框密封良好。

（2）手动玻璃升降式：用手摇动玻璃升降手柄，观察玻璃升降过程是否平顺，升到最高位置后玻璃是否与车门框密封良好。

五、车内座椅性能的检查

车辆座椅影响到汽车驾乘人员的安全性和舒适性，紧固、检查、调整车辆座椅，对确保车辆使用性能和行车安全非常必要。

（1）扳动座椅，检查座椅固定情况是否良好，并紧固座椅底座固定螺丝。

（2）扳动座椅前后调整手柄，检查座椅前后位置调整滑动是否轻便；松开调整手柄，再前后扳动手柄，检查座椅在滑道上的固定情况是否良好。

（3）检查并调整座椅上下高度和倾斜度。

（4）扳动座椅靠背倾斜位置调整手柄，检查靠背调整情况，松开调整手柄，检查靠背定位情况。

（5）检查靠背上头枕位置的调整情况。

六、驾乘人员安全带约束装置的检查

汽车安全带约束装置是保障驾乘人员生命安全的必要的主动安全装置，行车时驾乘人员必须佩戴安全带！因此，必须定期检查安全带的使用性能。

（1）启动车辆后，检查仪表盘上的安全带提示装置及安全带语音提示装置工作是否正常。

（2）用手缓慢拉动安全带，安全带能够被拉出；将安全带快速插头插入连接器，检查快速插头能否被锁死；再按下连接器上的断开按钮，快速插头能够迅速脱开与连接器的连接。

（3）松开安全带，安全带自动回收到原始位置。

（4）用手猛拉安全带，安全带能够立刻锁止。

（5）检查安全带高度调节装置的使用状况，检查完毕后，恢复到原来的高度位置。

（6）检查并紧固安全带下端固定螺丝。

若安全带约束装置是预紧限力式结构，一定不要用指针式万用表测试预紧器电控插接头，否则会引起触发器的爆开！

六、新型的洗车方法

1. 蒸汽洗车

目前市场上出现一杯水能洗一辆车的蒸汽洗车机。这种从韩国引进的集清洗打蜡、保养于一体的蒸汽洗车，旨在从根本上改变现有落后的洗车方式，从而给洗车行业带来一场前所未有的产业革命。蒸汽洗车有七大优点：

①绿色环保。使用蒸汽洗车对周围环境几无污染，洗车是在雾状条件下进行的，洗完后场地仍旧干净整洁，对保护市容市貌，改善生态环境具有重要意义。

②节水。使用蒸汽洗车每辆车仅用水0.3—0.5kg，耗水量仅为传统方式的0.1%。

③节能。使用蒸汽洗车每辆车仅用电0.4kW·h。

④高效。

⑤快捷。

⑥方便。

⑦干净。

该机采用特殊清洁剂、上光剂和高档车布，清洁护理一次完成。

使用蒸汽每洗一辆车用时5—10min，人员1—2人。

使用蒸汽洗车无须专门店面场地，可流动作业，上门服务。

使用蒸汽洗车无论是尘土、油污都能洗净。

2. 干洗保护釉洗车

干洗保护釉内含有三大类物质：清洁剂、润滑剂及保护釉。

其清洗原理是：呈雾状喷射到车表面的干洗保护釉，把所有能接触到的污物和车表面加以覆盖。在清洗剂的作用下，车表面污渍被软化，并在保护釉的包裹下变成无数小珠粒，在珠粒与车表面保护釉之间的润滑剂起到减少摩擦的作用。珠粒状的污渍在干毛巾的吸附下，被毛巾带离车表面。车表面只剩下凹凸不平的保护釉及少量润滑剂。用另一干毛巾擦拭，去除润滑剂，留下的就是有相当硬度的耐磨、防水、防尘及防晒的保护釉。

干洗保护釉不与污渍起任何化学反应，它所含的高度润滑配方与高度反光因子不会破坏车漆，使用后使车身整洁干净、光亮如新。

进行干洗时操作非常简单，只需把干洗保护釉用特制的喷瓶，以雾状喷洒到未经任何清洗的干燥车身表面，无须等候即可用一块干毛巾轻擦车身表面，就可轻易地除去污渍。再用另一块毛巾轻轻擦拭加以抛光，就可完成车身的清洁、上光作业，整个过程只需15—30min。

同时，用干洗保护釉抛光后的车表面不但不会留下螺旋纹，而且由于坚硬、光滑的保护釉使沙、水、泥等脏物无法吸附在车身表面，因此，下次清洗只需用湿毛巾把留在车表面上的微粒轻轻抹去再用干毛巾轻轻抛光，车表面又能恢复原亮，保护釉对车表面的保护期长达30天。

第八章

保养灯归零与复位

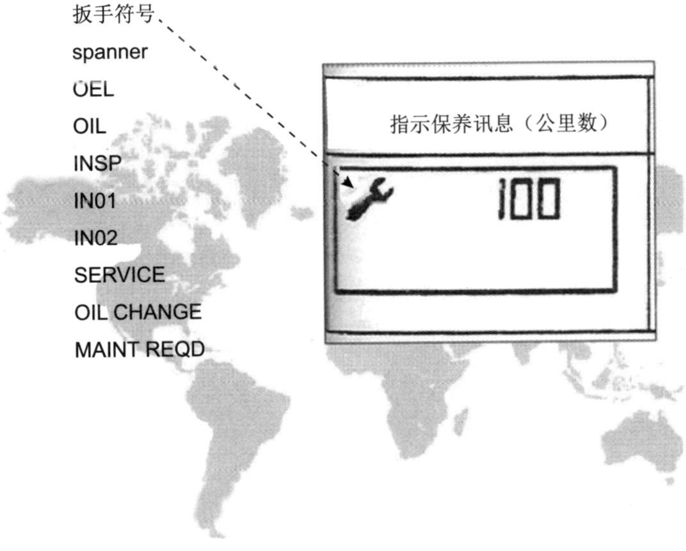

第一节　汽车保养灯的显示、归零与复位

一、认知汽车保养灯

在车辆达到一定的里程后，为了提醒车主进厂保养，会在仪表板上显示特定“符号”的指示灯（一般为黄色指示灯），我们称之为保养灯。

当车辆完成保养后，保养灯不会自己熄灭，要用特定的方法才会熄灭，此方法我们称之为保养灯归零。

常见的保养灯形状如下。

（1）扳手符号。

（2）spanner。

（3）OEL。

（4）OIL，仪表显示OIL是换油保养提示，一般PASSAT、POLO每1.5万km出现一次。

（5）INSP。

（6）SERVICE，仪表显示INSP或SERVICE是检修保养提示，PASSAT、POLO每万km出现一次，其中POLO在这种状态下会出现一个扳手的图形。

（7）IN01。

（8）IN02。

（9）OIL CHANGE。

（10）MAINT REQD。

在刚好出现保养提示的公里数时，保养提示无法复位，必须至少超出1km才能复位。如，SANTANA2000在7500km时出现保养提示，此时进行了换油保养，然后进行复位，但无法复位，必须使用里程表显示7500km以外的其他数值，例如7501km，才能完成复位工作。

保养提示会在保养周期前一个月或2000km出现，SERVICE IN 1300kM即再行驶1300km需保养。

保养灯归零有手工归零和仪器归零之分，有部分车型小保养归零可以用手工归零来实现，如A4L，但手工归零只能按默认值归零，大众奥迪大部分车型，小保养默认值为1.5万km或365天。这周期明显不适用中国环境，且大部分

车型不支持手工归零，大保养归零（3万km，730天）必须用仪器归零。

二、常见车型保养灯归零与复位

1. 东风标致307 轿车保养灯归零

在每次定期保养后应按以下步骤进行保养灯归零操作。

（1）关闭点火开关。

（2）按下组合仪表上的单次计程表归零按钮，并使按钮保持被按下的状态。

（3）打开点火开关。

（4）里程表显示屏开始倒计数。当显示屏显示0000.0时，松开按钮，此时组合仪表显示屏中表示保养操作的扳手指示灯应熄灭。注意：此操作完成后，如果要断开蓄电池电缆，则必须将车辆锁上并至少等待5min，否则归零不会被控制单元记录下来。

2. 朗逸1.6L的保养灯归零方法

（1）打开点火开关，一手按住复位按钮，一手关闭点火开关。

（2）按住复位按钮（见图8-1-1）不松手，直到仪表上的时钟和里程数完全不显示时（仪表上应无任何显示，黑屏），松开按钮。

（3）一手再次按住复位按钮后，重新打开点火开关。此时仪表上的保养提示在闪烁，按住“复位按钮”不要松开，等待保养提示不闪烁后，松开按钮。

（4）重新打开点火开关或启动车辆，检测是否清除。

图 8-1-1 复位按钮

3. 上海帕萨特B5轿车保养灯归零

仪表板显示屏上的SERVICE标志为保养周期指示标志，当点火开关在ON位置，显示屏上的SERVICE标志闪烁，而启动发动机后标志消失，表明该车应进行保养。保养后应进行保养灯归零，步骤如下。

（1）在发动机熄火的情况下，压下转速表下面的短程距离计数器复位按钮并按住，如图8-1-2所示。

（2）将点火开关置于ON位置，放开短程距离计数器复位按钮，显示屏出现SERVICE标志。

（3）拉出时钟上的分钟按钮，向右转动分钟按钮，显示屏上出现里程显示。

（4）将发动机熄火，提醒信息复位。

（5）将点火开关置于ON位置，SERVICE标志消失。

图 8-1-2 复位按键

4. 广州本田雅阁轿车保养灯归零

广州本田雅阁2.4L、3.0L轿车仪表板上设置有保养灯。当行驶里程为9600—12000km时，打开点火开关，保养灯亮2s。超过1.2万km车主仍未进行保养，保养灯会一直闪亮，以提示车主及时保养。保养后须对里程表进行归零，操作方法如下：打开点火开关，按压仪表板上复位按钮，直至里程表显示0为止。应注意的是，在轿车未进行保养前，不可因保养灯常亮而采取归零操作，这样里程表累积保养里程将不正确，保养灯会丧失提示保养的作用。

广州本田雅阁2.0L轿车仪表板上未设置保养灯。但MAINTENANCE REQUIED指示灯有提示功能。当行驶里程接近1.2万km时，该灯由绿色变成黄色，当超过1.2万km仍没有进行保养时，该灯将由黄色变成红色。

维护与保养后，为保证该灯的提示功能，须进行归零，操作方法如下：

（1）关闭点火开关，将点火钥匙插到转速表下面的槽内进行归零。

（2）压下转向柱右侧仪表下面的按钮并按住3s，完成归零操作。

（3）按住组合仪表右侧的按钮SELECT与RESET，打开点火开关，10s后松开按钮，归零完成。

5. 上海通用别克荣御轿车保养灯归零

上海通用别克荣御轿车仪表板中央偏下方有一个中央显示屏。当行驶到保养里程前1000km时，在接通点火开关或关闭点火开关10s内，仪表板驾驶员信息中心上的保养灯点亮。当超过保养期时，保养灯由点亮为闪亮。

保养灯归零方法如下。

（1）使用通用专用诊断工具TECH2进行归零。

（2）利用仪表板右侧按钮进行手动归零，具体步骤如下。

①关闭点火开关。

②同时按住两个箭头按钮，然后接通点火开关。

③约3s后松开两个箭头按钮。

④出现保养菜单，询问是否归零。

⑤按住SET（归零）按钮3s以上。

⑥按MODE（模式）按钮。

⑦关闭点火开关，完成归零。

6. 上海通用凯迪拉克CTS轿车保养灯归零

（1）带基本音响系统车型

保养灯归零方法如下。

①打开点火开关，按下驾驶员信息中心(DIC)显示器右侧的CLR按钮，确认更换发动机机油信息，这将从显示器上清除信息并复位。

②按动驾驶员信息中心(DIC)显示器右侧INFO按钮上的上/下箭头，进入DIC菜单。

③在100%ENGINE OIL LIFE(100%发动机机油寿命)菜单项点亮显示后，按住CLR按钮，百分比将变为100%，机油寿命指示器即被归零。如果百分比没有变为100%，则重复以上步骤。

④关闭点火开关。

⑤如果启动车辆时更换发动机机油信息再次出现，则发动机机油寿命系统未被归零，重复归零程序。

（2）带导航系统车型

保养灯归零方法如下：

①打开点火开关，按下显示器右上角OK提示符旁的多功能按钮，确认更换发动机机油信息，这将从显示器上清除信息并复位。

②按一次PWR/VOL按钮，接通系统。PWR/VOL按钮位于驾驶员信息中心(DIC)显示器的左下方。

③按显示器左侧的INFO按钮，进入VEHICLE INFO RMATION(车辆信息)菜单。

④转动显示器右下方的TUNE/SEL旋钮，直到ENGINE OIL LIFE(发动机机油寿命)点亮显示，按一下旋钮选定。

⑤当显示100%ENGINE OIL LIFE(100%发动机机油寿命)时，按下显示器右上角RESET提示符旁边的多功能按钮，百分比将变为100%，机油寿命指示器即被归零。如果百分比没有变为100%，则重复以上步骤。

⑥关闭点火开关。

7. 奥迪A6L保养复位

以前的奥迪车型保养复位都可以用手工复位或诊断仪器复位，但A6L的保养复位只能靠诊断仪器来复位。

下面就A6L车型将下次保养周期复位为7500km和365天为例加以说明，诊断仪器为VAS5051/5052：

（1）机油等级匹配

①连接VAS5051/5052，打开点火开关。

②选择“17——仪表”。

③选择“10——功能进行自适应”。

④输入通道号“45”，将值设置为“1”。

机油等级匹配可选“1”和“2”。

机油等级1用于不带长效功能的车辆，保养周期最长不能超过最大行驶公里数1.5万km，最大时间间隔为365天。

下列国家适用：

波兰、土耳其、新西兰、澳大利亚、中国、阿根廷、巴西、罗马尼亚、智利、约旦、叙利亚、黎巴嫩、伊拉克、阿富汗、南非、埃及、阿尔及利亚、利比亚、摩洛哥、突尼斯、文莱、阿尔巴尼亚、马其顿、爱沙尼亚、立陶宛、白俄罗斯、巴林、科威特、卡塔尔、迪拜等。

机油等级2用于带长效功能的车辆，保养周期最长不能超过最大行驶公里数3万km，最大时间间隔为730天。

下列国家和地方适用：

德国、比利时、丹麦、芬兰、法国、希腊、英国、爱尔兰、冰岛、意大利、加那利群岛、卢森堡、荷兰、挪威、马耳他、奥地利、葡萄牙、瑞典、瑞士/列支敦士登、西班牙/安道尔、捷克共和国、塞浦路斯等。

由以上解释可以看出，我国A6L车型应选择“1”，而不应该选择“2”。

（2）匹配行驶的最大公里数

①连接VAS5051/5052，打开点火开关。

②选择“17——仪表”。

③选择“10——功能进行自适应”。

④输入通道号“43”，将值设置为“75”（单位：100km）。

通过该匹配功能，已经将该车在一个保养周期内的最大行驶公里数设置为7500km。

（3）匹配行驶的最小公里数

①连接VAS5051/5052，打开点火开关。

②选择“17——仪表”。

③选择“10——功能进行自适应”。

④输入通道号“42”，将值设置为“75”（单位：100 km）。

通过该匹配功能，已经将该车在一个保养周期内最小公里数设置为7500km。

（4）匹配行驶天数的最大值

①连接VAS5051/5052，打开点火开关。

②选择“17——仪表”。

③选择“10——功能进行自适应”。

④输入通道号“44”，将值设置为“365”（单位：天）

通过该匹配功能，已经将该车一个保养周期内行驶的最大天数设置为365天。

（5）匹配行驶天数的最小值

①连接VAS5051/5052，打开点火开关。

②选择“17——仪表”。

③选择“10——功能进行自适应”。

④输入通道号“49”，将值设置为“365”（单位：天）

通过该匹配功能，你已经将该车一个保养周期内行驶的最小天数设置为365天。

通过仪表45—43—42—44—49通道号的匹配，已将该车型的保养公里数设置为7500km，保养天数设置为365天。如果要将保养公里数和天数更改，按以上步骤更改即可。